第三届安徽省高校图书馆服务创新大赛案例汇编

主　编　储节旺
副主编　宁　劲　周国正　朱爱瑜
编　委（按姓氏笔画排序）
　　　　王靖雯　公惠玲　宁　劲　司光昀
　　　　朱爱瑜　张学敏　孟凡胜　周国正
　　　　储节旺　熊　枫

中国科学技术大学出版社

内容简介

本书收录了第三届(2018年)安徽省高校图书馆服务创新大赛的获奖案例,具有极好的代表性和典型性,是安徽省高校图书馆服务创新的优秀成果及代表作品。获奖案例从提升借阅服务质量、全面推广全民阅读、提供数字资源服务、优化空间资源利用等方面,展示了安徽省高校图书馆面对从以纸质资源为主向以数字资源为主转变的大趋势,主动创新服务、积极引领潮流的风采。与国内同类图书相比,本书中的案例针对性强,极具安徽地方特色,对高等学校图书馆开展信息服务工作具有重要参考价值。

本书可供图书馆专业学生、教师以及相关从业人员参考。

图书在版编目(CIP)数据

第三届安徽省高校图书馆服务创新大赛案例汇编/储节旺主编. —合肥:中国科学技术大学出版社,2020.10
ISBN 978-7-312-04962-0

Ⅰ.第… Ⅱ.储… Ⅲ.院校图书馆—图书馆服务—案例—安徽 Ⅳ.G258.6

中国版本图书馆 CIP 数据核字(2020)第 085490 号

第三届安徽省高校图书馆服务创新大赛案例汇编
DISAN JIE ANHUI SHENG GAOXIAO TUSHUGUAN FUWU CHUANGXIN DASAI ANLI HUIBIAN

出版	中国科学技术大学出版社
	安徽省合肥市金寨路 96 号,230026
	http://press.ustc.edu.cn
	https://zgkxjsdxcbs.tmall.com
印刷	安徽国文彩印有限公司
发行	中国科学技术大学出版社
经销	全国新华书店
开本	710 mm×1000 mm 1/16
印张	23.75
字数	504 千
版次	2020 年 10 月第 1 版
印次	2020 年 10 月第 1 次印刷
定价	108.00 元

前　言

服务无限，创新无限。安徽省高校图书馆，在前两届服务创新案例比赛的基础上，又成功举办了第三届。与以往相比，本次比赛获得了更多的关注，产生了更为广泛的影响，是近两年我省高校图书馆服务创新活动的成效体现和集中展示。

服务创新案例作为图书馆服务实践的一种总结形式，在图书馆的管理、教学、学术研究中发挥着不可替代的作用。所展示的案例能大体反映出所在图书馆管理和服务实践活动的指导思想、服务模式、人才队伍、经费投入乃至文化制度等核心要素，因为一个好的案例的形式绝不是简单的一件事或一项活动，而是上述各类要素协同作用的结果。案例就像图书馆整体格局的一滴水、一个斑点，通过案例可以见大海、可以窥全貌。正是基于这样的原因，近些年来，各类案例比赛在全国各地纷纷涌现。一些图书馆也将单馆的案例比赛作为图书馆年终综合考核的一个抓手，评价一个部门、一个员工的贡献时，会看这个部门、这个员工贡献了多少个案例以及这些案例的质量。这无疑是对图书馆创新绩效管理的一个很有意义的尝试。

一个好的案例应该具备以下三大特点：第一，故事性，案例本身是一种交融情景式的事件陈述，能引人入胜。第二，知识性，读案例比读单一的知识介绍更为有趣，更容易让读者接受。知识产生于情境，必归入情境，知识学习亦需要还原此前的情境。第三，启发性，案例所反映的问题以及针对该问题提出的解决方案，对类似问题的解决有很好的启发作用。多看案例，能大大提升解决相关问题的能力。因此，一个好的案例应该包括情境、事件、存在的问题及其解决方法。

本辑案例汇编经过全省相关图书馆同仁的精心提炼和安徽医科大学同仁的悉心整理，具有极好的代表性和典型性，是我省高校图书馆同仁集体创新的成果，也是我省高校图书馆一起讲述的生动故事，必将流传于世，惠泽更多同仁、学子。在此，特别感谢安徽医科大学、中国科学技术大学图书馆的领导以及所有对本书成功出版做出贡献的各位领导、同仁。

本书只是安徽省高校图书馆工作服务创新的一个阶段性总结,我们还将继续推出案例比赛。事业无穷,壮心未已。推进我省高校图书馆事业的发展,我们永远在路上!

储节旺

2020年3月

目 录

前言 ·· (i)

智慧引领发展　服务决定未来——第三届安徽省高校图书馆服务
　　创新大赛获奖案例述评 ··· (1)

线上线下融合，语言文化贯通——图书馆语言学习与国际交流中心服务简析 ··· (12)

面向学科分析报告的多源数据融合与分析系统研发与实践
　　——基于跨平台论文及期刊评价指标数据 ·· (28)

悦读越轻松——阅读疗法用于大一新生适应性焦虑症的实践探索 ··············· (32)

基于双一流背景的 ESI/InCites 数据挖掘，助力高校学科建设决策 ··············· (44)

未来已来　智图服务进行时——安徽建筑大学图书馆智慧服务践行 ··············· (58)

"青禾悦读"：安徽农业大学"书香校园"的第三张名片 ································ (80)

助推科研，共创一流——未来学习中心创新服务初探 ································ (94)

"经典流传　书香致远"阅读推广案例 ··· (113)

高校图书馆创新服务队伍综合素质建设——妙用"馆运会" ························· (126)

基于条码技术的文献架位导航系统 ·· (137)

基于"无手机阅读"图书馆传统服务的自我救赎与读者敬畏意识的培养 ········ (148)

滁州学院图书馆微信推送服务品牌——原创力量 ······································· (158)

数据海洋探明珠　江淮人文绽光芒——2013～2017 年安徽省哲学社会
　　科学学术成果分析 ··· (175)

实现资源有序开放、服务国家重大战略、推动全民终身学习
　　——淮南师范学院图书馆服务创新案例 ·· (181)

基于"第二课堂"的阅读推广工作——记安徽工业大学图书馆阅读推广工作 ··· (196)

入馆教育系列微视频 ··· (203)

书林——温书品言，静坐听诗 ·· (212)

基于大数据环境下的读者个性化服务 ·· (226)

"闭环式"图书馆服务模式养成记——以蚌埠医学院图书馆为例 …………… (238)

探索图书馆的小微世界——"图书馆知识大闯关"微信小程序开发实践 …… (253)

传承弘扬新安医学,助力学校人才培养、科研、医疗工作……………………… (272)

合肥工业大学科技查新站宣传网页的设计与实现 ………………………… (281)

遨游书海 其乐无穷 ……………………………………………………… (285)

书香校园·"悦"读追梦——安徽财贸职业学院图书馆读书月系列活动 ……… (294)

"三全育人"环境下图书馆服务创新 ……………………………………… (311)

寓教于演 流传书香——面向"00后"大学生的经典阅读推广 ……………… (324)

我们不"医"样——以创新思路发展医学专科院校馆藏资源推广工作 ……… (335)

新零售模式助力图书馆打造沉浸式体验 …………………………………… (346)

合作与共赢——高职院校图书馆阅读推广中的跨界合作 ………………… (353)

附录1 第三届安徽省服务创新大赛本科组获奖名单 ……………………… (367)

附录2 第三届安徽省高校图书馆服务创新大赛高职高专组获奖名单 ……… (370)

智慧引领发展　服务决定未来
——第三届安徽省高校图书馆服务创新大赛获奖案例述评

公惠玲　熊枫　张学敏

（安徽医科大学图书馆）

在创新中服务，在服务中创新，是图书馆人永恒的追求。两年一度的安徽省高校图书馆服务创新大赛是安徽省高校图书馆的品牌赛事，第一届、第二届服务创新大赛的优秀案例汇编均已公开出版，向全国发行，并在我国图书馆界产生了较大影响。

第三届安徽省高校图书馆服务创新大赛由安徽省高等学校图书情报工作委员会主办，中国科学技术大学、合肥工业大学、安徽大学、安徽师范大学协办，安徽医科大学承办。2018年12月14日，第三届安徽省高校图书馆服务创新大赛暨智慧图书馆信息化建设研讨会在安徽医科大学正式拉开帷幕。大赛围绕"智慧引领发展　服务决定未来"这一主题展开讨论，在高校图书馆服务创新理念、内容、方法和经验等方面开展交流与分享，使图书馆在高校的教学、科研与社会服务中发挥更大的作用。本届大赛得到了全省高校图书馆的广泛支持和积极参与，共有62所高校150多人报名参会，收到服务创新案例49份，参会人数和参赛案例数量再创新高，充分彰显了全省广大高校图书馆工作者不断创新、勇于开拓的精神。

1　大赛的筹备与组织

1.1　会议网站筹备

本届大赛首次建立会议网站，线上进行会议信息发布和参赛案例提交。参会代表自行在会议网站上进行用户注册和参会报名。所有参赛院校均可通过网站进行案例资料上传和会议资料下载。会议网站的建立既方便了参赛院校的老师报名参会和提交案例，又为大赛筹备方进行案例征集和数据统计提供了支持。

1.2 案例征集概况

如表1所示,本届大赛共收到来自全省27所本科院校和12所高职高专院校的49份案例,内容涉及图书馆工作的方方面面,包括基础服务、阅读推广、读者培训和技术革新等。所有提交至大赛的案例均为各高校图书馆选拔推荐上来的优秀案例,大多数参赛队伍由图书馆馆长亲自领队参赛,每一份案例都是经过精心策划、认真准备的,具有一定的创新性和参考价值。大赛不设初赛,经过大赛组委会讨论决定,除一所学校因自身原因主动弃权之外,其他所有案例均进入现场决赛环节。省内除池州市和宿州市之外,其他的14个省辖市均有案例提交,其中提交案例数量最多的是合肥市,共提交27份案例,占案例总数的55%,充分显示了合肥市高校在图书馆服务创新中的引领作用。其他省辖市中芜湖提交了4份案例,滁州市和淮南市各提交了3份案例,蚌埠市和黄山市各提交了2份案例,其他地市均提交了1份案例。本届大赛本科院校参与热情较高,参赛单位覆盖了省内大多数院校。大赛共收到12份高职高专院校的案例,数量较少。

表1 第三届安徽省高校图书馆服务创新大赛案例提交及获奖分布情况

城市	案例数	参赛高校		获奖情况	
		本科	高职高专	本科	高职高专
合肥市	27	17	10	6个一等奖,3个二等奖,2个三等奖,1个最佳组织奖,1个最佳团队奖	2个一等奖,2个二等奖,2个三等奖,1个最佳服务奖,1个最佳推广奖,1个最佳组织奖
芜湖市	4	3	1	1个二等奖,1个三等奖	1个三等奖,1个最佳创意奖
马鞍山市	1	1	0	1个三等奖	
阜阳市	1	1	0		
铜陵市	1	1	0	1个二等奖	
安庆市	1	1	0	1个二等奖	
蚌埠市	2	2	0	1个三等奖,1个最佳服务奖	
滁州市	3	3	0	1个二等奖,1个最佳推广奖	
亳州市	1	1	0	1个三等奖	
宣城市					

续表

城市	案例数	参赛高校		获奖情况	
		本科	高职高专	本科	高职高专
淮北市	1	1	0		
淮南市	3	2	1	1个三等奖	1个最佳团队奖
黄山市	2	2	0	1个最佳创意奖	
六安市	1	1	0	1个三等奖	
总计	49	37	12		

2 大赛概况及获奖情况

2.1 大赛概况

2018年12月13日~15日,第三届安徽省高校图书馆服务创新大赛暨智慧图书馆信息化建设研讨会在安徽医科大学隆重举行。会议分为两个阶段:第一个阶段是服务创新案例的现场决赛;第二个阶段是专家讲座及学术交流。考虑到本科院校和高职高专院校的服务特色不同,服务目标以及人员设施等外部条件的限制,现场决赛首次对本科组和高职高专组进行分开评审。本着"公平、公正、公开"的原则,经过15位专家的现场打分,最终评出本科组一等奖6项、二等奖7项、三等奖9项、优秀奖15项和单项奖5项,评出高职高专组一等奖2项、二等奖2项、三等奖3项、优秀奖4项和单项奖5项。获奖情况详见附录。

2.2 与前两届服务创新大赛的比较

本届服务创新案例在前两届大赛的基础上,总结经验,弥补不足,不断完善比赛形式。本届大赛与前两届大赛的不同之处主要表现在参与范围、比赛形式和奖项设置等方面,如表2所示。

表 2 第三届创新服务大赛与前两届相关情况对比

比较内容	首届(2015)	第二届(2016)	第三届(2018)
参与图书馆数量	27	32	62
初选提交案例数	38	43	49
进入决赛案例数	38	30	48(1项弃赛)
初赛方式	专家评审	网络评审	馆内评审
决赛方式	分场次、分评委,同时进行PPT汇报,并由专家打分	所有参赛选手在同一场地进行PPT汇报,并由专家打分	所有参赛选手在同一场地进行PPT汇报,并由专家打分
奖项设置	一等奖8项、二等奖13项、三等奖17项	一等奖6项、二等奖9项、三等奖15项、优秀奖13项、单项奖5项	本科组:一等奖6项、二等奖7项、三等奖9项、优秀奖15项和单项奖5项;高职高专组:一等奖2项、二等奖2项、三等奖3项、优秀奖4项和单项奖5项

3 精彩案例回顾及启示

3.1 本科组精彩案例分类情况

本届大赛获得一、二、三等奖的案例大致可以分为空间优化类、科研助力类、阅读推广类、新媒体类、基础服务类和馆员提升类。

本科院校参与现场答辩的37份案例中共有22份获奖,其中,空间优化类2项,分别获得一等奖和二等奖;科研助力类4项,分别获得一等奖2项、二等奖1项、三等奖1项;新媒体类案例3项,分别获得二等奖1项、三等奖2项。本届大赛阅读推广类和基础服务类获奖的案例最多,均有6项,分别获得一等奖2项、二等奖2项、三等奖2项。基础服务类案例获得一等奖1项、二等奖1项、三等奖4项。另外还有一项获奖案例是馆员提升方面的案例,这也是本届大赛唯一一项关注图书馆馆员身心健康的案例,该案例获得三等奖,如表3所示。

表3 第三届安徽省高校图书馆服务创新大赛获奖案例分类情况

序号	分类	学校	案例名称	奖项
1	空间优化类	中国科学技术大学	线上线下融合，语言文化贯通——图书馆语言学习与国际交流中心服务简析	一等奖
2		中国科学技术大学	助推科研，共创一流——未来学习中心创新服务初探	二等奖
3	科研助力类	合肥工业大学	面向学科分析报告的多源数据融合以及分析系统研发与实践——基于跨平台论文及期刊评价指标数据	一等奖
4		安徽医科大学	基于双一流背景的ESI/InCites数据挖掘，助力高校学科建设决策	一等奖
5		安徽大学	数据海洋探明珠 江淮人文绽光芒——2013~2017年安徽省哲学社会科学学术成果分析	二等奖
6		合肥工业大学	合肥工业大学科技查新站宣传网页的设计与实现	三等奖
7	阅读推广类	安徽医科大学	悦读越轻松——阅读疗法用于大一新生适应性焦虑症的实践探索	一等奖
8		安徽农业大学	"青禾悦读"：安徽农业大学"书香校园"的第三张名片	一等奖
9		安徽师范大学	"经典流传 书香致远"阅读推广案例	二等奖
10		安庆师范大学	基于"无手机阅读"图书馆传统服务的自我救赎与读者敬畏意识的培养	二等奖
11		皖西学院	书林——温书品言，静坐听诗	三等奖
12		安徽工业大学	基于"第二课堂"的阅读推广新模式——记安徽工业大学图书馆阅读推广工作	三等奖
13	新媒体类	滁州学院	滁州学院图书馆微信推送服务品牌——原创力量	二等奖
14		皖南医学院	入馆教育系列微视频	三等奖
15		合肥师范学院	探索图书馆的小微世界——"图书馆知识大闯关"微信小程序开发实践	三等奖

续表

序号	分类	学校	案例名称	奖项
16	基础服务类	安徽建筑大学	未来已来 智图服务进行时——安徽建筑大学图书馆智慧服务践行	一等奖
17		安徽中医药大学	传承弘扬新安医学,助力学校人才培养、科研、医疗工作	三等奖
18		安徽农业大学	基于条码技术的文献架位导航系统	二等奖
19		蚌埠医学院	"闭环式"图书馆服务模式养成记——以蚌埠医学院图书馆为例	三等奖
20		亳州学院	基于大数据环境下的读者个性化服务	三等奖
21		淮南师范学院	实现资源有序开放、服务国家重大战略、推动全民终身学习——淮南师范学院图书馆服务创新案例	三等奖
22	馆员提升类	铜陵学院	高校图书馆服务创新队伍综合素质建设——妙用"馆运会"	二等奖

3.1.1 依托空间,拓展服务的深度和广度

为更好地适应读者信息行为的转变及全新的协作式学习方式,满足读者对小组学习、交流、讨论、协作和研究的需求,近年来图书馆界积极对现有空间进行改造,营造协同创新环境,并依托空间开启全新的服务模式。中国科学技术大学图书馆在本次大赛中提交的两份案例均以空间为依托,为读者量身定制丰富多彩的活动,从而拓展图书馆服务的深度和广度。

案例一 线上线下融合,语言文化贯通——图书馆语言学习与国际交流中心服务简析

该案例介绍了中国科学技术大学图书馆的语言学习与国际交流中心。该中心室内使用总面积为 750 平方米,分为语言学习和国际交流两个功能区,以图书馆购买的英语学习资源和服务为支撑,配备 48 台多媒体一体机和多名助教老师,为同学们提供线上语言学习和线下助教辅导,实现"学、练、改、管"全闭环的语言学习服务。该中心利用开放空间开展学术和文化交流活动,每月推出主题沙龙活动,让学生了解更多其他国家的文化背景,学习更多国际前沿学术知识,实现与不同国家老师、学生的沟通交流。该中心的服务得到了学校、国际交流合作部老师、学生的一致认可,服务的效果和影响力显著提高。

案例二 助推科研,共创一流——未来学习中心创新服务初探

该案例介绍了中国科学技术大学图书馆的"未来学习中心",该中心面积达 4000

多平方米，有大、中、小型及不同主题的研修室共20间，统一配置了新型可拼装桌椅、无线投影仪、玻璃白板，同时配备了无线网络、电子白板或大型一体机，并在个别房间安装了网络视频所需的专业配件，大大提高了功能性。不论是开展小型研讨会，还是召开大型会议或开展教学科研活动，都可直接访问图书馆电子资源库，调取所需资料。该中心由研修室、创新创业苗圃、MOOC录播室、语言学习与国际交流中心等组成，以环境的升级带动图书馆服务的提升和创新。截至参赛前，研修室预约使用次数已达18361次，接待数达52827人次，举办了"校园植物图鉴""萝卜分享会系列主题"以及"研究生夏令营"等大中型会议及活动共294场次。

3.1.2 科研助力，需求驱动，主动出击，互利共赢

助力科研一直是高校图书馆工作的重要内容。目前，在"双一流"建设的背景下，图书馆对于科研工作的重要作用更加凸显。一方面，学校在创建"双一流"大学的过程中，需要图书馆提供ESI指标涉及的各项数据，从而推动学科建设、人才引进和人才评估等工作；另一方面，在学校政策的驱动下，老师更加关注个人的学科贡献情况，以及时跟踪相关研究，合理安排研究任务。在强烈的需求驱动下，图书馆更应该主动出击，与科研部门和学科院系合作，积极推进学校的"双一流"建设，这也为图书馆在新时代发展转型提供了新平台和新机遇。本届大赛中，科研助力类的创新案例有4项。合肥工业大学图书馆基于自身的优势，自主研发了多源异构科研论文题录及评价数据融合与分析系统，极大地提高了数据整理的效率。安徽医科大学提交的案例《基于'双一流'背景的ESI/InCites数据挖掘，助力高校学科建设决策》全面展示了图书馆在学校ESI学科建设方面所做的具体工作和重要贡献。

案例一 面向学科分析报告的多源数据融合以及分析系统研发与实践——基于跨平台论文及期刊评价指标数据

该单位在需求的驱动下，自主研发系统工具。该系统的设计框架可以分为数据源采集、数据融合、数据分析三个部分。系统可以进行数据采集和数据分析，并形成分析报告。该系统充分发挥了自建数据库的价值，具有强大的、现有其他数据库无法实现的数据分析功能，能够依据学校战略决策部门及各个学院的个性化信息需求开展有差异的信息检索、数据统计分析并形成学科分析报告。其优势主要表现在可定制各类分析报告、拥有自主知识产权、可拓展性强。

案例二 基于"双一流"背景的ESI/InCites数据挖掘，助力高校学科建设决策

该案例介绍了图书馆在"双一流"建设的背景下，与学校的发展规划处合作，助力高校的学科建设决策。根据ESI及InCites数据库提供的有关科研绩效、学术水平及影响力等分析评价指标，结合实际情况，定期制定本校的ESI学科分析报告。报告主要内容包括近10年WOS论文发表情况、各ESI学科的发表和国际国内排名分析，潜力学科发表和潜力值分析预测，高被引论文和热点论文列表，与省重点高校以及省外同类型医学院校的科研产出力的比较分析，主要学科的期刊列表等，仅供全校科研

人员参考。这种探索得到了该校校领导和职能部门的高度认可和支持,提升了图书馆在学校的影响力。

3.1.3 阅读推广,做出高度,突出经典,抓住特色

阅读推广作为"全民阅读"的重要举措和图书馆服务的核心工作之一,已经被列入《公共图书馆法》,各地高校图书馆的阅读推广工作也开展得如火如荼,并逐渐成为高校图书馆的主流业务之一。高校图书馆的阅读推广究竟应该做成什么样、达到什么样的效果呢?总体来说,阅读推广应当承担文化传承的使命,在内容上抓住经典,突出特色,在形式上做好顶层设计和统筹规划,紧跟时代步伐,做有高度的阅读推广。安徽农业大学图书馆的"青禾悦读"在前期策划和准备时做了大量的工作,找准理论定位,打造系列品牌。安徽师范大学充分利用师范院校的优势,在经典阅读推广上下功夫,取得了丰硕的成果。安徽医科大学图书馆在应用阅读疗法缓解大一新生适应性焦虑方面进行了有益的探索。

案例一 青禾悦读:安徽农业大学"书香校园"的第三张名片

该活动通过总体设计保证了活动效果和常态性,并与"青禾书店""青禾讲坛"相互促进,从不同角度满足师生的文化需求。"青禾书店":让读者"第一时间读到新书"。"青禾讲坛":对话作者,服务读者;以作者的视角,拓展读者的视野;以著者的思想深度,提升读者理论的高度。"青禾悦读":让读书创作成为一种习惯,成为一种生活方式,成为大学生日常生活中不可或缺的部分。该案例的创新点在于:① 读书创作品牌系列化——青禾讲坛、青禾书店、青禾悦读;② 读书创作活动常态化:阶段性的读书创作活动与连续性的阅读推广活动相结合;③ 读书创作路径协同化——经典阅读与微阅读相结合,笔试、抢答、游戏、朗诵、笔记、拍摄、创作、阅读、讲坛相结合;④ 馆员的阅读推广与读者的读书创作融合——大学生成为读书创作的参与者、推广者、受益者。

案例二 "经典流传 书香致远"阅读推广案例

安徽师范大学通过扩充经典书库,加强组织和宣传,举办经典导读活动,进行专题分组学习,结合自身特点,开展特色活动等途径推动全面经典阅读推广工作,并取得了一系列的成果。案例围绕经典作品这一载体,以经典阅览室为平台,联合校团委、相关学院、学生社团以及芜湖市邮政局,积极组织开展阅读经典沙龙、知识问答、征文评选、经典诵读、创作设计等一系列经典宣传、经典阅读、经典体验、传播经典的活动。案例形成了宣传、阅读、体验、传承四个层次。案例突出经典阅读推广的主题,每一项活动都有较高的参与度和影响力,有效激发了广大学生阅读经典作品的兴趣,提高了文化经典作品的影响力。

案例三 悦读越轻松——阅读疗法用于大一新生适应性焦虑症的实践探索

该案例结合医学院校特色,将阅读疗法与阅读推广工作结合起来。案例在研究思路上遵循提出问题、分析问题、解决问题的逻辑,采用施皮尔伯格于1977年编制的状态-特质焦虑问卷(STAI)作为测评工具,采用图书馆员、辅导员以及心理咨询员共同

参与阅读疗法的形式对大一新生进行心理干预。通过编制团体辅导报告,开展团体辅导活动,初步验证了阅读疗法用于大一新生适应性焦虑症的科学性和有效性,但是由于开展时间短、样本数量少,效果还有待进一步验证。后期,图书馆将与各院系辅导员以及校心理教研室老师合作,扩大活动规模,同时扩大服务范围,针对各年级学生的主要心理障碍逐步推广阅读治疗。

3.1.4 利用新媒体,紧跟时代,满足需求,事半功倍

随着无线移动服务和小型智能设备的高速发展和快速普及,用户的信息获取手段发生了根本性的变化。多数读者已不再到馆查看资源,而是希望通过远程、即时、即地的方式利用图书馆服务和资源。因此,各高校图书馆纷纷安装了移动图书馆,开通了微信公众号,将资源和服务通过移动设备送到读者手中。本届大赛新媒体类获奖案例共有3项。滁州学院对图书馆微信公众号进行了全新的包装,形成了自己的品牌栏目,取得了丰硕的成果。合肥师范学院发挥微信小程序的优势,将其应用到新生入馆教育活动中,丰富了入馆教育的形式。图书馆是文献信息资源的集散地,在新媒体时代,更应该紧跟时代步伐,通过不同途径满足用户信息获取需求,达到事半功倍的效果。

案例一　滁州学院图书馆微信推送服务品牌——原创力量

该馆根据所在学校图书馆微信公众号的服务现状及存在的问题,沿着构建自助咨询系统和利用图文推送的机会打造图书馆课堂的思路,立足图书馆现状及该校读者的教学科研实际,由馆员主导,大胆创新,以新颖的内容和手法深入挖掘应用型本科院校图书馆的知识内涵,运用新媒体平台突显图书馆的教辅职能,唤起学生读书、学习的兴趣,树立图书馆的新形象。最终形成了一个微信推送品牌"原创力量",并成为滁州学院图书馆新媒体服务的特色项目,目前由"馆儿答疑""SOO出品""别让好书受冷落"和"馆儿·千语"四个部分组成。原创力量品牌的创立不仅促进了图书馆业务的开展,提升了图书馆的形象,而且能让馆员和读者双方受益。

案例二　探索图书馆的小微世界——图书馆知识大闯关微信小程序开发实践

案例基于微信小程序使用简单、易于开发和用户体验好等优势,自主开发了"知识大闯关"微信小程序,并将其应用于合肥师范学院图书馆的新生入馆教育活动中,实现了小程序在图书馆中的创新应用,丰富了入馆教育的形式和功能。该案例利用微信小程序将读者与服务人员通过入馆教育这个场景联系在一起。小程序面向特定的读者:新生和对图书馆不熟悉的同学;提供特定的服务:进行图书馆知识的学习,掌握图书馆的使用流程。将服务需求与场景对接也是小程序的优势所在,该探索通过对小程序的学习和研发,为高校图书馆的精准化服务探索了一条可行途径。

3.1.5 基础服务,问题驱动,守正创新,做精做实

《普通高等学校图书馆规程》明确规定,建设文献信息资源保障体系,健全文献信

息服务体系,参与资源共建共享,为社会服务均为图书馆的重要任务。传统的借阅服务在信息时代受到了巨大的冲击,图书馆读者流失严重。如何针对现有的问题进行创新,吸引读者走进图书馆,引导读者回归深度阅读,仍然是图书馆界面临的一项重要课题。本届大赛中共有6项获奖案例涉及图书馆的基础服务工作。安徽农业大学图书馆针对读者在借阅时面临的问题,自主研发了基于条码技术的文献架位导航系统,方便了读者,提高了资源利用率。安庆师范大学图书馆开展的"无手机阅读"活动倡导读者放下手机、静心阅读,得到多家媒体的争相报道,反响强烈。淮南师范学院图书馆在开展社会服务方面狠下功夫,在推动全民阅读方面起到了良好的示范作用。创新来源于实践,服务于实践,将实际工作中遇到的问题作为根本驱动力。

案例一 基于条码技术的文献架位导航系统

该案例在借鉴RFID技术的基础上,利用条形码技术,开发一种基于"架标条码"与"图书条码"相结合的图书文献典藏定位系统。图书馆利用现有管理系统中的书目数据,通过微信、掌上安农等应用程序,采用自建加共享的方式,将图书文献的借阅条码与图书文献典藏架位(位置)关联起来,形成图书文献的架位信息数据库。一方面,利用图书架位信息,图书管理人员可以通过扫码(图书借阅条形码)查看该文献的典藏架位信息,做好图书文献归架整理工作,提高管理工作效率,从而在一定程度上解决图书乱架的问题。另一方面,读者通过微信、掌上安农、OPAC等应用程序查找某一图书时,可以利用该系统快速获取到图书所在的架位号(存放位置),方便图书的查找、利用。

案例二 基于"无手机阅读"图书馆传统服务的自我救赎与读者敬畏意识的培养

无手机阅读之所以被称为"离机实验",是因为设计者希望以这种引导性的测试活动来探究大学生的阅读需求,为后续活动的可行性及可持续性做准备。该实验时长设置为5个小时,最低有效时间为1小时,挑战1小时成功者即可获得小礼品。活动结束后,按照登记时长选出前10名,颁发奖品,共有75名公众参加实验。最终结果是中途有1人退出,坚持1~2小时的有27人,坚持2~3小时的有14人,坚持3~4小时的有18人,坚持4~5小时的有9人,坚持5小时以上的有6人。"无手机阅读"活动在社会上引起了强烈的反响。新安晚报、安徽网、澎湃新闻等媒体都对此进行了宣传和报道,引起了大量读者热议。

案例三 实现资源有序开放、服务国家重大战略、推动全民终身学习——淮南师范学院图书馆服务创新案例

活动通过进学校、进机关、进企业、进农村、进社区五个方面逐步实现资源有序开放,开展全民阅读活动,将图书馆的服务对象从本校师生扩展到全市的中小学生、机关企业单位的工作人员、城镇乡村的普通居民农民。这不仅提高了图书馆馆藏资源的利用率,扩大了图书馆资源的使用范围,也让更多的人了解和认识图书馆,学会使用图书馆并参与到图书馆的日常活动中来。图书馆先后与50多家政府机关及淮南市企业联合会等签署了资源共享服务协议,服务社会读者达万余人,帮助成立了淮南"鸿烈读书

会",实现科技图书进乡村、进社区等。活动的开展对地方的政治、经济、教育、文化的发展发挥了积极推动作用。

3.2 高职高专组案例回顾及启示

高职高专院校以适应社会需要为目标,以培养技术应用能力为主线来设计学生的知识、能力、素质结构和培养方案。图书馆是为学校师生服务的,要与学校的定位和目标相适应。本次高职高专院校共提交案例12项,1个单位因自身原因未能参加现场决赛,其他案例获奖情况为一等奖2项、二等奖2项、三等奖3项、优秀奖4项和单项奖5项,内容基本涵盖了图书馆工作的所有方面。安徽警官职业学院提交的案例《遨游书海 其乐无穷》用九项主要活动展示了图书馆在丰富校园阅读活动、构建校园阅读文化方面的举措。安徽财贸职业学院图书信息中心提交的案例"读书月活动"对该校连续14年举办读书月活动的经验进行了分享,从活动策划、宣传到活动开展、表彰、报道的流程完整流畅,并形成了"书山寻宝"等诸多品牌活动。安徽水利水电职业技术学院提交的案例《"三全育人"环境下图书馆服务创新》阐述了图书馆充分利用馆藏资源优势,与大禹书院建立协同机制,为学生提供三全育人服务平台的具体举措。安徽国际商务职业学院提交的案例《寓教于演 流传书香——面向"00后"的经典阅读推广》抓住了"00后"这个特殊群体的特点,利用学生喜闻乐见的舞台形式,通过吟唱表演等形式,演绎同学们自己对经典的认识,营造书香氛围,提升校园文化软实力。安徽医学高等专科学校图书馆提交的案例《我们不"医"样——以创新思路发展医学专科院校馆藏资源推广工作》结合医学专业背景和专科院校的特点,开展了合理有效的馆藏资源推广服务。安徽商贸职业技术学院提交的案例《新零售模式助力图书馆打造沉浸式体验》借鉴"新零售"概念,举办了大型图书馆开放日活动,以体验式参观为主要内容,采取"纸电融合"的方式,多维度展示了图书馆的馆藏资源与工作流程。安徽审计职业学院提交的案例《合作与共赢——高职图书馆阅读推广中的跨界合作》重点阐述了如何实现与学生社团的合作与共赢。

综上所述,服务是图书馆工作的核心宗旨,创新是图书馆事业发展的不竭动力。新时代图书馆的服务创新是百家争鸣、百花齐放的,但是无论如何创新都离不开"提供优质服务"这个根本理念。目前,我们已经进入5G时代,本届大赛的主题是"智慧引领发展 服务决定未来",期待图书馆界乘着5G的东风,插上智慧的翅膀,坚持创新发展,加快转型升级,为图书馆事业高质量发展提供新动力。

线上线下融合,语言文化贯通
——图书馆语言学习与国际交流中心服务简析

王青青　郭磊

（中国科学技术大学图书馆）

受经济全球化、信息化、政治多元化的影响,高等教育的国际化趋势日趋明显。高校的国际化程度成为其综合教育实力的体现,积极发展国际化交流是新世纪高校的必经之路。扎实的英语综合能力和开阔的国际视野对当代大学生来说显得越来越重要。图书馆是高校的重要组成部分,肩负着集成智慧高效传播的职责。由于高校国际化的趋势愈加明显,图书馆势必要跟随高校的脚步,并为高校国际化提供有效的服务支撑。中国科学技术大学图书馆优化语言学习环境,依托所购英语学习资源,成立语言学习与国际交流中心（以下简称"中心"）。中心推行线上线下融合的语言学习模式,开展学术和文化交流活动,以推进语言和文化的融合贯通。

1　案例实施的背景

中国科学技术大学适应新形势下国际化发展的需求,培养全球型人才,推进国际化人才交流。最新统计数据显示,我校近年来每届本科毕业生中有30%左右获全额奖学金出国（境）留学。同时,我校有数学、物理、化学、材料等12个大类共34个专业方向面向国际招生,每年有接近200名的国际学生入校学习。在"走出去""引进来"氛围日益浓厚的形势下,扫除语言文化上存在的障碍显得越来越迫切和重要。

图书馆立足自身情况与特色,理清自身服务对象和人群,针对不同文化背景、不同需求制订切实可行的服务策略。2016年,我馆对西区图书馆进行改造,把西区图书馆四楼打造成语言学习与国际交流中心。中心室内使用总面积为750平方米,分为语言学习和国际交流两个功能区。中心打破传统教学"固定时间、固定地点、固定节奏、纸质教材"等学习限制,积极探索适应本校在线教学及翻转课堂的新模式。

2 案例实施的基本思路

中心以图书馆购买的英语学习资源和服务为支撑,配备 48 台多媒体一体机和多名助教老师,为同学们提供线上语言学习和线下助教辅导,实现"学、练、改、管"全闭环的语言学习服务。中心在开放空间内开展学术和文化交流活动,每月推出主题沙龙,让学生更多地了解更多其他国家的文化背景,学习更多国外前沿学术知识,实现与不同国家师生之间的沟通交流。

3 案例实施的内容

3.1 语言学习

语言学习采用线上线下融合的学习模式。线上,学生通过互联网使用图书馆丰富的英语学习资源,如名师录播课程、逐题精讲及在线练习、直播互动课堂、写作口语批改等。线下,由助教老师负责督导、答疑,具体内容包括:解答学生疑问,制订教学计划,制订学习任务,组织学习活动,管理学习社群,把控学习进度。

3.1.1 线上语言学习

中心通过互联网提供英语能力类、考试类高品质名师视频课程和权威考试真题讲解。英语能力课程有看电影学英语、通用英语语法、英语词汇、英文文书写作方法、北外专家语言 MOOC 等。考试类课程包括四级、六级、考研、托福、雅思、GRE、GMAT 等。所有课程均按照系统科学的知识单元切分,后台全程监控并分析学习行为,实现"一人一课堂,一人一名师"的个性化学习。逐题精讲课程由国外考试教学专家和考试高分获得者进行逐题分析。专家在线直播课堂充分发挥了互联网实时互动的优势,关注英语学习的热点和难点,解答学生在听课过程中遇到的疑问,助力学习咨询的实时分享。写作口语批改由外教对每位学习者的口语、写作的学习输出环节进行一对一的反馈指导,突破线下局限,实现真正的个性化服务。

在"学"环节中,点击量较多的课程是托福、雅思、国内英语考试,分别占所有课程点击量的 28%、18% 和 14%(图 1)。这与我校有较多毕业生选择出国留学深造有关。在"练"环节中,逐题精讲及在线练习两年累计点击量将近 40000 万次(图 2)。在口语写作批改方面,2018 年使用量超过了 2017 年使用量(表 1)。

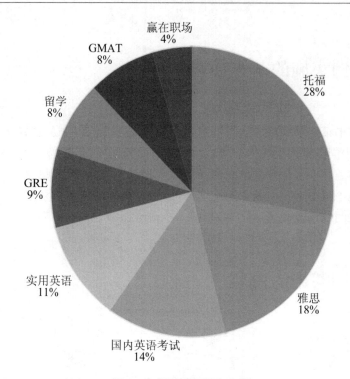

图 1　名师录播课程点击量

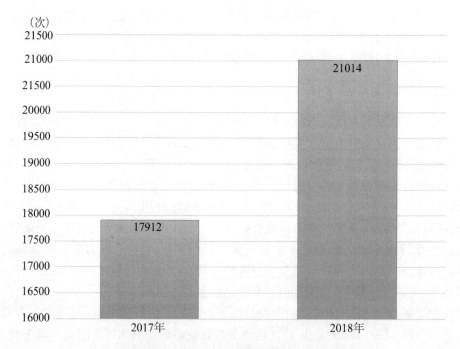

图 2　2017 年、2018 年逐题精讲及在线练习量

表 1　2017、2018 年写作口语批改量

年 份	口语批改(次)	写作批改(次)
2017	3319	3027
2018	3946	3501

3.1.2　线下语言学习活动

线下语言学习活动围绕"管"的六个环节展开,主要开展一对一辅导、口语陪练、英语角、语音课、英语比赛等活动。

中心根据本校学生的实际水平和学习需求进行专门的助教招聘。助教对学员进行一对一辅导(图3),为学生设计个性化的学习方案和备考计划,合理安排学习计划,科学管理学生的学习进程。助教除了监督学员学习外,还负责组织小组主题讨论,解答学生疑问,激发学生思维,相互学习,提高学习兴趣。中心从成立至今,助教辅导学生人数超过 2000 人,答疑 3000 多次。

图 3　助教一对一辅导学员

口语陪练是指助教陪同学生练习学生指定的口语话题(图4)。话题具有针对性,通常为出国类口语考试试题或求职升学英语面试中常见的问题。中心营造活泼有趣、亲切自然的氛围,旨在提升学生的英语口语水平和交流能力,使其轻松走出"哑巴英语"的困境。陪练时间灵活机动,学生能够根据自己的安排,提前和助教预约练习时间。

图 4　助教口语陪练

中心设置了英语角区域,每周由助教主持开展英语角口语交流活动,为英语爱好者提供口语交流的环境(图 5)。截至目前,中心已举办了 19 期英语角活动,精心选取多个同学们感兴趣的话题。为了达到较好的交流效果,每期限 8 人报名,旨在引导每位学生能自信地进行口语交流。英语角往期话题如表 2 所示。

表 2　英语角往期话题

时　间	话　题
2018 年 11 月 1 日	Stereotypes
2018 年 11 月 18 日	Sci-fi & future fantasy
2018 年 11 月 23 日	Is it okay just to be an ordinary person
2018 年 12 月 4 日	Travelling
2018 年 12 月 8 日	Is it a waste for well-educated women to be housewives
2018 年 12 月 16 日	Job factors
2018 年 12 月 21 日	It is good for you
2018 年 12 月 25 日	Christmas

(a)

(b)

图 5　英语角活动照片

中心开设的英语语音课由助教张老师主讲,目的是向学生系统介绍关于英语语音和语调的知识,使学生通过学习和练习掌握英语的发音、语流的规律、语调的功能,基本上能正确使用英语语音和语调进行朗读、表达思想并进行交际(图6)。上课频率为一周两次,课上以讲解示范与学生练习为主,既强调基本功的训练,又注重应用实践。课后会有相应的作业,由助教批改,并把批改意见及时反馈给学生。

图 6　英语语音课授课现场

为加强学生英语写作和口语能力,进一步提高学生英语应用能力水平,中心定期举办英语写作、口语比赛,给同学们营造积极向上的学习竞争氛围。至今,中心已经举办 4 次英语比赛,累计获奖人数超过 40 人(图 7)。

图 7　英语比赛获奖者留影

3.2　国际交流

学习语言是为了更好地交流。在国际交流方面,中心秉承学术交流和文化交流齐头并进的原则,采用了线上线下融合的方式。

3.2.1　线上英语文书润色

为了帮助老师和同学们改善英文论文写作中的语言表述问题,提高论文稿件被目标期刊收录的几率,中心开通了英文论文摘要润色服务。由母语为英语的专业英文期刊编辑、多学科领域研究员、英文论文写作审阅专家把关行文逻辑和语言表达。服务流程分为作者提交论文、主编初审、国外编辑润色、主编复审、返回作者、作者反馈评分。数据库后台数据显示,2018 年英语文书润色数据库注册人数、浏览总人数、摘要润色和全文润色篇数都已超过 2017 年同期数据(表3)。

表3 英文论文润色数据库使用情况

年份	注册人数(人)	浏览总人数(人)	摘要润色(篇)	全文润色(篇)
2017	972	2184	3257	463
2018	1257	2342	3413	484

3.2.2 线下国际交流活动

中心每月会推出英语主题沙龙,分为出国类语言考试指导、出国留学规划、名校申请攻略、学术论文投稿四类。出国类语言考试指导主要分享雅思、托福等考试的备考经验,如在"备战托福听力、口语"英语沙龙活动中,黄老师详细分析了听力和口语中话题的分布,列举了听力和口语中的核心词汇,提供了有效练习的方式、解题步骤和技巧。在出国留学规划和名校申请攻略中,主讲老师会列举申请者的软硬实力,强调申请的时间节点。例如,在"怎样对美国顶尖名校说 so easy"英语沙龙活动中,邹洁心老师列出了留学申请的要素,个人陈述和推荐信的亮点等。学术论文投稿沙龙活动会邀请拥有英文审稿经验的老师,给同学们讲解论文写作和投稿的经验。再如,在"How to write an academic paper and common mistakes in academic writing"英语沙龙活动中,外籍老师向同学们展示学术论文的一般结构,列出了在写作中每个部分应该注意的事项,并结合实际论文中的例子进行了说明。

经过多期沙龙活动的实践,中心形成了系统化的沙龙流程:定题调研、筹备宣传、活动安排、反馈总结。每一期的沙龙主题,我们都会通过投票让学生选出最感兴趣的话题。如图8、图9所示,中心通过图书馆主页、微信、电子屏幕、海报、学习社群通知等多种方式宣传沙龙活动。活动当天,中心工作人员布置现场,安排摄像。活动结束后,工作人员会听取学生意见、进行总结,并撰写新闻稿。截至目前,中心一共举办20余次主题沙龙,其中3次由外教授课,累计超过1000多人参加。往期英语沙龙主题如表4所示。

图8 英语沙龙海报精选

图 9　英语沙龙活动现场

表 4　往期英语沙龙主题

沙　龙　主　题
"说"得漂亮
The Biggest Issues in Spoken English (and How to Fix Them)
名师助你备考四、六级
雅思备考指南及留学备考规划
托福考试备考逻辑
美国研究生申请干货指南
谈论托福备考口语写作输出项
怎样对美国顶尖名校说 so easy
美国名校申请与 GRE 备考
How to write an academic paper and common mistakes in academic writing
英文学术论文写作常见错误分享
美国研究生留学申请规划

中心与中国科学技术大学英语协会合作,举办英语爱好者聚会沙龙,内容涉及国外电影赏析、中外节日和校园新鲜事儿等。在国外电影赏析活动中,同学们观看《阿甘正传》《王冠》等影片后,朗读影片中的经典台词,讨论影片的意义。在文化主题周中,介绍国外节日、文艺复兴之后欧洲的文化思想及西方国家的礼仪,让同学们对西方文化有更深的了解。在校园新鲜事中,同学们会讨论小黄车的兴衰史等。英语爱好者聚会沙龙形式活泼多样,由主持人讲解、影片赏析、即兴表演、小组讨论、游戏、抽奖等环节组成。截至目前,一共举办了12次英语爱好者聚会沙龙,如图10、图11所示。

图 10 英语爱好者聚会沙龙海报精选

图 11　英语爱好者聚会沙龙活动

中心开展走访我校外籍教师、助力科研创新活动。我们向外籍青年千人 Zachary J. Smith 教授介绍了图书馆的资源和服务，Zachary J. Smith 教授提出了建议和需求，他希望我们开展一次用 LaTeX 撰写学术论文的培训（图 12）。中心即刻联系相关馆员进行精心准备，并在一周后举办了主题为"利用 LaTeX 撰写学术论文入门"的讲座。党贵芳老师就 TeX/LaTeX 的基础知识、下载安装、论文编辑、模板使用四个部分展开介绍，她还结合学术论文的一般结构详细讲解了如何用 TeXworks 编辑学术论文，以及如何使用各出版社的 LaTeX 模板快速编辑生成论文。该讲座得到了校内师生的一致好评（图 13）。

图 12　中心老师走访外籍青年千人 Zachary J. Smith 教授

图 13　"利用 LaTeX 撰写学术论文入门"讲座

近年来,我校的留学生人数逐年增加,留学生是图书馆读者中较为特殊的用户群体,因此针对留学生开展服务十分必要。服务大致可以分为以下三部分:在留学生入学之初,中心针对留学生举办新生入馆教育,介绍图书馆的基本情况、文献资源、常用数据库的查找等。在日常工作中,中心配备了英语较好的工作人员,为留学生随时提供解答咨询服务,包括学位论文的上传和科研工具的下载及使用。中心还组织留学生参加感兴趣的主题展览和文化沙龙,搭建留学生与我国学生沟通交流的桥梁。这些活动不仅丰富了留学生的课余生活,而且加深了留学生与图书馆的交流,激发了他们利用图书馆资源的兴趣和热情(图14)。

图14 留学生参加新生入馆教育和英语沙龙活动

中心和科技史与科技考古系的石云里教授开展深入合作,为国际交流讲座提供场所、会务服务和活动宣传。《罗马贵族的便携式天空:安提凯希拉机械》讲座在图书馆举办,中心工作人员参与活动宣传和会场翻译(图15)。

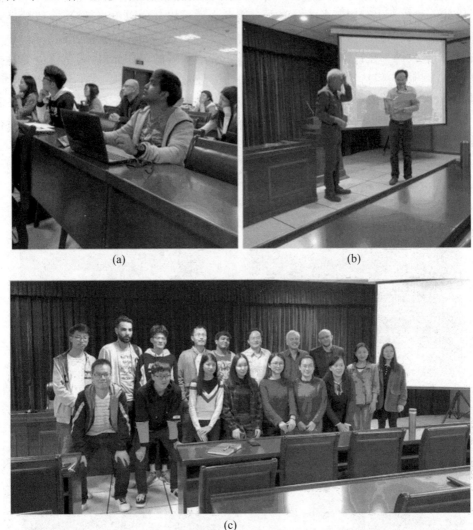

图15 "罗马贵族的便携式天空:安提凯希拉机械"讲座

4 案例创新点

第一,中心采用线上线下融合的闭环式学习模式,提高学习效率,实现个性化,因材施教。

第二,新搭建语言沟通的桥梁,传播语言承载的文化,促进语言文化融合贯通,拓展学生国际视野。

第三,中心整合英语学习资源、馆员、学院、社团和中外学生等资源,拓展了服务的深度和广度,有利于保证服务可持续发展。

5 案例实施效果

中心服务得到了学校领导、国际交流合作部工作人员和师生的一致认可,服务的效果和影响力显著提高。我校党委书记许武在调研中心时充分认可了中心主动承担学校教学改革任务的理念,指出中心有着提升英语教学、支撑国际合作交流的重要作用。国际交流与合作部把图书馆入馆教育作为留学生入学教育的必要环节,并肯定了中心沙龙活动在丰富留学生学习、生活方面所起的积极作用。针对中心资源与服务的关注度逐渐提高,资源平台在线注册人数超过 10000 人,中心到访人数超过 6500 人次,报名学习人数超过 1600 人,QQ 学习社群成员超过了 1300 人。学生的学习效率和英语综合能力有所提高,如数学学院王一博经过两个月学习,托福成绩由 90 分提高到 106 分;少年班学院朱家贝经过三个月学习,托福成绩从 80 分提高到 101 分;核学系解尧经过三个月学习,雅思成绩从 6 分提高到 7 分;工程科学学院陈帅经过两个月学习,雅思阅读成绩从 6.5 分提高到 9 分。

线上线下融合的学习模式既能激发学生学习的主动性、积极性与创造性,又能提高学生的学习效率。中心服务提高了学生的英语综合应用能力和跨文化交际能力,扩大了学生的国际视野。中心的成立优化了图书馆的资源配置,拓宽了服务范围。中心服务逐渐树立起品牌影响力,助力我校国际化人才的培养,成为我校一个重要的国际交流窗口。

面向学科分析报告的多源数据融合以及分析系统的研发与实践
——基于跨平台论文及期刊评价指标数据

王磊　廖宁　刘荣清

（合肥工业大学图书馆）

1　背景

1.1　数据驱动下知识服务的内在要求

在大数据环境的影响下，图书馆曾经熟悉和赖以生存的传统信息环境正在发生根本变化，图书馆服务已经从一种稳定的常态机制向加速变化和不断多样化的动态机制过渡。在大数据驱动的信息环境中，用户获取知识的需求由分散到综合，由"粗"转"细"，针对性地满足其解决特定问题的知识需求特征将越来越明显。用户将越来越注重要求图书馆服务帮助他们厘清各类资源之间的内在联系，挖掘隐藏在各类资源内部的相关知识内容，引导用户"发现"他们尚未发现的结构和规律。

1.2　助力"双一流"建设的高校图书馆知识服务内在要求

"双一流"大学战略规划的提出使得高校更加注重对自身优势学科的挖掘和建设。将现有资源重构以及基于再造资源的学科分析报告体系化编制归入高校图书馆的工作范畴，不仅可以提高各高校指标数据库的使用效率，培育情报分析队伍，而且可以满足学校战略决策者对掌握其管辖科研机构的学科发展态势及重点科研领域的情报需求。这是高校图书馆承担其在学校信息支撑中的责任，发挥资源优势，拓展职能的必然趋向，也是高校图书馆发展水平与所在学校发展水平相匹配的必然要求，彰显了高校图书馆在新时代下的新使命、新作为和新价值。

2 研究框架

由图 1 可知本系统设计的框架可以分为数据源采集(数据源来自 Web of Science 平台、InCites 平台、LetPub 网站中 CiteScore 期刊评价数据和 JCR 期刊评价数据)、数据融合、数据分析三个部分。

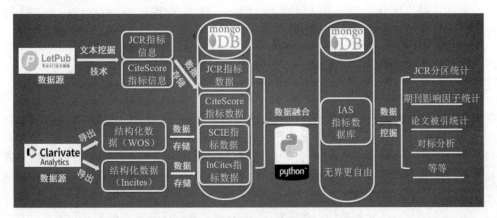

图 1 多源数据融合与分析系统设计思路图

首先,根据不同检索要求在 Web of Science 平台和 InCites 平台上分别获取论文评价数据,在对数据进行加工处理后以结构化数据形式存储在 mongo DB 数据库中。

其次,利用文本挖掘技术获取包含 CiteScore 期刊评价信息和 JCR 期刊评价信息的网络非结构化文本信息,并转化为结构化的 CiteScore、JCR 期刊评价指标数据,继而存储在 mongo DB 数据库中。

再次,依据论文所发期刊,将论文评价数据与 CiteScore、JCR 期刊评价数据融合,进行元数据规范(通用的国际标准元数据描述规范和管理规范,数据满足 DC、DOI 与 GB/T 7714—2005 各类国际国家标准),最终形成多维度科研论文评价指标数据库。

第四,数据之间创建关联(CERIF 关联数据模型),使得数据结构兼容各类模型的学术信息语义关联通用标准。

最后,基于关联数据系统,利用多维度科研论文评价指标数据库开展数据统计分析和学科分析。同时,支持接口灵活发布,可对不同业务创建不同的数据发布接口,并提供详细的接入指南,提供可靠的 API 鉴权机制。

系统逻辑框架结构分为数据底层、管理层、服务层三部分。

数据底层:按月更新的 Web of Science 平台、InCites 平台、LetPub 网站中 CiteScore 期刊评价数据和 JCR 期刊评价数据(该数据源可根据需求随时扩展)。

管理层:管理各种元数据与学校各院系机构、学者的对应关系。

服务层：开展数据统计分析，形成学科分析报告。

3 实证研究

3.1 用户需求

基于 ESI 分类体系的合肥工业大学工程学科对标分析报告（对标机构为 ESI 排名高于 100 位左右的机构）。

3.1.1 数据获取

1. 在 ESI 指标数据库中点击指标[Indicators]选项，选择机构[Institutions]；在增加筛选条件[Add field]中选择研究领域[Research fields]，点击[Engineering]学科；在结果区，会从左至右依次出现机构、国家/地区、论文数、篇均被引次数。通过点击页面右上角[Select download format]标识符，选择 csv 格式。在 csv 格式文件中查找到我校工程学学科排名为 355，往上数高于我校 100 名左右的国内外机构为四川大学、纽卡斯尔大学，排名分别为 266、255。

2. 基于 InCites 数据库，以数据集＝[Incites dataset] and 出版年＝[2008,2018] and 机构名称＝["Hefei University of Technology"] and 文献类型＝[Article,Review,Data paper] and 研究方向学科分类体系＝[Essential Science indicators] and 学科领域＝[Engineering]为检索式，在结果区可得到合肥工业大学 2008～2018 年参与发表的工程学科论文 2068 篇。通过点击结果区的[2068]标签，弹出目标页面。选择页面右上角的下载标识符，将下载的 csv 格式文件编码改变为"UTT-8"。同理，可以得到四川大学、纽卡斯尔大学同期参与发表工程学科论文的 csv 格式文件。至此，系统可识别文件生成。

3. 系统将经过数据清洗后的下载文件存储在 mongo DB 数据库中。

4. 依据数据库中下载论文信息的"发表期刊"字段，由系统的爬虫模块获取相应期刊的 JCR 评价信息以及 CiteScore 期刊评价信息。

5. 系统将论文评价数据与期刊评价数据融合后形成多维评价论文同构数据库。

3.1.2 数据分析

系统根据各种脚本程序自动整理学科分析报告所需的数据，如 ESI 体系下三校发文量、被引、期刊影响因子数据对比分析，三校工程学科发文期刊对比分析，三校工程学学科发文期刊影响因子对比分析，三校工程学学科论文 JCR 大区分区对比分析。其中，工程学科发文期刊对比分析和三校工程学学科论文 JCR 大区分区对比分析必须借助本系统的融合数据才能得出。

3.2 合肥工业大学 2016 年 SCIE 收录学术论文分析报告

本报告的数据基于 Web of Science 平台、InCites 平台和 JCR 期刊评价数据,运用校图书馆信息咨询与学科服务部自主研发的"多源数据融合与分析系统"(IAS),以 SCIE 收录的第一作者机构为合肥工业大学(不论机构排名)或者通讯作者机构为合肥工业大学的学术论文为统计源,旨在以统一口径检索与呈现 2012~2016 年我校被 SCIE 收录论文的总体数量和变化趋势,并对 2016 年我校收录的论文做深度分析,主要包括各学科论文数量及 JCR 分区、论文合作者、期刊影响因子及学科百分位、主要期刊分布与论文篇数、期刊影响因子与论文篇数、学科关键词词频、所属基金项目及项目阶段性成果分布、第一作者机构出现位置频次等,以期实现对我校 2016 年 SCIE 收录论文的全面系统了解,进一步激发我校作者发表高端论文的积极性,助力学校的学科建设与发展。

4 结论

本系统充分发挥了自建数据库的价值,具有强大的、现有数据库无法实现的数据分析功能,能够依据学校战略决策部门及各个学院的个性化信息需求开展有差异的信息检索、数据统计分析并形成学科分析报告。其优势主要体现在以下几个方面:

可定制化各类分析报告。与传统的学科服务报告相比,本系统实践层面的优势集中体现在报告的可定制化,所提供的服务内容不再是千篇一律、停留于浅层分析的,而是深入挖掘、深度揭示、各取所需的。充分发挥自建数据库的价值,赋予本系统强大的、现有购买数据库无法实现的数据分析功能。依据学校战略决策部门及各个学院的个性化信息需求开展有差异的信息检索、数据统计分析和报告绘制。

具有自主知识产权。本系统由合肥工业大学图书馆翡翠湖校区馆咨学部牵头组织完成,拥有系统的全部自主知识产权,是合肥工业大学图书馆推动知识服务的供给侧结构性改革的一次尝试(自主知识产权包括但不限于数据采集方案、数据清理、整合脚本、个性化数据分析脚本、数据可视化脚本)。

可拓展性强。在本系统引入社交媒体大数据就可形成论文、期刊的全面影响力评价的数据支撑体系(包括但不限于替代计量学研究范围)。

不可否认,本系统也存在不足,如数据融合后挖掘工作缺少需求驱动;缺少知识服务营销人员;缺少有效的信息共享机制;由于数据清洗技术的不足,现不能满足将融合后的文献数据精确映射到院系学者名下,故无法实现学者层面的精确统计和对标计量。

悦读越轻松
——阅读疗法用于大一新生适应性焦虑症的实践探索

张学敏　刘娜　公惠玲

（安徽医科大学图书馆）

1　案例实施背景

大学生是国家未来建设、社会发展的主力军,其心理健康教育问题应当得到重视,尤其是医学生。在医患关系紧张的现阶段,医学生的道德修养以及人际交往能力迫切需要得到提升。但目前大学心理健康教育师资严重不足,仅有小部分高校开设了校园心理健康咨询服务中心,难以满足实际需求,可以将阅读疗法作为提升人类心理健康水平的策略进行推广。阅读疗法是以文献为媒介,通过阅读的途径达到愉悦身心、陶冶情操以及辅助治疗疾病的目的,最终使自己或指导他人排除或减轻心理障碍的一种方法。该方法同时发挥了高校图书馆的教育职能,拓展了高校图书馆的服务范围。

目前,虽然有70%左右的高校成立了心理咨询机构,但因经费、人力不足,心理咨询工作尚没有达到预期的效果。在西方发达国家的大学里,平均每1000个学生就配备一名心理医生;而我国的高校,在心理咨询室工作的基本都是兼职教师,远远无法满足实际需求。因此,很有必要在高校图书馆开展阅读疗法服务,以此来弥补目前及今后一个时期内高校心理咨询力量的不足。

2　案例实施思路

本案例在研究思路上,遵循提出问题、分析问题、解决问题的逻辑思路(图1)。第一,对案例研究现状进行调查,了解目前阅读疗法作为高校心理治疗手段的使用范围及作用效果。第二,在现状研究的基础上,着手进行调研,调研本校医学生心理健康状况及阅读疗法、团体辅导开展实施的可行性。第三,进行开展活动前的准备工作,如学习心理学相关知识、参加心理学讲座、制订活动方案等。第四,开展活动,引导学生通过阅读、团体分享提高心理素质。第五,收集活动资料,准备成果撰写。

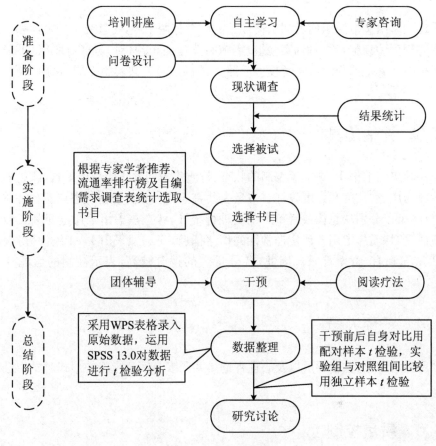

图 1　案例实施思路

3　案例实施过程

3.1　研究对象

以安徽医科大学某专业 60 名大一新生作为测试对象。这 60 名新生分属两个小班,每班 30 人,以一班为实验组,二班为对照组。

3.2 实验方法

采用实验组和对照组前后测试设计。测试者分两个组,在接受干预之前和之后分别接受心理测验评定,对一班(实验组)实施阅读疗法干预,对二班(对照组)不采取任何干预措施。其他课程学习及学校生活照常进行。实验共实施6周,每周1次,每次2小时。

3.3 评估工具

采用施皮尔伯格于1977年编制的状态-特质焦虑问卷作为测评工具,该量表在国内使用较为广泛,信度和效度较好。该量表共有40个问题,包括状态焦虑和特质焦虑两个方面,可以分别从总体或者单个维度进行统计,状态焦虑用于评定即刻或最近的情绪或感受,特质焦虑用于评定经常性的情绪体验,每一项采用1～4级评分,表示焦虑症状从无到有,直至严重。因此,各分量表的得分越高,表示被测的焦虑症状越严重。

3.4 干预人员

采用图书馆馆员、辅导员以及心理咨询员共同参与阅读疗法的形式对学生进行心理干预。

3.5 质量控制

在前期准备工作中,图书馆馆员和辅导员通过参加心理学课堂培训、阅读书籍等方式学习心理学专业知识。辅导员和心理咨询员通过参加培训,熟悉阅读疗法的环节、了解干预目的。问卷分发和回收当堂进行,所有问卷采取匿名作答的形式,并要求在5分钟内完成。问卷回收时进行当场检查,对于填写不符合要求的问卷,可要求被试进行现场修改。问卷计分严格按照《状态-特质焦虑问卷》的标准进行,在录入数据前须对所有问卷都进行严格逻辑检查,并由两个人分别完成,最后进行统一核对。

3.6 团体辅导方案

3.6.1 编制团体辅导手册

《悦读越轻松——大一新生适应性团体辅导手册》(以下简称《悦读团体辅导手

册》)包括前言、简介、目标、手册的使用者和适用对象、团体辅导手册的具体内容、手册的实施过程、效果评估、注意事项、附录九个部分。

编制《悦读团体辅导手册》是基于阅读能带给人愉悦体验这一理念,希望学生在欢乐、享受的氛围中缓解自己的入学焦虑,增强辅导的效果,促进适应能力的提升,以解决学生遇到的共性问题或面临的共同困难,促进学生心灵的成长。

《悦读团体辅导手册》的编制具有理论意义和实践意义。理论意义在于丰富了对大学新生入学不适应带来的焦虑进行干预的研究内容,加深了使用阅读疗法干预的研究深度。实践意义在于《悦读团体辅导手册》是经过实验验证的,证明对缓解、消除入学适应性焦虑是有效的,因此手册可以让更多的专业人员使用该方法来解决大学新生入学时不适应带来的焦虑等心理问题,让他们更好地投入到学习、生活中去。对高校心理教育部门而言,这为大学生心理健康教育提供了新思路,高校虽然一般都设有心理咨询室,但咨询师数量有限,而且相当多的学生并不愿意走进心理咨询室寻求专业帮助。读书可以成为大学生解决心理困扰的方式之一。

3.6.2 具体实施方案

团体辅导实施方案如表1所示。

表1 团体辅导实施方案

团体名称	悦读育心			辅导次数	6
总辅导时间	12小时		辅导对象	大一新生	
	序号	专题标题	辅导内容	时长	关键词
辅导情况	1	相逢是首歌	指导老师介绍阅读疗法的性质、目标,成员权利、义务,整体活动安排	30分钟	团体介绍、心理名片、团体契约
			发放"记者访问单",让成员之间相互熟悉	30分钟	
			让学生介绍成员心声、个人目标以及对团队辅导的期望,建立团体契约	40分钟	
			布置课后任务:阅读《自我训练——改变焦虑和抑郁的习惯》	20分钟	

续表

团体名称		悦读育心		辅导次数	6
总辅导时间		12小时	辅导对象	大一新生	
辅导情况	序号	专题标题	辅导内容	时长	关键词
	2	认识抑郁	游戏"五角一元",培养团体成员间的信任,培育友善、活跃的团体氛围	25分钟	团体信任、了解抑郁情绪
			观看《心理访谈之走出抑郁》视频,了解抑郁的表现、形成原因以及如何看待抑郁情绪	35分钟	
			成员结合自己的情况谈谈对抑郁的了解;指导老师介绍阅读疗法并总结这次活动,学生课后阅读《自我训练——改变焦虑和抑郁的习惯》	40分钟	
	3	自画像	心理游戏"自画像"可使成员认识到理想和现实自我的差距	20分钟	澄清自我、接纳自我
			阅读《遇见未知的自己》,成员结合自身谈感想	60分钟	
			写出自己的20项优点	10分钟	
			写出5件近期让自己困惑的事情	10分钟	
			课后阅读《自我训练——改变焦虑和抑郁的习惯》	10分钟	
	4	心有千千结	游戏"心有千千结"	30分钟	情绪表达、感受挫折
			学生阅读材料《你也在井里吗?》,联系生活实际进行讨论	50分钟	
			布置任务,写一篇心得,并寻找能安抚心灵、引起共鸣的阅读资料	40分钟	

续表

团体名称		悦读育心		辅导次数	6
总辅导时间		12 小时	辅导对象	大一新生	
辅导情况	序号	专题标题	辅导内容	时长	关键词
	5	悦读分享	热身活动"优点大轰炸"	20 分钟	交互式阅读、读书心得交流、团队合作
			朗诵自己找到的阅读材料并谈感受	40 分钟	
			介绍剧本《前面有棵树》,分配角色	30 分钟	
	6	解开千千结	游戏"解开千千结"	20 分钟	情绪调节、挫折应对
			角色扮演,并就所扮演角色讨论收获	40 分钟	
			轮流讨论整个团体辅导过程中的心得体会	20 分钟	
			指导老师总结,鼓励组员继续把阅读疗法运用到生活、学习中	10 分钟	
			组员互赠卡片,填写量表和反馈表	20 分钟	

详细辅导方案如下:

第一次团体辅导:"相逢是首歌",该次活动属于开始阶段。首先由指导老师讲解整个团体辅导的方法、目的,阅读疗法的性质、目标,成员的权利、义务等。通过"记者访问单"的形式引导成员相互认识,消除成员间的陌生感,然后由成员共同制订团体公约,要求全体成员先写下小组公约,签上自己的名字,并要求每个成员用一句话概括自己入组的目标,在此基础上制订团体目标。布置课后作业:阅读《自我训练——改变焦虑和抑郁的习惯》。

第二次团体辅导:由热身游戏"五角一元"开始,消除组员之间的隔阂,培育成员间的信任、友善关系,活跃团体气氛。接着组织成员观看视频资料《心理访谈之走出抑郁》,通过观看资料让成员了解抑郁、抑郁的表现、抑郁形成的原因及如何看待抑郁情绪。然后请成员结合自己的情况谈谈对抑郁的了解。最后由指导老师介绍阅读疗法并总结这次活动,布置阅读任务:合理情绪疗法资料以及《自我训练——改变焦虑和抑郁的习惯》。

第三次团体辅导:该次活动属于过渡阶段,由心理游戏"自画像"开始,使成员认识到理想自我和现实自我之间的差距,并了解这一差距正是抑郁的认知根源。然后由指导老师朗读《遇见未知的自己》,成员分享自己学习的收获,接着让成员列出自己的20项优点和最近5件让自己感到困惑的事情,并写一封信给未来的自己。布置阅读任务:《自我训练——改变焦虑和抑郁的习惯》。

第四次团体辅导:以游戏"心有千千结"开始,让组员在游戏中体会到团队协作的重要性,增强团队成员的归属感,激发组员的奋斗精神,认识到合作与奉献对整个团队的成功所起的促进作用。接着,由指导老师朗读《你也在井里吗?》,并让成员联系自己生活实际进行讨论,布置任务:继续阅读合理情绪疗法资料以及《自我训练——改变焦虑和抑郁的习惯》,并在产生不良情绪时学会分析自己的情绪,找出其中不合理的认知,或者认识到自己身上什么特质容易引发抑郁情绪,学会应用阅读材料中的自我交谈、自我训练的方法,加以改善,写一篇心得,并寻找让自己心平气和、心情愉悦或能引起共鸣的阅读资料。

第五次团体辅导:以游戏"优点大轰炸"开始,让成员知道每个人都有优点和缺点,要看到自己的优点,也要看到别人的优点。学会欣赏、赞美他人的优点,学习他人的优点、长处,激励自己进步。由成员朗诵自己找到的阅读材料并谈谈体会。接着,指导老师介绍剧本《前面有棵树》,成员的角色由指导者根据自己对成员的观察以及成员的个人意愿进行协商分配,提醒成员继续阅读合理情绪疗法资料以及《自我训练——改变焦虑和抑郁的习惯》。

第六次团体辅导:让成员通过"解开千千结"游戏,了解到在人与人的交往中,总会出现很多矛盾,但是只要我们主动去解决、主动去沟通,就一定能够找到那个结点。接着,由组员表演《前面有棵树》,并就所扮演角色讨论收获,然后指导老师和成员谈观后感。随后轮流表述整个团体辅导过程中的心得体会,包括认知的改变,情绪和行为的变化,以及通过阅读疗法和团体学会的技能等。由指导老师对整个团体辅导进行总结,对阅读疗法进行总结,鼓励成员把阅读疗法运用到生活中去,提高自己的生活质量。最后请成员互赠小卡片,填写量表和反馈调查表。

每次的阅读治疗活动需要包含游戏热身、介绍阅读材料、阅读及记录读后感等几项内容(图2),具体步骤为:① 游戏热身,引导成员进入本次阅读治疗的状态(图3);② 介绍本次阅读的相关材料;③ 成员进行材料的阅读,指导老师在该过程中对成员进行观察;④ 阅读结束后,要求成员写下自己的读后感;⑤ 回收成员所写的读后感,并与其约定下次阅读的时间与地点;⑥ 布置课后作业。

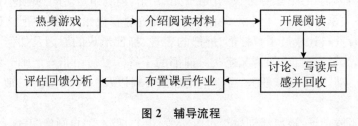

图2 辅导流程

(a)

(b)

图 3 团体辅导照片

(c)

(d)

图 3　团体辅导照片(续)

(e)

(f)

图 3　团体辅导照片(续)

4 案例实践效果

4.1 结果

采用 Excel、SPSS 18.0 统计软件对数据进行录入、整理和分析。

4.1.1 实验组和对照组前测结果比较

在干预前,实验组和对照组在状态和特质两方面的差异无统计学意义($P>0.05$),说明被试选择符合研究要求,为后续实验的开展奠定基础,如表2所示。

表2 实验组和对照组前测结果比较

问卷	实验组($N=30$)	对照组($N=30$)	t	P
S-AI	53.25±6.19	52.28±7.40	1.671	0.103
T-AI	55.03±9.67	54.28±6.42	0.742	0.463

4.1.2 实验组和对照组后测结果比较

干预后,实验组在状态方面的得分低于对照组,差异具有统计学意义($P<0.05$),如表3所示。

表3 实验组和对照组后测结果比较

问卷	实验组($N=30$)	对照组($N=30$)	t	P
S-AI	46.50±6.73	51.65±7.27	−4.838	0.000<0.01
T-AI	54.03±7.94	53.8±6.42	0.158	0.875

4.1.3 实验组干预前后结果比较

在状态方面,实验组干预后的得分低于干预前的得分,差异具有统计学意义($P<0.05$),如表4所示。

表4 实验组干预前后结果比较

问卷	前测	后测	t	P
S-AI	53.25±6.19	46.50±6.73	6.894	0.000
T-AI	55.03±9.67	54.28±6.42	0.742	0.463

4.1.4 对照组干预前后结果比较

对照组在干预前后无论是状态方面还是特质方面得分的差异均无统计学意义($P>0.05$),说明这段时间的学习生活并未对其造成与本课题研究相关的心理健康影响,如表 5 所示。

表 5 对照组干预前后结果比较

问卷	前测	后测	t	P
S-AI	52.28±7.40	51.65±7.27	0.534	0.596
T-AI	54.28±6.42	53.80±6.42	0.669	0.507

4.2 讨论

实验组在焦虑状态方面出现前后测结果变化是由于成员接受了实验处理,即是由团体心理辅导造成的,所实施的干预方案是可行的,达到了良好的实验效果。针对大学生心理特点而编制的团体心理训练活动,能够在短期内达到教育效果,缓解大学生因负面情绪引发的焦虑。

实验干预对被试特质层面的焦虑难以产生显著的干预效果,这可能是因为特质焦虑是人格特征中在焦虑倾向上的稳定个人差异,改变一个人的人格特质是非常困难的,这可能是短期的团体心理辅导干预所难以实现的。

5 结语

通过这次活动,我们证明了轻松阅读活动具有科学性和有效性,此后我们将继续与院系辅导员以及校心理教研室老师合作,扩大活动规模,分批次对具有适应性焦虑症的大一新生开展阅读治疗。

同时本馆将扩大服务范围,针对各年级学生的主要心理障碍,如大二学生的人际关系困扰、大三学生因学习负担引起的紧张焦虑、大四学生面临的求职择业心理障碍等,逐步有针对性地开展阅读治疗。

基于双一流背景的 ESI/InCites 数据挖掘，助力高校学科建设决策

王艳　金新建　李艳超　周国正
(安徽医科大学图书馆)

1　引言

2015 年,国务院印发了《统筹推进世界一流大学和一流学科建设总体方案》(国发〔2015〕64 号),文件指出,"双一流"建设指明了学科是"双一流"建设的基础,办大学就是办学科,要求以"学科为基础、绩效为杠杆"。评定一流大学和一流学科有一个重要的依据,那就是基本科学指标数据库(Essential Science Indicators,ESI)学科评价指标。ESI 针对 22 个学科专业领域,通过论文数、被引频次、篇均被引频次、高被引论文、热点论文和前沿论文等六大指标,从各个角度对国家或地区科研水平、机构学术声誉、科学家学术影响力以及期刊学术水平进行全面衡量。在各个学科中,论文累计被引用次数排名前 1‰ 的研究机构会被列入高被引机构排名榜,这标志着这些学科已进入国际高水平学科行列。作为支撑高校教学与科研的信息基地,图书馆具有自身的数据库资源优势、学科馆员的人才优势以及独立于科研部门和职能部门的第三方公平公正的角色优势。图书馆的学科馆员利用 ESI/InCites 数据库,通过对学校发文数据深入挖掘分析开展 ESI 学科服务工作,能够对学校学科建设、人才引进和人才评估提供决策支持,对推进"双一流"建设起了不可或缺的作用,同时也为图书馆在新时代发展转型提供了新平台和新机遇。

2　案例实施背景

安徽医科大学图书馆参考咨询部暨教育部科技查新站(Y06)于 2016 年 10 月开展 ESI 学科服务,以助力学校优势潜力学科尽早入围 ESI 全球前 1‰,助力科研人员的成果产出和学校排名的提升。我馆的学科服务工作于 2017 年初开始得到学校领导和发展规划处的大力支持和认可,并由发展规划处出资购买了 ESI 数据库(数据库界

面如图1所示)和InCites数据库(数据库界面如图2所示)。ESI学科服务基于WOS/ESI/InCites数据库,对学校WOS论文发文数据和ESI排名等数据的挖掘和分析,并开展ESI学科相关知识在学校范围内的普及工作。

图1 ESI数据库热点论文

图2 InCites数据库

ESI 是当今世界上普遍用于评价学术机构和高校学术水平及影响的重要指标,是由世界著名的学术信息出版机构——美国科技信息所(ISI)于 2001 年推出的衡量科学研究绩效、跟踪科学发展趋势的基本分析评价工具,其基于 Web of Science 所收录的近十年发表的全球 12000 多种学术期刊上发表的 SCIE 和 SSCI 近十年发表的论文和被引数据,具有广泛的代表性。ESI 指标具有学科全面、学术影响大、覆盖国家面广等特点,已成为当今世界范围内普遍用于评价高校、学术机构、国家或地区国际学术水平及影响力的重要评价指标工具,也是全球公认的判断学科发展水平的重要参照之一,甚至被用于通过 ESI 高被引作者名单来预测诺贝尔获奖者。我国高校的"双一流"建设工作也普遍把进入 ESI 表单的全球前百分之一、千分之一作为目标。

ESI 收录的文献类型为 article 和 review,数据库每两个月更新一次,单月的月中更新。ESI 按被引频次的高低确定衡量研究绩效的阈值,分别排出居全球前 1% 的研究机构、科学家、研究论文,居世界前 50% 的国家/地区和居前 0.1% 的热点论文(图 1)。ESI 高影响力论文(top paper)包括高被引论文(highly cited paper)与热点论文(hot paper)。其中,高被引论文是指过 10 年所发表的、论文被引频次在该学科中相同发表年份的论文中排名前 1% 的论文。热点论文是指过去两年所发表的论文中,按近两个月的被引频次在该学科排名前 0.1% 的论文。ESI 设置了 22 个学科专业领域:临床医学、药理学及毒理学、分子生物学与遗传学、生物学与生物化学、神经科学与行为学、免疫学、社会科学总论、精神病学与心理学、微生物学、植物学与动物学、化学、材料科学、数学、计算机科学、工程学、综合交叉学科、物理学、农业科学、环境科学与生态学、经济与商业、地球科学、空间科学。我校在前 21 个学科中均有发表论文。

InCites 数据库是一项基于引文的综合性科研评估工具,评估数据为 Web of Science 核心合集七大索引数据库近 30 年的数据,从宏观的国家、机构、领域分析到微观的每篇论文、每个科研人员的绩效评估,拥有多元化的指标和丰富的可视化效果,可以辅助科研管理人员更高效地制订战略决策,其中还包含了基于中国国务院学位委员会和教育部《学位授予和人才培养学科目录(2011 年)》的学科分类。InCites 数据库中可以提供:定位重点学科/优势学科,发展潜力学科,优化学科布局;跟踪和评估机构的科研绩效;与同行机构开展对标分析,明确机构全球/本土定位;分析本机构科研合作情况,识别高效的合作伙伴;挖掘机构内高影响力和高潜力的研究人员,吸引外部优秀人才(图 2)。由于 InCites 数据库具有强大的学科分析评价功能,同时又具有与 ESI 相同的数据源和学科分类标准,因此它是机构进行 ESI 潜在学科预测和评价的首选工具。

2017 年 6 月,在安徽省"双一流"建设中,我校临床医学、药理学与毒理学(我校当时的两个 ESI 学科)获得世界一流学科奖补资助(图 3),公共卫生与预防医学、药学获得国内一流学科 A 类奖补资助,生物学获得国内一流学科 B 类奖补资助。继 2018 年 5 月我校的分子生物学与遗传学首次进入 ESI 前 1% 学科名单后,该学科于同年 7 月份获得了安徽省一流学科追加奖补资助。

序号	学校	学科(重点实验室)名称	项目类别	序号	学校	学科(重点实验室)名称	项目类别
	安徽省属公办本科高校一流学科(国家重点实验室)奖补资金项目公示名单			13	安徽理工大学	安全科学与工程	国内一流学科A类
				14	安徽大学	控制科学与工程	国内一流学科B类
1	安徽大学	化学	世界一流学科	15	安徽师范大学	中国语言文学	国内一流学科B类
2	安徽大学	材料科学与工程	世界一流学科	16	安徽师范大学	马克思主义理论	国内一流学科B类
3	安徽师范大学	化学	世界一流学科	17	安徽农业大学	林学	国内一流学科B类
4	安徽农业大学	茶生物学与资源利用	世界一流学科	18	安徽医科大学	生物学	国内一流学科B类
5	安徽医科大学	临床医学	世界一流学科	19	安徽理工大学	化学工程与技术	国内一流学科B类
6	安徽医科大学	药理学与毒理学	世界一流学科	20	安徽财经大学	应用经济学	国内一流学科B类
7	安徽工业大学	材料科学与工程	世界一流学科	21	淮北师范大学	化学	国内一流学科B类
8	安徽大学	电子科学与技术	国内一流学科A类	22	安徽中医药大学	中药学	国内一流学科B类
9	安徽大学	计算机科学与技术	国内一流学科A类	23	安徽建筑大学	土木工程	国内一流学科B类
10	安徽师范大学	中国史	国内一流学科A类	24	皖西学院	中药学	国内一流学科B类
11	安徽医科大学	公共卫生与预防医学	国内一流学科A类	25	滁州学院	地理学	国内一流学科B类
12	安徽医科大学	药学	国内一流学科A类	26	安徽农业大学	茶树生物学与资源利用	国家重点实验室

图3 安徽省属公办本科高校一流学科(国家重点实验室)奖补资金项目公示名单

3 案例实施过程

3.1 ESI 分析报告

根据 ESI 及 InCites 数据库提供的有关科研绩效、学术水平及影响力等分析评价指标,结合我校实际情况,定期形成我校的 ESI 学科分析报告,主要内容包括我校近10年 WOS 论文发表情况、各 ESI 学科的论文发表和国际国内排名分析、潜力学科发文和潜力值分析预测、高被引论文和热点论文列表、与省内重点高校以及省外同类型医学院校的科研产出力的比较分析、主要学科的期刊列表等,仅供全校科研人员参考。报告每两个月出一期,目录如图4所示。

安徽医科大学科研态势比较与ESI学科分析预测报告（第八期）

目 录

1 简介 3
2 ESI、InCites 数据库 4
    2.1 ESI 数据库 4
    2.2 InCites 数据库 5
3 2008-2018 年安徽医科大学 WOS 论文发文情况 6
4 安徽医科大学 ESI 学科国际国内竞争力分析 7
    4.1 "临床医学"学科排名情况 8
    4.2 "药理学及毒理学"学科排名情况 11
    4.3 "分子生物学与遗传学"学科排名情况 14
    4.4   优势潜力学科分析 17
5 安徽医科大学高被引论文和热点论文列表 19
    5.1 高被引论文 33 篇 19
    5.2 热点论文 3 篇 23
6 安徽医科大学与其他省部委共建医学院校科研产出水平比较 24
7 安徽医科大学与安徽其他进入 ESI 学科的高校科研产出水平比较 30
8 安徽医科大学主要学科被引频次排名前十的论文列表 32
    8.1 "临床医学"学科被引频次排名前十的论文列表 33
    8.2 "药理学及毒理学"学科被引频次排名前十的论文列表 34
    8.3 "分子生物学和遗传学"学科被引频次排名前十的论文列表 35
    8.4 "生物与生物化学"学科被引频次排名前十的论文列表 36
    8.5 "免疫学"学科被引频次排名前十的论文列表 37
    8.6 "神经科学与行为学"学科被引频次排名前十的论文列表 38
    8.7 "社会科学总论"学科被引频次排名前十的论文列表 39
9 安徽医科大学主要的发文期刊列表 40
10 ESI 主要学科的期刊列表 42

图 4   ESI 学科分析报告目录

    ESI 学科国际国内竞争力分析方面，主要统计以下几类指标：① 我校现有 ESI 学科的 WOS 论文数，被引频次，国际排名和国际排名百分位，国内排名和国内排名百分位，高被引论文数等；② 各 ESI 学科在本期以及近一年内在国内高校和国内医学院校中的排名，并与其他高校进行对比；③ 我校 ESI 潜力学科的潜力值在近一年的变化情况（潜力值=被引频次实际值/ESI 学科阈值），当学科的潜力值>1 时，即总被引频次高于该学科对应的 ESI 学科的被引频次阈值，则该学科进入 ESI 全球前 1%。我们的数据预测我校的分子生物学与遗传学将于 2018 年 5 月进入 ESI 前 1‰ 学科,结果与我们预计的一致(图 5)。我们第一期报告(2019 年 10 月)显示,我校的分子生物学与遗传学的潜力值仅为 0.68,可见我校该学科发展得比较迅速。

图 5 我校分子生物学与遗传学首次进入 ESI 全球排名前 1%

在高被引论文和热点论文列表方面,我们主要统计以下几类指标:各学科的高被引论文数和热点论文数,各学科对我校 ESI 排名的贡献度占比,每篇论文的文章基本信息包括我校作者名称、发文二级单位、期刊信息、发表年、被引频次等信息(图 6)。

将安徽医科大学与其他医学院校科研产出水平相比时,对标高校包括:首都医科大学、南京医科大学、天津医科大学、南方医科大学、哈尔滨医科大学、中国医科大学、重庆医科大学、温州医科大学、广州医科大学、大连医科大学、河北医科大学等。对标内容包括:全球排名、国内排名、ESI 论文数、总被引频次、篇均被引频次、高被引论文数、热点论文数、ESI 学科数、ESI 学科列表等。此外,报告还对比了我校的优势潜力学科与国内其他医学院校的潜力学科。

将安徽医科大学与省内其他 ESI 高校科研产出水平比较,对标高校包括:中国科学技术大学、合肥工业大学、安徽大学、安徽师范大学、安徽工业大学、安徽农业大学、蚌埠医学院、皖南医学院等。对标内容包括:全球排名、国内排名、ESI 论文数、总被引频次、篇均被引频次、高被引论文数、热点论文数、ESI 学科数、ESI 学科列表等。此外,还对比了我校进入 ESI 排名的学科与省内高校进入 ESI 排名的学科国内外排名及变化情况。

	文章题目	所有作者（红色：我校作者）	我校作者/单位	期刊/年	2017年IF	被引频次	所属学科
1	Efficacy And Safety Of Sorafenib In Patients In The Asia-Pacific Region With Advanced Hepatocellular Carcinoma: A Phase Iii Randomised, Double-Blind, Placebo-Controlled Trial	Cheng Al;Kang Yk;Chen Zd;……;Tak Wy;Pan Hm;Burock K;Zou J;Voliotis D;Guan Zz	参与：Zhendong Chen Affiliated Hosp 1	Lancet Oncol 2009	36.418	2224	临床医学 18
2	TGF-Beta: The Master Regulator Of Fibrosis	Meng, Xm; Nikolic-Paterson, Dj;Lan, Hy	一作：Meng XiaoMing Sch Pharm	Nat Rev Nephrol 2016	14.101	205	
3	Lapatinib Plus Paclitaxel Versus Paclitaxel Alone In The Second-Line Treatment Of Her2-Amplified Advanced Gastric Cancer In Asian Populations: Tytana-A Randomized, Phase III Study	Satoh T;Xu Rh;Chung Hc;Sun Gp;…..;Yeh Kh;Feng Jf;Mukaiyama, A;Kobayashi M;Ohtsu A;Bang Yj	参与：Sun GuoPing Affiliated Hosp 1	J Clin Oncol 2014	26.303	190	
4	Apatinib For Chemotherapy-Refractory Advanced Metastatic Gastric Cancer: Results From A Randomized, Placebo-Controlled, Parallel-Arm, Phase II Trial	Li J;Qin Sk;Xu Jm;Guo Wj;Xiong, Jp;Bai, Yx;Sun, Gp;….;Zheng, Lz;Tao, M;Zhu, Xd;Ji, Dm;Liu, X;Yu, H	参与：Sun GuoPing Affiliated Hosp 1	J Clin Oncol 2013	26.303	186	

图 6　高被引论文列表

3.2 ESI 论文列表和期刊列表

为了让科研人员了解我校在 ESI 学科的发文列表情况，我们每期制作了我校各学科论文列表（Excel 版本），供科研人员参考和查阅。论文列表包括 ESI 学科中我校论文发表情况，主要包括论文的 WOS 号、论文题目、期刊名称、卷期信息、发表年月、论文作者和单位等信息（图 7）。

免疫学学科我校论文信息（2018年9月）

索取号	DOI	Pubmed ID	论文标题	作者	来源	学科领域	卷	期	页	出版年	被引	链接	期刊预期	类别预期	期刊规范	学科规范	学科领域	期刊影响因子
WOS:00031	10.1016/	MEDLINE:23395	Genetic susceptibi	Cui, Yong	JOURNAL C	Immunolog	41	n/a	25-	2013	92	https:	43.75	31.51	2.1	2.92	5.35	7.61
WOS:00033	10.1016/	MEDLINE:23973	The Ubiquitin Liga	Chen, Zuc	IMMUNITY	Immunolog	39	2	272-	2013	92	https:	103.96	17.09	0.88	5.38	1.81	19.73
WOS:00027	10.4049/	MEDLINE:19949	Increased Killing	Zou, Yong	JOURNAL C	Immunolog	184	1	466-	2010	72	https:	42.29	28.77	1.7	2.5	7.78	4.54
WOS:00025	10.1007/s	MEDLINE:18787	Paeoniflorin suppr	Zhang, L.	INFLAMMAT	Immunolog	57	8	388-	2008	64	https:	12.99	35.75	4.93	1.79	13.11	2.99
WOS:00028	10.1111/	MEDLINE:21029	Study on the Relat	Liu, Yu-S	AMERICAN	Immunolog	65	5	503-	2011	59	https:	16.99	24.31	3.47	2.43	7.85	2.75
WOS:00032	10.1093/c	MEDLINE:23965	Case-Fatality Rati	Liu, Wei;	CLINICAL	Immunolog	57	9	129	2013	55	https:	38.8	17.09	1.42	3.22	4.92	9.12
WOS:00031	10.1007/s	MEDLINE:22752	CD4(+)CD25(+)CD127	Yu, Ning;	INFLAMMAT	Immunolog	35	6	177	2012	45	https:	11.99	20.19	3.75	2.23	9.26	2.88
WOS:00033	10.1016/	MEDLINE:24656	Activation of Vasc	Zhang, Ya	IMMUNITY	Immunolog	40	4	501-	2014	43	https:	79.21	13.3	0.54	3.23	4.82	19.73
WOS:00037	10.1016/	MEDLINE:27000	Resistance trends	Hu, F-P.;	CLINICAL	Immunolog	22	n/a	S9-	2016	43	https:	6.43	5.47	6.69	7.86	0.91	5.39
WOS:00035	10.1016/	MEDLINE:25989	Emerging role of l	Wu, Guo-C	AUTOIMMUN	Immunolog	14	9	798-	2015	43	https:	22.07	17.48	1.95	2.46	7.52	8.74
WOS:00030	10.1371/	MEDLINE:22558	Differences in iNO	Li, Zhi;	PLOS ONE	Immunolog	7	4	n/a	2012	41	https:	19.84	20.19	2.07	2.03	10.83	2.77
WOS:00028	10.3109/	MEDLINE:20670	Therapeutic potent	Zhou, Xia	AUTOIMMUN	Immunolog	44	1	43-	2011	38	https:	21.75	52.47	1.75	0.72	37.18	2.65
WOS:00030	10.1002/e	MEDLINE:22678	IL-17 neutralizati	Zhang, Yu	EUROPEAN	Immunolog	42	6	152	2012	37	https:	20.54	20.19	1.8	1.83	12.91	4.25
WOS:00030	10.1007/s	MEDLINE:22535	Association of Mic	Xu, Wang-	INFLAMMAT	Immunolog	35	4	152	2012	36	https:	11.99	20.19	3	1.78	13.5	2.88
WOS:00027	10.1007/s	MEDLINE:20221	Caffeine protects	Lv, Xiong	INFLAMMAT	Immunolog	59	8	635-	2010	36	https:	12.36	28.77	2.91	1.25	22.56	2.99
WOS:00033	10.1002/e	MEDLINE:24595	SOCS signaling in	Liang, Ya	EUROPEAN	Immunolog	44	5	126	2014	36	https:	28.32	25.61	1.27	1.41	17.51	4.25
WOS:00028	10.1007/s	MEDLINE:20454	Inhibition of acid	Yuan, Fer	INFLAMMAT	Immunolog	59	11	939-	2010	35	https:	12.36	28.77	2.83	1.22	23.27	2.99
WOS:00031	10.1038/r	MEDLINE:23403	IGF-1 promotes the	Ni, Fang;	NATURE CC	Immunolog	4	n/a	n/a	2013	34	https:	61.69	17.09	0.55	1.99	10.94	12.35
WOS:00027	10.1089/	MEDLINE:19642	Down-Regulation of	Zhou, Yir	JOURNAL C	Immunolog	29	10	695-	2009	34	https:	13.4	32.58	2.54	1.04	27.7	2.42
WOS:00032	10.3109/	MEDLINE:23734	Association of IFI	Cen, Han;	AUTOIMMUN	Immunolog	46	7	455-	2013	33	https:	10.29	17.09	3.21	1.93	11.52	2.65

图 7　我校免疫学学科论文信息

为了指导我校科研人员进行 ESI 论文投稿，每期报告都对 ESI 学科的期刊列表进行汇总统计。从 ESI 中导出各学科的期刊列表名称（包括所有在目前被 SCIE 收录的期刊的全称、简称以及 ISSN 号），再从 InCites 里导出各学科期刊的详细信息（包括上年度的发文量、被引频次、期刊规范化的引文影响力、最新期刊影响因子和分区、排除自引后的影响因子、5 年影响因子、论文被引百分比、期刊所在国家/地区）。利用 Excel 的 v-lookup 函数，导出目前被收录到 SCI/SSCI 期刊在 ESI 分类下的详细信息列表（Excel 版本如图 8 所示），包括 ESI 学科中被收录的 SCIE 期刊名称全称和简称、ISSN 号、期刊上年度整年的发文量、被引频次、期刊规范化的引文影响力、最新期刊影响因子和分区、排除自引后的影响因子、5 年影响因子、论文被引百分比、期刊所在国家/地区等信息，以助力科研人员的投稿选择。

2018年9月13日 ESI 数据库更新后，目前所有在收录的 SCIE 期刊列表（包括：期刊的ESI学科分类、08-18年近十年发文、期刊IF和分区等）

ESI学科包括22个大学科，其中包括5个医学学科（Clinical Medicine、Pharmacology & Toxicology、Immunology、Neuroscience & Behavior、Psychology/Psychiatry）；4个生命科学学科（Molecular Biology & Genetic

Full title (期刊全称)	Title29 （期刊简称1）	Title20 （期刊简称2）	ISSN	EISSN	ESI学科分类	WOS论文数	被引频次	CNCI	期刊IF	论文被引%	刊所在国家/地区	JCR分区	不含自引IF
2D Materials	2D MATER	2D MATER	2053-1583	2053-1583	Materials Science	778	6178	1.56	7.042	79.69	ENGLAND	Q1	8.944
3 Biotech	3 BIOTECH	3 BIOTECH	2190-572X	2190-5738	Biology & Biochemistry	1262	2894	0.3	1.497	48.81	ANY (FED RE	Q3	1.268
Aaps Journal	AAPS J	AAPS J	1550-7416	1550-7416	Pharmacology & Toxico	1119	20266	1.24	3.804	89.1	USA	Q1	5.412
Aaps Pharmscitech	AAPS PHARMSCITECH	AAPS PHARMSCITECH	1530-9932	1530-9932	Pharmacology & Toxico	1999	20201	0.9	2.666	81.89	USA	Q2	2.287
Aatcc Journal Of Research	*	AATCC J RES	2330-5517	2330-5517	Materials Science	110	94	0.12	0.34	34.55	USA	Q4	0.28
Aatcc Review	AATCC REV	AATCC REV	1532-8813	1532-8813	Materials Science	269	448	0.09	0.333	51.67	USA	Q4	0.314
Abstracts Of Papers Of The An	ABSTR PAP AMER CHEM SO	ABSTR PAP AM CHEM S	0065-7727	null	Chemistry	1	0	0	n/a	0	0	N/A	0
Academic Emergency Medicine	ACAD EMERG MED	ACAD EMERG MED	1069-6563	1553-2712	Clinical Medicine	1887	23522	0.87	2.612	88.18	USA	Q1	2.598
Academic Medicine	ACAD MED	ACAD MED	1040-2446	1938-808X	Clinical Medicine	2186	33272	1.28	4.801	93	USA	Q1	4.454
Academic Psychiatry	ACAD PSYCHIATRY	ACAD PSYCHIATR	1042-9670	1545-7230	Psychiatry/Psychology	806	3899	0.52	1.593	79.4	USA	Q2	1.249
Academic Radiology	ACAD RADIOL	ACAD RADIOL	1076-6332	1878-4046	Clinical Medicine	2028	19231	0.75	2.11	87.82	USA	Q2	1.909
Acarologia	ACAROLOGIA	ACAROLOGIA	0044-586X	2107-7207	Plant & Animal Science	271	605	0.47	0.866	61.99	FRANCE	Q3	0.941
Accident Analysis And Preventi	ACCID ANAL PREVENT	ACCIDENT ANAL PREV	0001-4575	1879-2057	Social Sciences, General	3239	44396	1.8	2.584	88.98	ENGLAND	Q1	2.067
Accounts Of Chemical Researcl	ACCOUNT CHEM RES	ACCOUNTS CHEM RES	0001-4842	1520-4898	Chemistry	2519	246140	1.77	20.955	95.08	USA	Q1	24.222
Accreditation And Quality Assu	ACCREDIT QUAL ASSUR	ACCREDIT QUAL ASSUR	0949-1775	1432-0517	Chemistry	611	2198	0.2	0.667	78.07	ANY (FED RE	Q4	0.767
Aci Materials Journal	ACI MATER J	ACI MATER J	0889-325X	1944-737X	Materials Science	753	5394	0.45	1.252	78.09	USA	Q3	1.135
Acoustical Physics	ACOUST PHYS-ENGL TR	ACOUST PHYS+	1063-7710	1562-6865	Physics	1045	3114	0.24	0.782	72.82	RUSSIA	Q3	0.408
Acs Applied Materials & Interfa	ACS APPL MATER INTERFAC	ACS APPL MATER INTER	1944-8244	null	Materials Science	21893	409308	1.98	8.097	87.8	USA	Q1	7.258
Acs Biomaterials Science & En	ACS BIOMATER SCI ENG	ACS BIOMATER SCI ENG	2373-9878	2373-9878	Materials Science	994	4298	0.95	4.432	71.23	USA	Q2	4.089
Acs Catalysis	ACS CATAL	ACS CATAL	2155-5435	2155-5435	Chemistry	4796	123424	2.82	11.384	91.22	USA	Q1	10.587
Acs Central Science	ACS CENTRAL SCI	ACS CENTRAL SCI	2374-7943	2374-7951	Chemistry	369	4375	3.08	11.228	85.37	USA	Q1	11.054
Acs Chemical Biology	ACS CHEM BIOL	ACS CHEM BIOL	1554-8929	1554-8937	Biology & Biochemistry	2504	46523	1.34	4.592	91.05	USA	Q1	6.246
Acs Chemical Neuroscience	ACS CHEM NEUROSCI	ACS CHEM NEUROSCI	1948-7193	1948-7193	Neuroscience & Behavi	1297	15783	1.05	4.211	85.51	USA	Q1	4.142
Acs Combinatorial Science	ACS COMB SCI	ACS COMB SCI	2156-8952	2156-8944	Chemistry	679	7371	0.86	3.5	89.54	USA	Q1	3.184
Acs Earth And Space Chemistry	ACS EARTH SPACE CHEM	ACS EARTH SPACE CHE	2472-3452	2472-3452	Chemistry	130	106	0.61	n/a	39.23	USA	Q4	0
Acs Energy Letters	ACS ENERGY LETT	ACS ENERGY LETT	2380-8195	2380-8195	Materials Science	758	7056	3.05	12.277	80.47	USA	Q1	10.682
Acs Infectious Diseases	ACS INFECT DIS	ACS INFECT DIS	2373-8227	null	Pharmacology & Toxico	343	1550	1.45	4.325	69.39	USA	Q1	4.086
Acs Macro Letters	ACS MACRO LETT	ACS MACRO LETT	2161-1653	2161-1653	Chemistry	1738	30617	1.67	6.131	93.33	USA	Q1	5.797
Acs Medicinal Chemistry Letter	ACS MED CHEM LETT	ACS MED CHEM LETT	1948-5875	null	Chemistry	1681	20084	0.96	3.794	88.88	USA	Q1	3.656
Acs Nano	ACS NANO	ACS NANO	1936-0851	1936-086X	Chemistry	11029	625309	3.91	13.709	95	USA	Q1	13.241
Acs Omega	ACS OMEGA	ACS OMEGA	2470-1343	2470-1343	Chemistry	137	0	0	n/a	0	0	N/A	0

图 8　2018 年 9 月 13 日 ESI 数据库收录的 SCIE 期刊列表

3.3　ESI 普及讲座

为增强我校教师及科研人员对 ESI 学科排名相关知识的了解，进一步提升我校学科内涵和绩效建设，我们针对学校和院系举办了多次 ESI 学科服务讲座，向科研人员普及 ESI 基础知识以及我校的 ESI 学科情况（图 9）。例如，2018 年 4 月，在图书馆第一学术报告厅作题为《ESI 助力科研创新和一流学科建设》的讲座，讲座邀请科睿唯安大区经理罗鹏讲解。讲座详细介绍了 ESI 相关概念及近年来 ESI 指标在我国学科评价中的重要作用和地位，全面分析了我校 ESI 的学科现状，着重分析了我校已进入 ESI 的学科表现和最具潜力的 ESI 优势潜力学科情况。讲座从多角度对我校的科研产出进行了分析与展示，同时结合案例，在跟踪研究前沿、寻找热点研究方向、扩展高水平国际合作、尝试在更高影响力的期刊投稿等方面有针对性地提出了提升我校学科竞争力和科研创新力的相关建议，使参会师生深受启发。同时，针对学校职能部门、院系科研办和图书馆老师，开展“深度数据分析，支撑科研管理与决策——InCites 数据平台介绍”讲座，主要介绍了 InCites 数据平台（包括 InCites、ESI 和 JCR 三大数据库）的使用和特点、ESI 学科主要的评价指标，并现场演示了这三大数据库的使用方式。

图 9 ESI 学科服务讲座

此外,我们还面向各院系举办了多场讲座,图书馆查新站王艳老师详细介绍了 ESI 指标对于"双一流"建设的重要性、ESI 学科排名体系和学科分析指标、高被引论文和热点论文的基本概念和 WOS 数据库中的查询方法(图 10),以及我校本期的高影响力论文情况。她通过数据分析和图表,展示了安徽医科大学三个 ESI 前 1‰学科的国际和国内排名情况,以及三个优势潜力学科的现状。王艳老师针对如何提升个人论文影响力,助力提高我校 ESI 排名提出了建议和指导,为助力我校"双一流"建设发挥了积极作用。今后我馆的 ESI 学科服务工作将会持续保质保量地开展,并不定期面向院系和附属医院举办相关培训讲座,以助力我校的科研创新和学科排名提升。

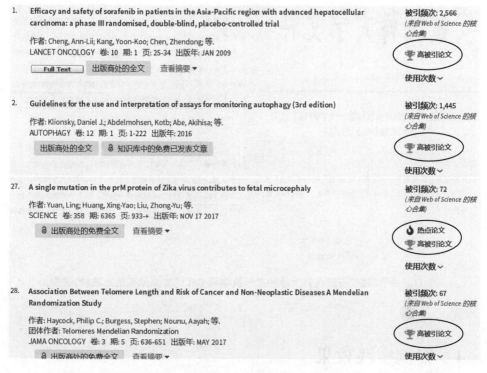

图 10　WOS 数据库

3.4　ESI 论文奖励

为扎实推进一流学科建设，提升 ESI 学科排名，扩大我校广大教师和科研人员的论文影响力，完善以学术成果质量、影响力与贡献度为导向的科研评价体系，示范和带动学校学科建设水平和人才培养质量提升，增强学校综合实力，促进潜力学科尽快提升，协助发展规划处，我校制订了 ESI 学科论文奖励实施办法（校学位字〔2017〕17号，见图 11），办法中多次提及我馆查新站。通过分析我校二级机构和个人对各 ESI 学科的贡献度，为我校针对二级机构和个人开展奖励扶持提供了数据支撑。

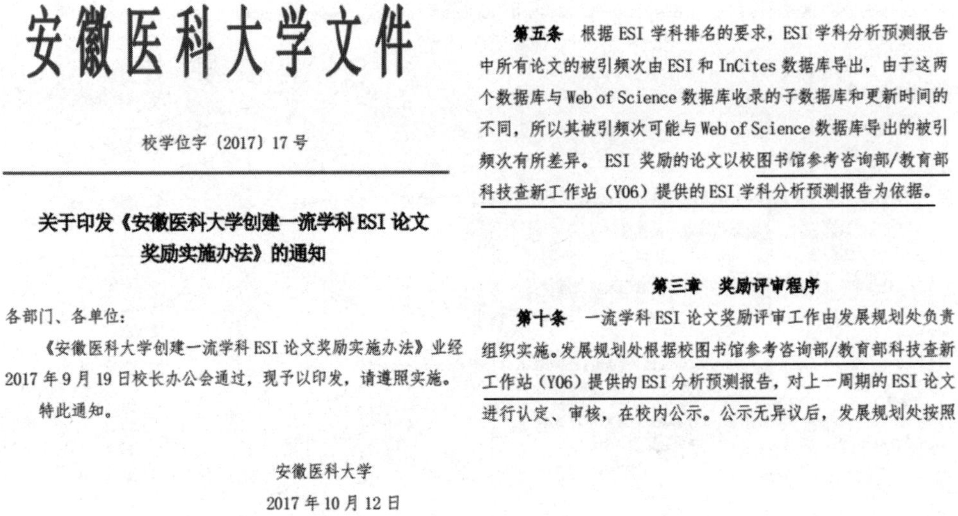

安徽医科大学文件

校学位字〔2017〕17号

关于印发《安徽医科大学创建一流学科ESI论文奖励实施办法》的通知

各部门、各单位：

《安徽医科大学创建一流学科ESI论文奖励实施办法》业经2017年9月19日校长办公会通过，现予以印发，请遵照实施。

特此通知。

安徽医科大学
2017年10月12日

第五条 根据ESI学科排名的要求，ESI学科分析预测报告中所有论文的被引频次由ESI和InCites数据库导出，由于这两个数据库与Web of Science数据库收录的子数据库和更新时间的不同，所以其被引频次可能与Web of Science数据库导出的被引频次有所差异。ESI奖励的论文以校图书馆参考咨询部/教育部科技查新工作站（Y06）提供的ESI学科分析预测报告为依据。

第三章 奖励评审程序

第十条 一流学科ESI论文奖励评审工作由发展规划处负责组织实施。发展规划处根据校图书馆参考咨询部/教育部科技查新工作站（Y06）提供的ESI分析预测报告，对上一周期的ESI论文进行认定、审核，在校内公示。公示无异议后，发展规划处按照

图11 关于印发《安徽医科大学创建一流学科ESI论文奖励实施方法》的通知

4 案例实践效果

4.1 得到校领导和职能部门的高度认可和支持，助力学科建设并提升图书馆的学校影响力

我馆的ESI学科评价工作长期得到学校领导和发展规划处的大力支持。在发规处项目经费的支持下，我馆购买了ESI、InCites、查收查引、SDA等数据库，为开展学科服务提供了数据库保障。此外，该项工作还获得校社科基金和安徽省图工委重点项目的支持。我馆开展的ESI学科服务工作对推动我校潜力学科加快进入全球前1‰具有重要意义。我馆ESI学科分析工作的开展和多种方式的推进，极大地促进了我校科研和管理人员认识ESI学科，并及时了解我校ESI学科建设现状。2016年年底，我校共有两个ESI学科，潜力学科中分子生物学与遗传学潜力值为0.76，生物与生物化学为0.60。我馆的ESI学科服务工作促进了学校对这两个潜力学科的宣传与重视，分子生物学与遗传学于2018年5月首次进入ESI前1‰，与我们报告中预测的时间一致，生物与生物化学的潜力值也于近期达到0.91。我馆ESI学科服务工作展示了图书馆在学校学科建设中不可取代的重要作用，为学校学科建设工作的推进、对二级机构和个人奖励和扶持等，提供了强有力的数据支撑和决策支持，得到了学校校领导层面、科研管理部门领导及科研人员的高度重视和认可。

期间，我馆多次参加学校的学科建设座谈会并形成相关的ESI学科分析报告，并

提供建议和意见(图12、图13)。2017年4月7日,图书馆查新站老师第一次参加由校党委书记主持的ESI学科座谈会并做ESI学科分析汇报(图12),全校各二级单位的科研负责人参加了会议,这是我馆第一次在全校层面进行ESI学科工作汇报,得到了全校师生的关注和认可。2018年7月10日,在我校校长主持的2018年学科建设工作推进会上,我馆教育部科查新站老师在会上做ESI学科分析报告,对我校ESI学科和潜力学科进行分析;从ESI简介,我校的ESI学科和潜力学科情况,我校各二级单位对ESI学科的贡献,我校与其他首批省部委医学院校以及省内ESI高校的对标分析等方面做了详细阐述。我馆的ESI学科服务工作得到了校领导的高度肯定,成为我校ESI学科建设的有力支撑。学校所有校领导、全校处级以上干部、各直属附属医院、各院所党委书记、院长、分管教学和科研工作的副院长、教学和科研主任及秘书、系主任和教研室主任、具有正高职称的教学科研人员等均参加了该会议。这是迄今为止图书馆老师在学校层面进行的规格最高的工作汇报,扩大了图书馆在学校的影响力。

图 12　学校召开 ESI 相关学科座谈会

图 13　安徽医科大学 2018 年学科建设推进会

4.2　提升图书馆员自身素质，助力图书馆在新形势下的工作转型

目前，我馆查新站成员均为硕士以上学历，并有一名博士，这有助于深入地开展学科服务，确立图书馆在服务学校 ESI 学科建设中的核心主体地位，促进我校的科研创新和学科建设，提升我馆馆员的自身素质，提高馆员的成就感和自信心。我馆查新站于 2017 年 6 月在教育部查新站研讨会上进行了该项工作的专项汇报，得到了同行的认可和鼓励(图 14)。

5　案例经验启示

图书馆能够为学校 ESI 学科建设提供组织整理和计量分析 ESI 论文、编制 ESI 期刊投稿指南、建设 ESI 学科文献信息资源、评估 ESI 学科竞争力、预测优势潜力学科、同类和省内院校科研成果对标分析等方面提供决策支持和政策建议等服务，可以通过采取建立 ESI 学科服务平台、设计 ESI 学科服务模式、打造 ESI 学科服务团队、构建 ESI 学科服务体系、创建 ESI 学科服务品牌等措施，确立图书馆在服务学校 ESI

学科建设中的核心地位,扩大图书馆在学校的影响力。ESI学科服务促进了新形势下图书馆服务的发展转型,增强了馆员的成就感和自信心。

图 14　查新站研讨会专项汇报

未来已来　智图服务进行时
——安徽建筑大学图书馆智慧服务践行

梁婧　陈颖　马洁　徐华洋　金传萍
（安徽建筑大学图书馆）

1　引言

未来还在路上？不，未来已来。

作为图书馆人，在迎接未来每一天的工作中，到底要向未来交出一个怎样的图书馆？那就是智慧图书馆。

智慧图书馆是未来图书馆的发展方向与必然趋势。从传统图书馆向智慧图书馆的转变，不仅仅是技术的转变，更是服务方式、服务内容、服务理念的转变，也是图书馆馆员能力要求、队伍建设的转变。这势必是一个长期而缓慢的发展过程，"千里之行始于足下"，我馆在日常工作中依托技术支撑、转变自身工作意识、提高服务主动性、提升服务质量，践行着迈向智慧图书馆的一步步。

2　案例背景

智慧图书馆是以高质量的全媒体资源为核心，在先进的智能技术推动下实现馆员和用户协同感知与创新的优于数字图书馆的未来图书馆发展模式，它是集技术、资源、服务、馆员和用户于一体的智慧协同体。智慧图书馆的核心是智慧服务，而这又需要从技术支撑与平台搭建、馆员队伍建设与服务形式提升等多方面开展综合建设才能实现。

智慧服务体现在从过去的资源驱动型向服务主导型转变。具体表现在资源建设方面，从以图书馆为中心的资源拥有向以用户需求为导向的资源获取转变；在资源形态上，从以纸质资源为主向纸电（纸质和电子）资源合理搭配、空间资源再造和人力资源再造转变。在服务内容上,从简单地提供文献和数据向提供信息、知识和智慧的服务转变;从单一的文献提供向立体式的创客空间、学习平台提供的转变;从整册文献的借阅服务向碎片化知识的获取转变。智慧图书的服务不是单点的转变,而是整个图书馆体系的生长与重构,最终实现从以文献提供为主的服务向以信息输送、数据挖掘、空间再造、知识发现为主的以人为本的服务的转变。

安徽建筑大学图书馆在构建智慧图书馆体系过程中重视资源服务相辅相成的体系化建设,深挖重组现有纸质、数字化馆藏,提供以用户为导向的精加工知识产品;将引进和自主研发相结合,打造多款开放性平台,辅助教育教学科研创新;开展线上线下相结合的多重学习、社团活动,构建智慧校园文化。

3 案例的分层实施

在我馆日常工作中,我们有这样一种共识:图书馆智慧服务应是一个全新的体系,涉及全员、全方位、全过程。点线形式的传统服务项目、基于二三次文献的知识服务都是智慧服务这个有机体的细胞与器官。构建三位一体的服务体系能够使我们更有效地参与建设智慧校园。

3.1 构建馆教体系建设,保驾护航全校教学

3.1.1 引进入馆教育系统,创新学生学习模式

图书馆是大学教育的前沿阵地,高校新生踏入大学校园的第一步就是接受入馆教育。上好新生入馆教育第一课,能够为他们今后更好地利用图书馆打下坚实的基础,这也是新生改变学习方式、适应大学学习生活的重要环节。而传统的入馆教育大多以用PPT讲授理论为主,辅以发放读者指南资料或组织实地参观,受到时间和空间的限制较大,费时费力。新生无法通过自学及时、准确、高效地掌握自己所需的相关信息,只能被动接受入馆教育讲座等活动,形式单一,效果甚微。我校2018年入学新生3784人,如此庞大的基数,至少需要安排20余场培训会才能完成,任务相当艰巨。为适应"互联网+"背景下的读者信息需求特点,让新生更快、更好地了解和利用图书馆,提高新生入馆教育培训效率,我馆引入了入馆教育系统,大大缓解了培训压力,充分调动了新生学习和利用图书馆的积极性,同时也让馆员轻松完成培训任务(图1)。

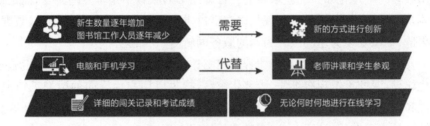

图 1　入馆教育系统的功能与优势

我馆引进的新生入馆教育系统是一种自助式学习考核系统,从寻宝的故事情节展开,以游戏的方式进行闯关,寓教于乐,生动有趣(图 2)。学习内容涵盖图书馆概况、入馆须知、馆藏资源分布、借阅规则、自助服务、数字资源的使用及图书馆丰富多彩的读者活动等多个方面。该系统与校园一卡通相连,读者可使用扫描二维码、打开图书馆微信平台、进入官网三种方式,在登录界面输入一卡通的用户名和密码,即可登录,不受时间和空间的限制(图 3),登录后学生可自行在线学习和答题闯关。该平台与我馆的图书管理系统对接,闯关成功的学生可自动开通图书借阅权限。若闯关失败,系统会提示查看错题后,点击重新挑战,没有次数限制,直到成功闯关,开通借阅权限为止。通过游戏和寻宝,辅以动漫、实景操作演练和真人语音讲解,增强学生的学习兴趣,使学生身临其境地感受图书馆、了解图书馆、爱上图书馆。

图 2　入馆教育系统的登录页面采用游戏形式

图3　登录入馆教育系统后的界面

入馆教育系统的引入是"互联网+"环境下的产物,是对传统入馆教育的智慧化升华,是智慧图书馆发展的必然趋势。该系统的引入既保证了新生能够了解并掌握图书馆的相关知识,又大大提高了图书馆的工作效率,省时省力、高效便捷、培训效果显著。入馆教育系统已逐步成为拓展图书馆信息素养教育的重要途径之一,通过现代网络技术帮助读者快速、高效地利用图书馆的资源与服务,符合网络环境下读者的信息需求,是对传统新生入馆教育模式的创新性发展,对学生来说是一种全新的学习体验。

3.1.2　自主研发考试系统,助力以考促学

从过去、现在和未来看,大学的本质职能是人才培养,大学的根和本是本科教育。本科既是学生知识架构、基础能力的形成期,也是学生成长成才的关键阶段。"以本为本"需要高校师生全员参与,新形势下的学生面临着更多的挑战,如了解学科前沿、接触社会实际、练就独立工作能力、接受专业训练等。高等教育的基石是本科教育,而高校育人的根本是本科人才的培养。为了让学生尤其是新生更好地利用图书馆的各种资源,我馆每年都会举办各类数据库培训和检索大赛,并由馆员评阅打出成绩和创新学分。以前是使用纸质试卷测试,效果不明显,为此我馆在 PE 开源平台的基础上,使用基于 PHP 语言的 Web 开发技术,根据自身需要对该平台做了针对性的修改,自主研发了 PHPEMS 无纸化考试系统(图4)。

馆员预先在后台录入试题组成题库,历年的试题根据不同的章节均可存入系统中,日积月累,题量倍增,可选项多。截至目前,试题库共录入试题近千条,初具规模。馆员命题时以图书馆的资源为基础,把馆藏知识和规章制度的相关介绍、数据库的介绍、数据库的使用方法等作为考试内容,紧密结合图书馆的资源和服务,具有较强的针对性。学生可通过电脑或手机终端进行操作,在登录界面输入用户名和密码,即可登录答题,方便快捷。该考试系统自上线以来,以服务智慧校园为目标,一直不断地完善。从试题形式多维度、试题内容多角度,到登陆方式多元化、用途多样性,不仅可以

面向学生开展各类检索比赛，还可用于馆内员工举行业务知识争霸赛。该系统已从最初的单一浏览器访问，到目前支持多主流浏览器多终端访问，并对接校园一卡通。由于其便捷化的功能更新，学生可以不限时间、地点随时参赛，“2018 超星杯图书馆第七届信息检索大赛”呈现异常火爆的态势，参赛学生达到 1100 人（图 5）。考试系统与学校教务处第二课堂无缝对接，学生通过检索大赛考试，可获得 5 个创新学分，这极大地调动了学生的积极性，促进了第二课堂的发展。通过答题，学生对图书馆和数据库有了一定的了解，明白了如何查阅文献，获取所需信息。对图书馆来说，这强化了培训效果，提升了学生的信息素养。

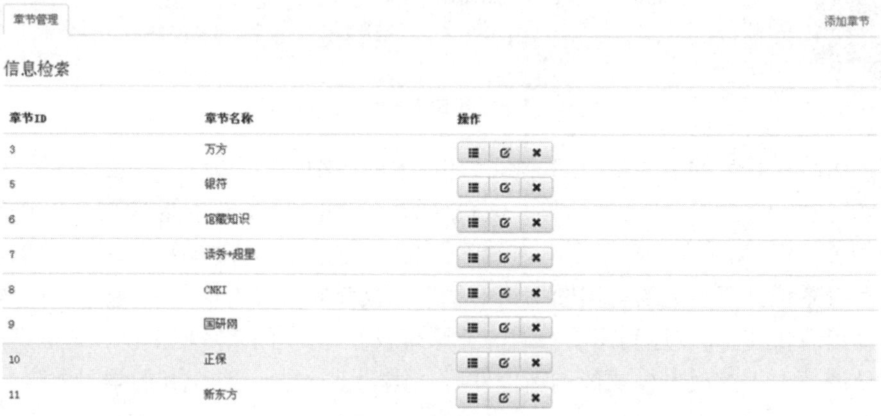

章节管理　　添加章节

信息检索

章节ID	章节名称	操作
3	万方	
5	银符	
6	馆藏知识	
7	读秀+超星	
8	CNKI	
9	国研网	
10	正保	
11	新东方	

图 4　自主研发的考试系统

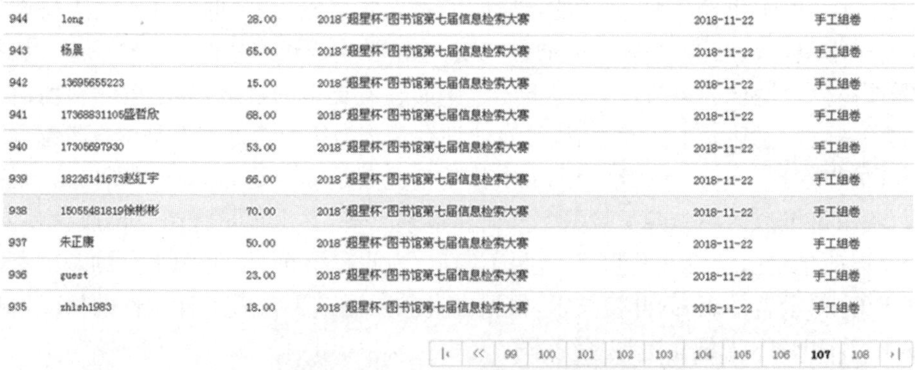

944	long	28.00	2018"超星杯"图书馆第七届信息检索大赛	2018-11-22	手工组卷
943	杨晨	65.00	2018"超星杯"图书馆第七届信息检索大赛	2018-11-22	手工组卷
942	13695655223	15.00	2018"超星杯"图书馆第七届信息检索大赛	2018-11-22	手工组卷
941	17368831105盛哲欣	68.00	2018"超星杯"图书馆第七届信息检索大赛	2018-11-22	手工组卷
940	17305697930	53.00	2018"超星杯"图书馆第七届信息检索大赛	2018-11-22	手工组卷
939	18226141673赵红宇	66.00	2018"超星杯"图书馆第七届信息检索大赛	2018-11-22	手工组卷
938	15055481819徐彬彬	70.00	2018"超星杯"图书馆第七届信息检索大赛	2018-11-22	手工组卷
937	朱正康	50.00	2018"超星杯"图书馆第七届信息检索大赛	2018-11-22	手工组卷
936	guest	23.00	2018"超星杯"图书馆第七届信息检索大赛	2018-11-22	手工组卷
935	zhlsh1983	18.00	2018"超星杯"图书馆第七届信息检索大赛	2018-11-22	手工组卷

|‹ ‹‹ 99 100 101 102 103 104 105 106 **107** 108 ›|

图 5　第七届信息检索大赛后台成绩统计情况

PHPEMS 无纸化考试系统，与传统的服务方式相比，学生参与更便捷、互动性更强，答题实践可同时进行，馆员也节约了出卷和阅卷时间，省时省力。“以本为本，以考促学”，有利于学生及时发现不足，查漏补缺，培养其独立思考、自主创新的能力，也便于馆员对下阶段的培训做出有效调整，激发学生潜能，最大限度地开发未知的智慧源，以有限的知识信息为导火线，为知识创造打开一扇明亮的窗户。

3.1.3 馆藏资源数字化,资源获取一键化

馆藏图书数字化有助于突破图书复本量的限制,更好地保护纸质资源。纸质资源和数字资源并举,便于用户共享资源与及时存取资料,满足用户对文献的多种需求。我馆借助安徽省高校数字图书馆平台,将纸质图书与目前已有的电子图书数据库进行比照查重,通过系统管理和平台发布等形式,实现纸质资源的数字化和永久保存,并与我馆现有的电子图书数据库平台集成,进行统一发布、检索、全文浏览,有效地提高了资源利用效率。馆藏资源数字化,可以扩大原始文献的利用范围,降低原始文献丢失和损坏的风险,同时也有利于解决优势专业文献不足的问题,优化馆藏结构,为用户提供更好的信息服务,有效提升图书馆的科学管理水平。

学科化和专门化是高校图书馆馆藏建设的两大特点。我馆的馆藏数字化服务平台,紧紧围绕教学与科研需求展开,按学科分类。学生登录到该平台后,可依据多种检索途径查找所需图书,随时进行在线阅读,不受时空限制。人们常说,"读万卷书,行万里路"。我们要牢牢把握教育发展的"九个坚持",全力培养社会主义建设者和接班人。在这样的背景下,学生不仅要学习专业知识,更要拓宽眼界,德智体美劳全面发展。该平台将专业书籍与思政书籍相结合,在满足学生专业知识需求的同时,加强对学生进行社会主义核心价值观教育,并专门设有国学经典类目,推荐国学经典,传承中华文化。学生不受书籍复本限制,可挑选感兴趣的书籍任意阅读,还可将重要章节打印出来,以备不时之需。除此之外,师生可以不受读者级别的限制,在线阅读一些数字化的线装书和善本等,这极大地满足了读者日益增长的阅读需求。

我馆的馆藏资源数字化正在与教务处的网络教学平台——泛雅平台相对接,最终将实现专业课参考书数字化,为全校教学保驾护航,服务智慧校园。学生通过馆藏数字化平台,即可查到专业课程所需的教材与参考书目,进行在线阅读,有效解决学生到馆"抢借书"和无功而返的尴尬,为自学课程提供更多可能性。当今社会竞争日益激烈,广大师生在知识的深度和广度上提出了更高的要求。在这样的大背景下,高校图书馆智慧化服务平台建设的核心已然成为优化知识服务、整合学科资源、提供最新最快的学科咨询等。与此同时,也对馆员提出了更高的要求,需要馆员与时俱进,不断接受专业培训,向知识化、多学科、高层次转变。作为智慧图书馆的重要内容,馆藏资源数字化在高校教学、科研的文献需求保障方面发挥着举足轻重的作用。

3.2 从资源驱动到服务主动,支撑科研强校之路

科研是教学的延伸,是大学发展的灵魂。传统图书馆几乎游离在大学科研建设之外,仅有弱连接,即提供一定量的文献资源支撑,但图书馆所仓储的文献资源,不论是纸质资源、或者电子资源都存在资源匹配度不够,利用率不高,购置重复等问题。大学图书馆应该成为提供科研信息的前哨站,促进科研开展的协同员、实现科研突破的合作者。

要想实现以上目标,作为图书馆未来发展方向的智慧图书馆就应注重对已有资源

的组织、加工、整合。信息组织不仅是传统图书馆的核心竞争力,更是智慧图书馆发展的源动力所在。只有对资源进行数字化、颗粒化后重新开发、组织、整合后,才能真正建立满足科研发展需要的有力资源保障体系,提供嵌入式的情报服务,实现充分交流的物理与虚拟信息环境。

鉴于以上的认知,我馆在信息化、智慧化的建设过程中从资源支撑、考核支撑、展示支撑、特色支撑四个方面开展工作。

3.2.1 优质的资源支撑

科学研究是站在巨人的肩膀上的前进,优质的文献支撑是必要的基础。让科研人员不至于"难为无米之炊"。我们分层次地解决文献需求。首先,在纸质图书借书量逐年下降的情况下,将基本纸质图书资源电子化。目前,电子化图书近十万种。电子化后的图书不仅没有了借阅册数的限制,也更方便师生随时随地查阅与引用。其次,在充分调研教师资源需要的基础上加强优质的中外文全文数据库的采购建设。采购基于支持重点学科发展,兼顾全校学科覆盖。再次,对于优质的文摘类数据库,尽量做到全覆盖。近十年内我馆连续购买了中科院期刊分区表、工程引文索引 EI、中国科学引文索引、中国社会科学引文索引,以及 WOS 平台下如 SCI、JCR 等若干数据库,为科研评价、科研考核提供基于数据定量的多种类原始材料。最后,对于处于长尾末端暂时无法通过购买方式获得满足的文献资源需求,向用户开通和推荐 OA 系统、文献传递系统(CASHL、NSTL、省数图);对于需求量较小的文摘类数据库,可通过国际联机检索系统 Dialog 满足老师们的检索需求。

3.2.2 定量化的科研考核支撑

科研考核促进着科研的进一步发展,这是一个良性的迭代过程。我馆力求通过精准服务提供教师最新的科研工作量数据,为教师高效完成科研考核、评价提供支撑服务。

职称评审、硕导申报与复审、科研项目申报与结题、年度科研工作量核算、研究生发文核定……参考咨询部日常工作中需要处理大量针对不同需要的论文查收查引要求。高质、高效地完成论文的收录与引用报告是对老师科研工作考核、科研奖项申报的一种信息服务支撑。我馆近几年根据馆员与普通用户的不同需求,引入查收查引平台与机构知识库。馆员接收到论文查收查引委托单后,通过查收查引平台提交任务,平台多进程并行处理多个检索任务。把原本用于人工检索的时间节约出来,使馆员能够处理更多的用户个性化服务需求。

机构知识库的建设则更加注重全面整合展现我校历年来教师个人的科研产出。按成果类型、作者排名、语种、年份、出版物、机构、收录数据库、不同体系的学科分类等分类显示(图 6)。

图 6 安徽建筑大学机构知识库第一版主页

3.2.3 仓储与定量化展示的支撑

如果说第一代机构库旨在实现全面仓储。第二代机构库实现了对已经仓储的数据进行分析展示功能。第三代机构知识库在前两代产品的基础上，更加注重精准服务、个性化推送、一键导出多种类型分析报告等需求的满足。这就需要在引进与建设的过程中充分考虑系统的兼容性与可扩展性。

安徽建筑大学机构知识库实现了全面系统搜集仓储我校建校以来的各类研究成果，且可对仓储的数据进行颗粒化、标准化加工，实现前台定量、可视化展现，实现多种分析功能。目前支持一键导出基于学者、二级机构发文产出的分析报告以及基于多学者、多机构对比分析报告(图 7)。

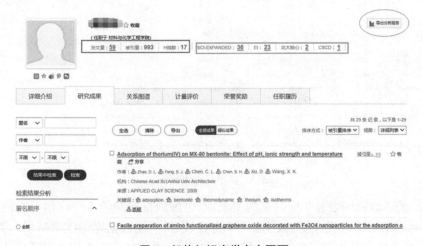

图 7 机构知识库学者主页面

学者主页可定量展示某位教师的发文量、被引量、H 指数以及发表论文的不同数据库收录情况。通过数据说话,展示教师的学术影响力,监测影响力的变化,从而帮助教师提升学术影响力(图 8)。

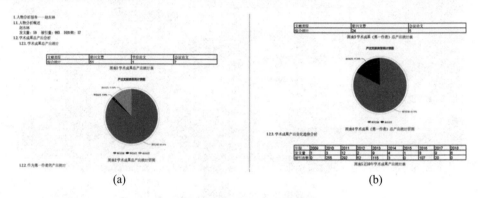

(a)　　　　　　　　　　　　　　　　(b)

图 8　导出后的学者分析报告

通过报告的形式更加详细地定量可视化展现科研产出,最多可选择五位不同学者进行对比分析。从发文、被引、H 指数等方面进行对比,使教师在使用过程中明了自己在科研团队中的合作者,真正实现知己知彼、客观评价(图 9)。

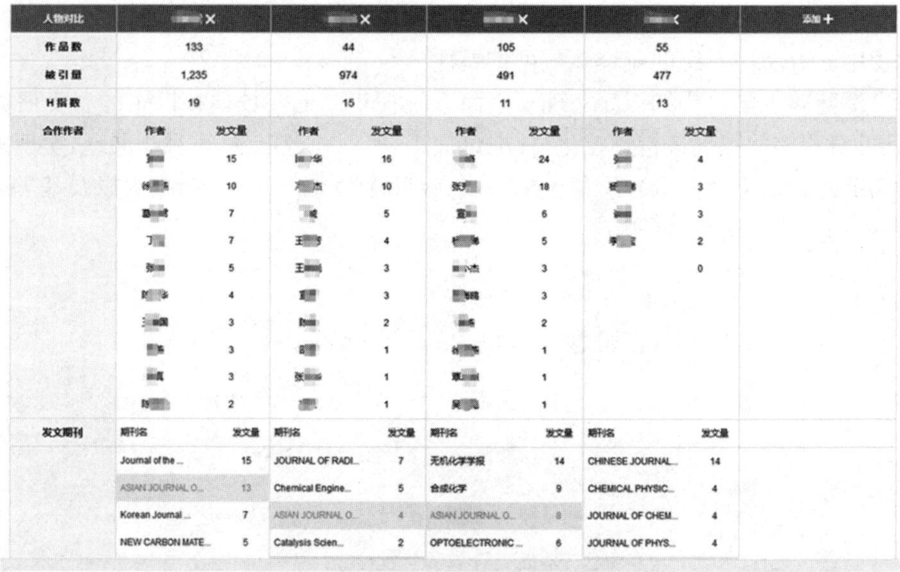

图 9　多学者对比分析

学校的二级机构也有相应的机构主页面,可展现机构的学术产出情况。同样,报告能够定量地给出总发文量、被引量、H 指数,以及不同数据库的收录情况。类似于个人主页,导出的分析报告的功能也能够更加全面、系统地给出机构科研产出情况(图 10)。

图10 二级机构主页面

同样,类似于学者间对比,不同二级机构间也可进行对比分析。图像化的展示能够直观表现出不同机构的科研能力与侧重点(图11)。

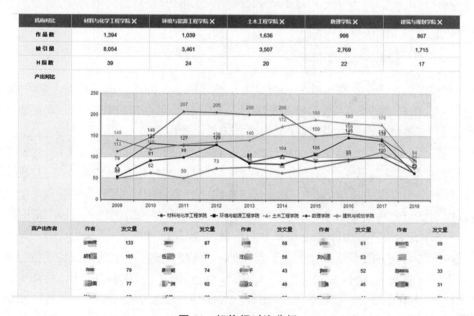

图11 机构间对比分析

以上两种功能能够有效支持校级层面的科研考核与评估,甚至科研经费的划拨。通过直接调用校园一卡通数据,机构库与一卡通系统对接。全校教职工均可通过校园一卡通账号登录访问。用户在个人中心能够实现对自己学术成果的添加、删除等管理,能够收藏感兴趣的文章,编辑完善自己的学术名片。系统可自动记录浏览阅读历史,个人可编辑(图12)。

图 12　个人中心

另外,机构知识库二期计划实现与科研绩效考核平台对接,通过夯实的底层数据实现对科研绩效考核的直接支撑。机构知识库的兼容性与可扩展性保证了该库能够任意对接校内各平台、系统,实现多平台、多系统共建共享,打造智慧校园,服务教学与科研发展。

3.2.4　特色资源建设的支撑

安徽建筑大学是安徽省唯一一所以土建类学科专业为特色的多科性大学。"打好'建'字牌,做好'徽'文章"是学校的发展思路与方针。图书馆特色数据库就是服务我校"大土建"学科建设,助力我校在徽州地方建设中发挥重要作用的手段之一。

我馆自行建设并更新完善的特色数据库有三个:徽派建筑数字图书馆、建筑节能数据库、智能建筑数据库。这三个数据库都是以单篇颗粒化搜集整合入库,打破了原有商业数据库以库为单位的信息资源仓储模式。分类、细化、精准地搜集并重组商业数据库信息与公网相关信息,实现了对相关学科领域内容的精细化、个性化知识服务。

目前,三个特色数据库建设均有专人负责,并实现每日更新。

徽派建筑数字图书馆是我馆最早建设的一个特色数据库,也是我校特色资源的典范。下设专业图书、期刊论文、学位论文、报纸信息、图片信息、新闻资讯、视频资料等多个栏目,内容丰富、连贯性高、学术性与艺术性并存。除涉及版权外,所有资源均可浏览、下载(图 13)。

建筑节能数据库包含建筑节能领域相关的期刊、图书、学位论文,尤其包括相关专利信息,符合该领域的研究进展与现状(图 14)。

图 13　徽派建筑数字图书馆

图 14　建筑节能数据库

　　智能建筑数据库专注于该行业学术信息、专家信息、专利信息以及相关政策法规的搜集整理。该库的建设也是为了配合我校智能建筑学科方向的发展（图15）。

　　校党委书记、校长方潜生在题为《深化全面从严治党　加快推进"十三五"发展，谱写高水平有特色建筑大学建设的"奋进之笔"》的党委、校长工作报告中肯定了图书馆特色数据库建设的成果。

图 15　智能建筑数据库

3.3　开创线上服务渠道，智慧服务文化生活

智慧图书馆在支撑全校科研和教学工作的同时，在读者丰富多彩的校园文化生活中也起到了不可替代的作用。自媒体、社交平台与共享学习是实现智慧校园线上线下融合的三把利剑。

3.3.1　图书馆官方微信公众号的建设

中国互联网络信息中心（CNNIC）在京发布第 42 次《中国互联网络发展状况统计报告》称，截至 2018 年 6 月 30 日，我国网民规模达 8.02 亿人，互联网普及率为 57.7%；我国手机网民规模达 7.88 亿人，网民通过手机接入互联网的比例高达 98.3%。可见，在手机日益发达的现在，手机已经成为互联网接入的最重要的一种移动媒介。移动互联网的飞速发展，意味着智慧图书馆的发展壮大，要在校园建设中全面铺开移动校园建设，全方位为师生提供移动服务，这必将成为智慧图书馆建设的重要方向。对高校图书馆来说，为师生提供全方位的移动服务，主要方式就是通过在全校范围内铺设无线网络，为广大师生提供无时间限制、无地域限制的网络服务，包括智能查询书籍、观看在线视频、资源高速下载等服务。同时，建立图书馆微信公众号，让师生通过关注微信公众号便可以享受多元化服务，为用户的泛在学习提供便捷，成为智慧图书馆必不可少的一个服务形式。

在网络手机日益发达的今天，微信公众号成为智慧图书馆必不可少的一个服务形式(图 16)。安徽建筑大学图书馆微信公众号的主要功能为 OPAC 系统服务,同时也承担着发布图书馆各种活动通知安排的责任(图 17)。读者足不出户就可以随时了解自己的图书借阅情况,检索纸质图书的馆藏情况,还可以通过微信公众号进行座位预约和入馆教育。如果读者的一卡通丢失,可以通过微信公众号进行挂失,大大地方便了读者的校园生活(图 18)。

安徽建筑大学图书馆

安徽建筑大学图书馆官方微信平台

12位朋友关注

进入公众号　　取消关注

检索 ≡　　　发现 ≡

消息

2018"超星杯"图书馆第七届信息检索大赛开始啦

6位朋友读过

英语单词背好了吗?玩个游戏测测吧,还有大奖拿

5位朋友读过

图 16　官方微信平台

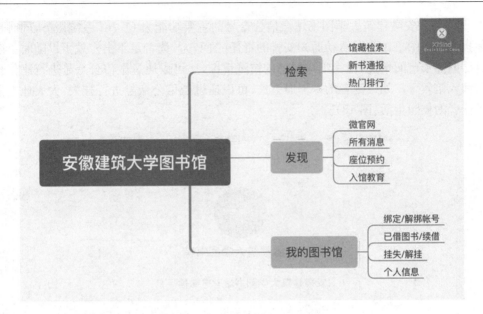

图17　官方微信公众平台主要功能

图18　官方微信公众平台后台页面

目前,安徽建筑大学图书馆微信公众号已经有10000多人关注,而且关注人数呈不断上升趋势。越来越多的读者知道并了解了微信公众号的重要性,越来越多的读者开始使用微信公众号来方便自己的校园生活(图19)。

图19 截至2018年11月16日的公众号关注人数统计

3.3.2 图书馆物理空间的智慧化——学习共享空间

智慧校园强调打造泛在学习环境,主张为学习者提供随时随地、形式多样、按需获取的学习资源。这就要求智慧图书馆的建设必须在微观层面上,借助智慧校园的优势,进行自身体系的建构与重组。在建设理念上,要以方便学习者智慧学习为中心,基本特征为互联共享、大数据分析、绿色发展和智慧化服务,资源形式为以传统形式资源为依托,结合虚拟现实等技术,使图书馆成为师生的助手,为师生提供个性化、智慧型服务。智慧图书馆要着眼于学习方式方法的变革、学习者智慧学习行为以及智慧学习方法的生成,与互联网有机地融为一体,从服务理念、服务目标以及自身所扮演的角色层面上,以其先进的技术和前沿的服务理念成为创造智慧学习环境的关键组成部分,随时随地为师生提供任何他想获取的知识和舒适、方便、快捷的学习环境。

智慧图书馆要服务于智慧校园,为师生提供新的学习环境与学习资源,学习共享空间应运而生。学习共享空间是智慧图书馆的一个新兴服务形式,由图书馆技术部自主研发,通过线上预约审核、线下使用这种线上和线下的有机结合方式,完美实现服务智慧校园的目标(图20)。读者进入到预约界面后,输入自己的一卡通号码和密码,就可以进入系统进行预约(图21~图23)。

学习共享空间自创建以来,短短数周时间内,已经有多达几十次的预约并成功使用,人数多达几百人(图24)。读者的研讨主题丰富多彩、涉猎广泛,不仅包括学术研究、党建主题活动的研讨,还包括各种社团活动,极大地丰富和充实了读者的校园文化生活。

图 20　学习共享空间实拍图

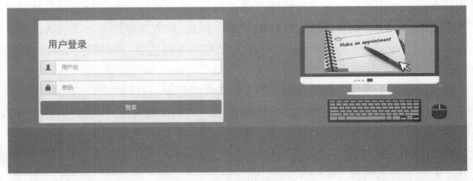

图 21　一卡通账号登录页面

未来已来 智图服务进行时

图 22　用户登录后在线预约页面

图 23　用户登录预约系统后的页面

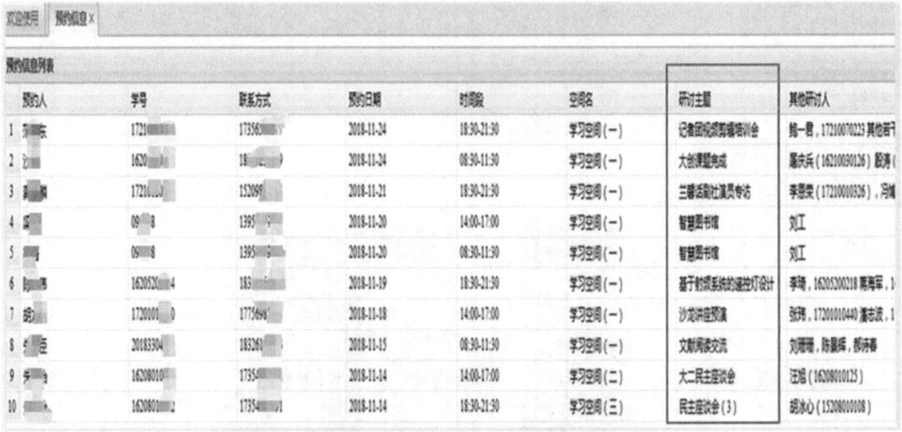

图 24 预约系统后台显示的预约记录页面

学习共享空间的设置为学生终身学习、自我学习打造了相应的学习与沟通空间，成为提升新一代学生信息素养的重要工具。同时，学习共享空间也极大地丰富了学习资源下新型学习方式的改变与养成。现在，学习共享空间渐渐成为学校的一张新的名片，积极助力学校的管理教学等。

3.3.3 建设指导学生社团

智慧图书馆是智慧校园文化的一个组成部分，体现了智慧校园文化的特征和性质，同时也促进了智慧校园文化的发展。智慧图书馆的服务不仅体现在教学科研上，同时还对智慧校园的文化建设提供了很大的帮助。因为智慧图书馆具有资源存取互动方便、互联网和智能化的技术、馆员素质专业创新、泛在高效的一站式全方位服务的优点，所以智慧图书馆在智慧校园文化发展中起到重要的支撑作用。

随着素质教育的提出和不断发展，当代大学生不再仅仅追求学习成绩好，德智体美劳全面发展已经成为必然的趋势。智慧图书馆牢牢把握教育发展的"九个坚持"，在支撑智慧校园教学和科研的同时，以培养德智体美劳全面发展的学生为目标，在给学生提供大量学习科研上面帮助的同时，也支持着学生的个性化全方位发展。图书馆大力开展各种学生社团活动，成立了慕课（MOOC）学社和读者协会两个学生社团。

慕课指依托网络教学平台，由具有分享和协作精神的个人或组织发布于网络，面向大众自主与协作学习相结合的开放课程。安徽省高校数字图书馆为了推广安徽省网络课程学习中心平台（"e 会学"），于 2015 年年底从每所高校选拔一位优秀同学为慕课校园大使，全省约有 40 余所高校参加。我校图书馆也成立了慕课学社，在图书馆老师的指导和带领下积极举办各种活动。我校丁若辰同学被评为 2016 年优秀慕课校园大使。

读者协会已经成立了很多年，随着智慧图书馆的推进和发展，读者协会的作用发生了很大的变化。以前的读者协会，参加学生寥寥无几，活动少，内容贫乏，学生积极性不高。智慧图书馆的发展使得读者协会的队伍日益壮大,报名参加社团的学生人数逐年递增,社团活动也越来越丰富,从形式到内容、规模和以前都不可同日而语。

慕课学社和读者协会在图书馆老师的带领指导下,举行了一系列的社团活动,如"读书日图书馆打卡"活动、"脑洞大开背后的创新思维"慕课学习研讨会、图书漂流活动、"时光信封"活动、读书交流会和红色图书展览活动等。根据图书馆每年读者服务周和优质服务月的主题不同,社团也会同时举办不同主题的活动来配合(图25～图28)。

慕课学社和读者协会经过几年的打磨和积累,社团队伍日益壮大,有了自己的官方微信公众平台,具有一定规模,每年的系列活动也在逐步完善,图书漂流系统正在建设中,该系统使读者可以更加直观地了解图书漂流情况,使图书漂流进程更加直观透明,学生用手机就可以随时随地了解图书漂流的详细情况。

图25　慕课学习研讨会

图 26　图书漂流活动

图 27　读者协会的线下读书交流会

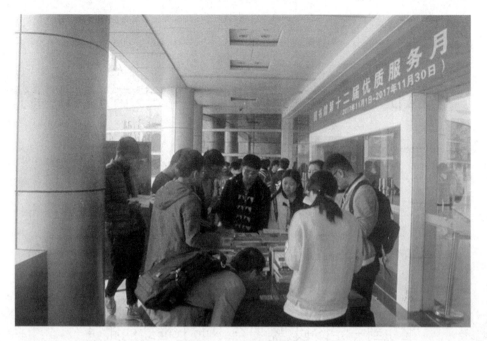

图 28　红色图书展览

4　案例的总结与展望

  以上案例的各项内容涉及我馆内部多个部门、多种业务的协调与配合,体现出"全员参与、全方位覆盖、全过程整合"的三位一体智慧图书馆服务新体系。如果说未来的图书馆一定是智慧图书馆,而智慧图书馆一定不是一天建成的。在走向未来的每一天,调整服务思路,转变服务意识,完善服务技能,开拓服务领域,为在校的师生员工们提供更加智慧化的服务,促使馆员们成为智慧化的图书馆员。只有以高度信息化的技术为支撑,加之智慧馆员的队伍建设,才能实现智慧图书馆建设、智慧校园建设。

"青禾悦读"：安徽农业大学"书香校园"的第三张名片

金梅 王郁葱 顾浩
（安徽农业大学图书馆）

1 案例实施的背景

1.1 从宏观视角看，全民阅读作为国家战略，在自上而下推动到一定阶段，需要自下而上推动的跟进

全民阅读是根据"世界读书日"演变而来的。开展"全民阅读"活动，是中央宣传部、中央文明办和新闻出版总署贯彻落实党的十六大关于建设学习型社会要求的一项重要举措。2006年4月，中宣部、新闻出版总署等11个部委共同倡导并发起全民阅读；2012年开展和推动全民阅读被写入党的十八大报告；自2014年始开展全民阅读活动连续5年被写入政府工作报告。这是自上而下的国家推动，在这种背景下，需要自下而上的基层推动与之相结合才能取得更好的成果。

1.2 从中观视角看，开展"青禾悦读，书香校园"校园读书创作活动是对接"安徽省校园读书创作活动"的需要

2017年2月，中共安徽省委教育工委、安徽省教育厅、安徽省人力资源和社会保障厅、安徽省文化厅、安徽省新闻出版广电局、共青团安徽省委员会等组织开展了主题为"读书引领人生，创作点亮梦想"的安徽省第一届校园读书创作活动。2017年11月启动安徽省第二届校园读书创作活动。安徽省校园读书创作活动方案的通知下发后，各地、各校围绕主题开展了各种形式的活动。为对接省里的校园读书创作活动，我校图书馆启动了主题为"青禾悦读，书香校园"的校园读书创作活动，营造了良好的阅读氛围，引导学生和教师广泛阅读各类优秀读物，培养浓厚的读书兴趣和良好的读书习惯，促进师生提升综合素质。

1.3 从微观视角看,开展"青禾悦读,书香校园"校园读书创作活动是校园文化建设的需要

为了推动校园文化建设,2016 年 4 月,我校图书馆同时打造了两个文化品牌——"青禾讲坛"和"青禾书店"。为了丰富校园文化生活,2017 年,图书馆推出"书香校园"的第三张名片——"青禾悦读"。"青禾悦读"活动的举办让读书创作成为一种习惯,成为一种生活方式,成为大学生日常生活中不可或缺的部分。

2 案例实施的过程

"青禾悦读,书香校园"校园读书创作活动流程为:成立组织(组织保障)—出台"青禾悦读,书香校园"校园读书创作活动实施方案—线上线下宣传—举办系列活动—校级评选表彰—上报安徽省校园读书创作活动参与评奖。

2.1 第一届"青禾悦读,书香校园"校园读书创作活动的开展

2017 年 2 月 6 日,学校建立由党委宣传部、图书馆、校工会、研究生学院、学生处、团委主办,校图书馆负责承办,校图书馆新媒体团队、图书馆学生服务中心服务推广团队、图书馆微传媒服务推广团队、青禾书店创业团队、青禾讲坛服务团队负责协办的工作机制。

3 月 9 日,活动正式启动,在学校新闻网图片新闻、学校电子校务、学校官方微信公众号、图书馆网站图片新闻、图书馆网站新闻、图书馆官方微信公众号等平台同时发布《关于举办首届安徽农业大学"青禾悦读,书香安农"读书创作活动的通知》,并在图书馆东西大门放置大型宣传桁架发布活动实施方案(图 1)。

4 月 10 日,读书征文活动截止,承办方图书馆共收到教师组作品 14 篇、学生组作品 133 篇。参与的教师、学生占总人数的比例分别为 9.5% 和 90.5%。

2017 年 4 月 23 日,我校首届"青禾悦读,书香安农"读者征文颁奖暨获奖作者交流会在校图书馆二号学术报告厅举行。交流会后,党委宣传部夏成云副部长宣读了由大赛组委会聘请的专家——校人文社会科学学院中文系沈琳教授对 5 篇获奖作品的评语。

图1 安徽省第一届校园读书创作活动宣传海报

2.2 第二届"青禾悦读,书香校园"校园读书创作活动的开展

2017年11月7日,第二届"青禾悦读,书香校园"校园读书创作活动启动。

2017年12月1日,在学校电子校务、学校官方微信、图书馆网站新闻、图书馆官方微信等平台同时发布《关于举办第二届安徽农业大学"青禾悦读,书香安农"校园读书创作活动的实施方案》,并在图书馆西大门放置大型宣传桁架,发布活动实施方案。

2018年3月1日,第二次发布简易版《关于举办第二届安徽农业大学"青禾悦读,书香安农"读书征文活动的实施方案》。

活动启动后,按照"阅读推介活动"和"阅读征文创作活动"的既定方案实施,开展了两大类11个主题的13项活动(图2)。

(1)举办主题为"传承文化经典,共享诗词秀美"的图书馆诗词会。2017年11月17日晚,初赛笔试在图书馆610室和810室举行,100多位同学参加了考试,11位同学成功进入复试。2017年12月6日晚,诗词会决赛在图书馆二号学术报告厅举行。诗词会决赛分为三个环节,分别以基础题、抢答题、飞花令的形式展开。在12分钟的基础题答题时间内,参赛选手们凝神聚力、奋笔疾书,认真完成书面答题内容。抢答环节精彩纷呈,九位选手分为三组,按A、B、C顺序依次进行,每组由三名选手进行抢答,反应力与答题正确率成为此环节取胜的关键。飞花令环节更是扣人心弦,根据以上两个环节的综合得分,分值排名前三位的选手共同角逐一、二等奖名次,其余六名选手按两两分组争夺三等奖。选手们对战比拼、斗智斗勇,使得比赛高潮迭起,引得现场掌声不断、气氛热烈。

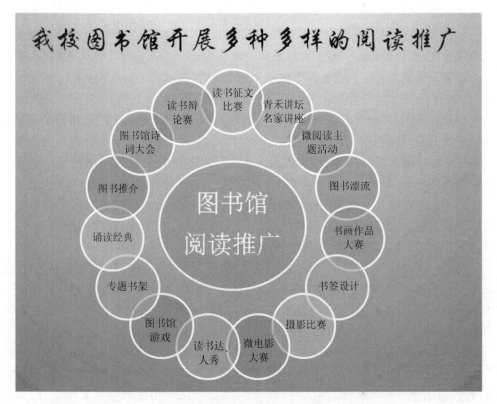

图 2　第二届"青禾悦读,书香校园"校园读书创作活动

（2）承办安徽省首届"诵读经典,飞扬青春"微阅读主题活动的决赛及颁奖典礼。为推动全民阅读活动的开展,创新高校图书馆服务形式和内容,助力高校学子读书成才,由安徽省高校图工委主办、e博在线承办的安徽省首届"诵读经典,飞扬青春"微阅读主题活动于 2017 年 9 月 28 日拉开帷幕,活动持续至 11 月 15 日。活动期间共收到来自全省 68 所高校上传的 1336 份作品。共有 1103 份作品通过审核,经专家初评,评出经典类三等奖 30 名,原创类三等奖 6 名,16 组选手进入决赛。

2017 年 12 月 8 日上午,全省 30 多所高校图书馆馆长及决赛选手等共 200 余人在安徽农业大学隆重举行决赛暨颁奖典礼。安徽省高校图工委秘书长储节旺教授代表主办方致辞,指出该次活动参与度广泛、深入,对引导高校学子利用碎片时间学习、升级高校图书馆服务和建设书香校园都是非常有益的探索。

（3）举办主题为"让十九大精神浸润学子心"的十九大经典读物优秀读书笔记大赛。活动于 2018 年 1 月 18 日启动,2018 年 4 月 11 日结束。

（4）"青禾讲坛"系列读书报告会,结合学校 90 周年校庆活动,2018 年"青禾讲坛"共举办 10 期。2018 年 3 月 14 日下午,"青禾讲坛"迎来了 2018 年第 1 讲（总第 10 讲）,新安晚报编辑、腾讯大家人气作家闫红女士作客青禾讲坛,在校图书馆第 2 学术报告厅为我校师生做了一场主题为《红楼梦里的情怀与心机》的读书报告会。200多名师生齐聚一堂,聆听了本次报告会。

2018年3月28日下午,"青禾讲坛"迎来了2018年第2讲(总第11讲),武汉大学图书馆馆长、教授、博士生导师、武汉珞珈诗派研究会会长王新才作客青禾讲坛,在校图书馆第1学术报告厅为我校师生做了一场主题为《葆养诗心:作诗与做人》的读书报告会。400多名师生齐聚一堂,聆听了本次报告会。

2018年4月11日下午,"青禾讲坛"迎来了2018年第3讲(总第12讲),全国社会科学普及专家、演讲专家崔跃松作客青禾讲坛,在校图书馆第1学术报告厅为我校师生做了一场主题为《演讲专家与读者面对面——读书与做人》的读书报告会。300多名师生齐聚一堂,聆听了本次报告会。

(5) 举办主题为"阅读与美德"的安徽农业大学"Emerald杯"第五届微电影大赛作品评奖活动。大赛将微电影与推广全民阅读有效地结合起来,用微电影的形式,表达读者关于"阅读""美德"等的所思、所想、所为。

(6) 策划"青禾书店"的空间改造,营造更适合读者阅读的环境;增加新书品种,让读者"第一时间看到新书";增加"读者沙龙"活动,增强书店与读者的黏性。让校园书店弥漫"书卷气""书香味"。"青禾书店"的空间改造计划于2018年4月23日左右完成。

(7) 举办总主题为"读书引领人生,创作点亮梦想"(分主题包括大学生组:新时代,让人生翱翔;教师组:育人,树桃李芬芳)的第二届安徽农业大学"青禾悦读,书香安农"校园读书创作活动。活动于2017年12月1日启动,2018年3月月底截止,承办方图书馆共收到教师提交的作品7篇、学生作品71篇。参与的教师、学生各占其总人数的比例为9.0%和91.0%。

(8) 2018年4月13日下午,我校原党委书记、校长,现国际竹藤组织董事会联合主席江泽慧教授《中国森林生态网络体系工程建设研究系列丛书》等专著赠书仪式顺利举办。

3 案例实施的特色

3.1 从纵向视角看

"青禾悦读,书香安农"读书创作品牌活动上与省委教育工委、省教育厅、省文化厅等开展的"安徽省校园读书创作活动"对接,下与我校党委宣传部、图书馆、校工会、研究生学院、学生处、团委等单位举办的各类读书征文等活动整合,提升了各类阅读创作活动的效果。

3.2 从横向视角看

"青禾悦读"与业已成为品牌的"青禾书店""青禾讲坛"成为"青禾"系列文化品牌,从不同角度满足师生的文化需求。

目前,我校图书馆已经搭建四个阅读平台(图3)。

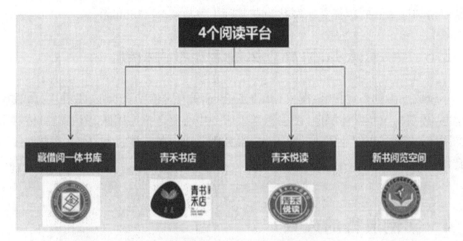

图3 安徽农业大学图书馆的四个阅读平台

3.3 "阅读""创作""分享"结合,用"创作"带动"阅读",用"分享"拓展"阅读"

首届安徽农业大学"青禾悦读,书香安农"读书创作活动有三个子活动:"书卷中的书香人生""书画中的艺术人生""镜头中的出彩人生"。活动不仅关注阅读本身,还关注阅读行为。目前,读书征文征集活动已经结束,书画作品、摄影作品征集活动即将进入评审阶段。

3.4 多渠道推介读者的创作成果,激发读者的阅读与创作热情

大赛承办方图书馆从获得一、二、三等奖的师生作品中优先遴选作品推荐参与角逐"安徽省校园读书创作活动"奖的比拼,还将所有参赛作品推荐给安徽省高校图工委举办的"书香江淮第三届互联网读书征文"比赛。另外,大赛还从获得一、二、三等奖的师生作品中遴选作品推荐到《安徽农大报》上公开发表。

3.5 精神奖励与物质奖励并举

本次征文大赛获奖作品既有精神奖励,又有物质奖励。《首届安徽农业大学"青禾悦读,书香安农"读书创作活动的实施方案》规定:一等奖获得600元奖金和证书,二等奖获得400元奖金和证书,三等奖获得200元奖金和证书,优秀奖获得价值50元的纪念品一份和证书。此次征文比赛共为获奖师生发放奖金13350元。

3.6 主办、承办、协办立体的活动推进机制

学校成立由党委宣传部、图书馆、校工会、研究生学院、学生处、团委主办,校图书馆承办,校图书馆新媒体团队、图书馆学生服务中心服务推广团队、图书馆微传媒服务推广团队、青禾书店创业团队、青禾讲坛服务团队协办的工作机制,确保读书创作活动机制化、常态化。

4 案例取得的成果

4.1 得到了师生的认可

第一届"青禾悦读,书香安农"读书创作活动——"书卷中的书香人生"征文活动,共收到师生征文147篇。其中,教师提交作品14篇,学生提交作品133篇。活动的关注度居于历次征文大赛之首(表1)。主办方推荐其中的25篇参与安徽省的征文大赛,19篇作品获奖,获奖率达76%。第二届安徽农业大学"青禾悦读,书香安农"校园读书创作活动共举行各类赛事和活动13场(不含全年连续活动的后期活动),直接参与各类活动的达3000多人。第二届青禾悦读,书香安农读书创作活动——"书卷中的书香人生"征文活动共收到学生作品69篇,教师作品7篇,主办方从参赛作品中选出26篇作品参与角逐"安徽省校园读书创作活动"奖,共有19篇作品获奖,教师组一、二、三等奖各1名;大学生组一等奖2名,二等奖9名,另有2名指导教师获得一等奖(表2)。其中,获得教师组一等奖的外国语学院丁惠老师、获得大学生组一等奖的人文社会科学学院17级汉语言文学专业李晓婷、15级汉语言文学专业李悦桦同学被选拔参加安徽广播电视台"读书创作之星"特等奖的评选电视录播(图4、图5)。经过激烈的角逐,我校外国语学院教师丁惠荣获教师组特等奖(图6、图7),人文社会科学学院17级汉语言文学专业李晓婷、15级汉语言文学专业李悦桦分获大学生组特等奖、一等奖(图8),李晓婷、丁惠获得"读书创作之星"称号。

表1 "安徽省第一届校园读书创作活动"安徽农业大学部分获奖名单

序号	作者	文章标题	单位	获奖等次	组别
1	鲍红雨	"重"与"轻"之随想	14级应用心理学	一等奖	学生组
2	黄芳	信仰的力量	16级研究生微生物	二等奖	学生组
3	郭翠翠	笔尖下的人性苏醒	16级汉语言文学	二等奖	学生组
4	郭利莹	不忧国的老杜	15级英语	二等奖	学生组
5	丁营营	听雨有感	16级物联网工程	二等奖	学生组
6	任志宏	勇者之歌——读《俄狄浦斯王》有感	16级汉语言文学	二等奖	学生组

表2 "安徽省第二届校园读书创作活动"安徽农业大学获奖名单

序号	作者	文章标题	单位	获奖等次	组别
1	丁惠	回首处,又逢梅园芬芳	外国语学院	一等奖	教师组
2	姚伟	养儿之后更懂育人	理学院	二等奖	教师组
3	夏利明	玉兰花开	党委宣传部	三等奖	教师组
4	李晓婷	心里话——留守的天空不下雨	17级汉语言文学	一等奖	学生组
5	李悦桦	江山无限,古韵长存	15级汉语言文学	二等奖	学生组
6	龚凯	《活着》读后感	15级应用化学	二等奖	学生组
7	丁言瑞	书之悟	17级信息与计算科学	二等奖	学生组
8	任志宏	家书	16级汉语言文学	二等奖	学生组
9	韩雷锋	机械鸟	16级农学	二等奖	学生组
10	李枭银	为了纪念的阅读——共产党宣言读后感	16级汉语言文学	二等奖	学生组
11	邓亚坤	佳期如梦	园艺学院15级	二等奖	学生组
12	陈先雨	拯救房思琪	15级法学	二等奖	学生组
13	陈婉琳	敬这个新时代	16级汉语言文学	二等奖	学生组
14	刘青	精神明亮的人	17级生物制药	二等奖	学生组
19	张旭念		人文社会科学学院	一等奖	指导教师
20	张晟		外国语学院	一等奖	指导教师

图 4 安徽省第一届"校园读书创作活动"颁奖现场

图 5 安徽省第一届"校园读书创作活动"特等奖评选现场

图 6　获得安徽广播电视台"读书创作之星"评选特等奖的丁惠老师在电视录播现场

图 7　外国语学院丁惠老师荣获第二届"安徽省校园读书创作活动"教师组特等奖

图 8 李晓婷、李悦桦分获第二届"安徽省校园读书创作活动"学生组特等奖和一等奖

4.2 得到学校的肯定

学校印发《中共安徽农业大学委员会关于实施思想政治工作质量提升工程的意见》(校党字〔2018〕40 号)的通知,在"(四)积极推进文化育人 16·繁荣校园文化"中明确指出:持续开展"农耕文化节""神农大讲堂""青禾讲坛""青禾悦读"等文化活动,提升学校文化品位。这标志着"青禾讲坛""青禾悦读"等文化活动正式上升为学校文化品牌。

4.3 得到上级主管部门的认可

2017 年,"青禾悦读"获安徽省教工委、教育厅授予的优秀读书品牌奖。2018 年,"青禾悦读"获安徽省教工委、教育厅授予的校园读书创作优秀组织奖(图 9)。一名学生和一位老师的作品获得特等奖。

"青禾悦读":安徽农业大学"书香校园"的第三张名片　　91

图9　"青禾悦读"奖状、证书及新闻

4.4 "青禾悦读,书香安农"读书创作品牌活动成为引领校园阅读创作的一个常态化品牌

经过线上线下的广泛宣传,"青禾书店""青禾讲坛""青禾悦读"相互促进,从不同角度满足师生的文化需求。"青禾书店"让读者"第一时间读到新书"。"青禾讲坛"对话作者,服务读者;以作者的视角,拓展读者的视野;以著者思想的深度,提升读者理论的高度。"青禾悦读"让读书创作成为一种习惯,成为一种生活方式,成为大学生日常生活中不可或缺的一部分。

5 案例的创新点

5.1 读书创作品牌系列化——"青禾书店""青禾讲坛""青禾悦读"

"青禾"是安徽农业大学的校园文化元素,安徽农业大学图书馆倾力打造的"青禾书店""青禾讲坛""青禾悦读"等"青禾"系列文化品牌,实现了三个目标:从微观层面,让大学生"多读书""爱读书"和"会读书";从中观层面,让读书成为一种习惯,让读书成为大学生日常生活中不可或缺的部分;从宏观层面,通过书店、讲坛、阅读、创作,大力推动校园阅读,打造"书香安农""人文安农""优雅安农"。

5.2 读书创作活动常态化:阶段性的读书创作活动与连续性的阅读推广活动相结合

第二届安徽农业大学"青禾悦读,书香安农"校园读书创作活动于 2017 年 12 月 1 日启动,我们建立了"青禾讲坛""青禾悦读"协同推进机制,如"青禾讲坛"2018 年系列读书报告会计划安排 10 期,第二届"青禾悦读,书香安农"校园读书创作活动结束后,我们仍然连续举办"青禾讲坛",让校园阅读推广活动成为常态。

5.3 读书创作路径协同化——经典阅读与微阅读相结合,笔试、抢答、游戏、朗诵、笔记、拍摄、创作、阅读、讲坛相结合

"青禾悦读,书香安农"校园读书创作活动的八个主题活动,除"青禾讲坛""青禾书店"为常态化文化品牌外,其他五个主题活动均有各自鲜明的主题,他们分别是:图书馆诗词会的主题:"传承文化经典,共享诗词秀美";首届安徽省微阅读活动的主题:"诵读经典,飞扬青春";十九大经典读物优秀读书笔记大赛的主题:"让十九大精神浸润学子心";安徽农业大学"Emerald 杯"第五届微电影大赛的主题:"阅读与美德";第二届安徽农业大学"青禾悦读,书香安农"校园读书创作活动的总主题:"读书引领人生,创作点亮梦想"(分主题包括大学生组:新时代,让人生翱翔;教师组:育人,树桃李芬芳)。

5.4 馆员的阅读推广与读者的读书创作融合化
——大学生成为读书创作的参与者、推广者、受益者

本案例的实施锻炼了两支队伍。第一,提升了阅读推广馆员队伍的素质。通过不断地实践,阅读推广馆员开始实现阅读推广角色的转型,从阅读推广工作的策划者和中间者的定位,转变为能够与读者进行阅读互动的直接导师。第二,锻炼了四个学生阅读推广团队——团队的目标定位一切围绕图书馆的阅读推广、服务推广工作来进行,形成长效性和持续性的机制。大学生成为读书创作活动的参与者、推广者、受益者。

助推科研,共创一流
——未来学习中心创新服务初探

常晓群　刘艳名　陈鸣
(中国科学技术大学图书馆)

"在高等教育开放化、全球化的背景下,探讨高校图书馆服务创新的主要方向,全面助力高等教育事业的改革与发展,通过对当前形势的分析和判断,我们主要从空间再造、文化传承、嵌入教学、助力科研、辅助决策、能力塑造、生态管理、体系创新、数据管理和智慧分析等十个方面预测了未来图书馆创新发展的主要趋势。高校图书馆的服务创新要以用户需求为驱动和导向,不断探索服务的新趋势,尝试服务的新方法,推动高校图书馆的创新发展。"

图书馆作为知识传播的重要部门,历经长久的发展已面临着新的挑战,网络技术的发展带来的冲击使其迫切需要转变观念,旧的服务理念已经跟不上高校的知识传播与服务师生的要求。教育部于 2015 年 12 月 31 日颁布的《普通高等学校图书馆规程(2015)》第三条指出,图书馆的主要职能是教育职能和信息服务职能。图书馆应充分发挥在学校人才培养、科学研究、社会服务和文化传承创新中的作用。因此,图书馆的服务理念不能单单局限于图书的借阅与传播,更要在满足信息传播的基础上发展新的服务。

1 案例实施的背景

1.1 面临的挑战

网络技术与电子资源的快速发展使得教师与学生无需前往图书馆获取文献资料信息,对图书馆实体场馆的依赖度降低,甚至仅将图书馆当做自习的场地。现一流大学的建设对图书馆的支撑服务提出了更高的要求,图书馆的支撑功能必须有创新性发展。

1.2　大环境的需求

交叉学科的研究与学习需要为不同学科背景的教师学生提供一个面对面的交流平台。学校的各类学生学习或科研兴趣小组需要一个良好的知识氛围及快速文献查阅的讨论平台。从中学走进大学的新生迫切需要一个能够实际学习如何获取各种文献资料的学习平台。

1.3　我馆采取的策略

基于现代高校图书馆所面临的挑战和需求,我馆将"未来学习中心"作为高校图书馆创新发展探索的苗圃,赋予其如下新功能:快速获取文献信息、面对面或即时网络讨论、获取各学科背景教师信息资料、举办重大热门课题发布与讲座。新功能的实施将为我校"双一流"建设提供强有力的支撑。

2　未来学习中心空间概况

2.1　空间搭建

由于图书馆新馆在东区建设完成,而西区老馆的各项功能与空间使用已无法满足师生的需求。2015年,我们对西区图书馆进行局部改造,对一至四楼重新进行物理环境和空间设计,命名为"未来学习中心",面积达4000多平方米。中心有大、中、小型不同主题的研修室共20间,统一配置了新型可拼装桌椅无线投影仪、玻璃白板,房间内同时配备了无线网络、电子白板或大型一体机,在个别房间我们安装了网络视频所需的专业配件,大大地提高了功能性。不论是单个的小型研讨,还是大型的会议议程或教学科研,使用者都可直接访问图书馆电子资源库,调取所需资料。这是目前国内规模较大、设施先进的新型学习空间,"中心"由研修室、创新创业苗圃、MOOC录播室和语言学习与国际交流中心等组成,以环境的升级带动图书馆服务的提升和创新(图1)。

未来学习中心建立后,得到了多方面的广泛关注,慕名前来的各个院系师生都表现出了极大的热情。但因为本校交叉学科多,研究方向的多样化,各个院系不能同时满足其需求。馆里经过研究后,暂时把学习中心的研讨室分为两种对外开放方式。

针对计算机与人才培训方面,因为使用时间较长、占用率较大,我们分出几个较大的房间,同时通过校团委与院系的共同审批后,以长时间的签约方式约定使用,期间设备的维护与安全管理仍由本馆负责。

(a)

(b)

图 1　未来学习中心

(c)

图 1 未来学习中心(续)

常规情况下,研修室通过一卡通多人预约的方式面向广大师生开放。研修室按照可容纳人数的多少分为大、中、小型三类,小型研修室一般可容纳 6~8 人、中型研修室可容纳 10~18 人、大型研修室则能容纳 15~25 人同时使用。为了更好地方便捷地满足师生们使用研修室,我们同时开放了图书馆大厅预约机以及图书馆主页和微信平台三种预约方式,只需要本人的一卡通或登录本人的账号就可远程预约,方便快捷、即时生效。

研修室不只有对外免费预约这种服务方式,我们还会定期在周末假期邀约各个院系老师与社团来"未来学习中心"召开文献、艺术、音乐、生物、计算机、人工智能等方面的研讨会。

四楼的语言学习中心由我馆信息咨询部具体负责开展英语沙龙之角等活动。在这里,我们经常会举办沙龙讲座与英语口语学习等,中心还配备了多部电脑,邀请了多位英语外教线上线下授课,为学生提供出国留学等方面的咨询服务。

(a)

(b)

图 2　图书馆内景

(c)

(d)

图 2 图书馆内景(续)

(e)

图 2　图书馆内景(续)

3　系列活动简介

自 2016 年未来学习中心建立以来,得到了多方面的广泛关注。截至目前研修室接受预约使用次数 18361 次,接待人数 52827 人次,举办"校园植物图鉴""萝卜分享会系列主题"以及"研究生夏令营"等大、中型会议及活动 294 场次。

为不断拓宽图书馆的服务功能,我们尝试将各院系的资深教授、院士邀请至图书馆,与馆领导及学科服务工作人员进行面对面的交流。通过座谈及现场观摩,向他们详细介绍现代图书馆以及未来学习中心的功能分区、利用、使用情况。

我们会不定期举办沙龙和就业讲座等活动,为学生开阔眼界、参与实践创新提供渠道,活动深受广大学生的喜爱。目前,已有多家单位与创新苗圃进行合作,同时也为 30 多位同学提供了勤工俭学的机会。

(a)

(b)

图 3 系列活动照片

(c)

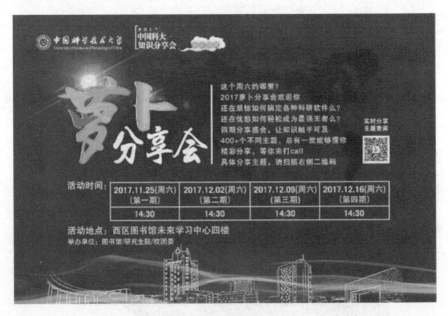

(d)

图3 系列活动照片(续)

(e)

(f)

图 3　系列活动照片(续)

(g)

(h)

图3 系列活动照片(续)

(i)

图 3　系列活动照片(续)

4　代表性团队和活动

中心平时与不同学科的老师建立联系,以便在学生学习或科研有需要之时及时给予指导与帮助。另外,中心良好的学术氛围以及丰富快捷的文献资料获取功能,使其成为我校各竞赛团队的培训基地。

4.1　代表性团队一

2016 年 10 月 31 日,中国科学技术大学代表队"USTC-Software"由来自计算机科学学院、少年班学院、生命科学学院、物理学院、地球与空间科学学院等多个学院的 20 多名同学组成,赴美国波士顿参加国际遗传工程学机器竞赛(International Genetically Engineered Machine Competition)。他们的课题立足于计算机学科与生命科学学科的交叉,以自主开发的功能强大的插件系统为基础设计出了一套集基因网络设计、数据分析、可视化模拟和交流讨论于一体的平台,很大程度上方便了生物学研究者的工作,队员们在比赛期间为演讲和宣传进行了积极的准备,并与其他参赛队伍展开了深入的交流,得到了来自评委和世界各地代表队的一致好评和认可。最终,USTC-Software成功斩获金牌。

iGEM是为推动合成生物学发展,在2003年开始举办的涉及生物学、数学、物理学、计算机等多个学科的国际学术竞赛。参赛队伍使用主办方提供的材料自主完成项目,并通过网站、海报、演讲等方式交流评比,在包括实验、医药、环境、软件的多个方向决出奖项。今年的iGEM吸引了来自多个国家的470支队伍参加比赛,其中包括来自MIT、Harvard、Stanford、Cambridge等世界名校的代表队。参赛队伍众多,竞争十分激烈。

iGEM竞赛让参加比赛的队员们收获很多,锻炼了各方面的能力,开拓了自己的视野(图4)。

图4 iGEM竞赛准备活动

4.2 代表性团队二

ACM编程训练营平时在我校西区未来学习中心213室进行培训,每周日举行组队赛,这极大地提高了队伍的实战能力,为他们之后的竞赛之旅打下基础。该队伍通过长期训练后,代表我校参加了被誉为计算机软件领域的奥林匹克竞赛——国际大学生程序设计竞赛(ACM/International Collegiate Programming Contest,ACM/ICPC),并多次获得金牌。

(a)

(b)

图 5　ACM 编程训练营

(c)

图5　ACM 编程训练营(续)

4.3　代表性活动

为了拓展同学们的知识面和视野,进一步丰富中心的服务功能,将中心打造成为一个活跃、创新的学生学术交流平台,我们组织校量子信息研究团队等具有世界学术前沿学科水平的在读博士在未来学习中心为学生作学术报告,分享自己在学习与科研上如何平衡科研与个人兴趣、如何规划博士生涯、如何快速获取文献信息、如何度过科研迷茫期等体会。这些接地气的报告和实战性的学习经验深受同学们的好评(图6)。

(a)

(b)

图 6 代表性活动

(c)

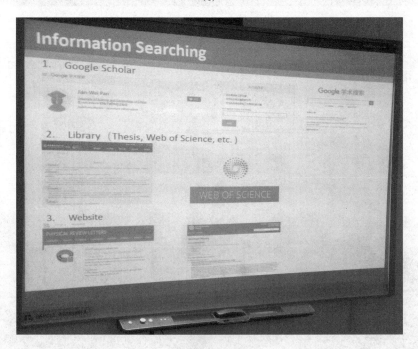

(d)

图 6 代表性活动(续)

5 案例实施效果

中心近年在摸索中前行,我们通过多方位宣传,引导学生来中心开展有主题的小组讨论、小组授课等多种形式的活动,从图7、图8中可以看出,效果还是非常显著的,已进入我馆建立中心时的预期理想学习使用状态。

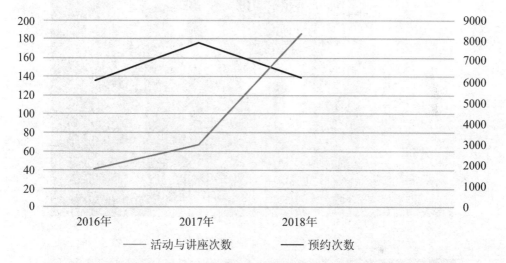

图7　2016～2018年活动讲座举办次数及预约次数

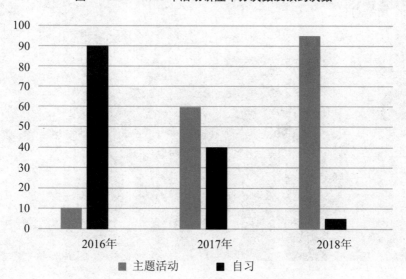

图8　2016～2018年主题活动、自习活动情况

创新服务使得图书馆的吸引力与日俱增,在学生中影响力越来越大,使整个西区图书馆学生流量大幅增长。校领导和万元熙院士在实地参观后,盛赞科大西区图书馆整体很有特点,创新服务值得肯定(图9)。

(a)

(b)

图9 领导参观西区图书馆

"经典流传 书香致远"阅读推广案例

王丽珍 王文娟 刘和文
(安徽师范大学图书馆)

"经典作品是这样一些书,它们对读过并喜爱它们的人构成一种宝贵的经验;但是对那些保留这个机会,等到享受它们的最佳状态来临时才阅读它们的人,它们也仍然是一种丰富的经验。"经典是人类几千年文明智慧的结晶,是各个民族传承下来的宝贵财富,是各个民族优良传统与民族精神的承载。正如吴笛先生云:"经典是经过时间淘洗并被历史证明,从而确立为不可动摇的代表着一个民族核心理念的文本。"然而,随着时代的发展,大众文化日益深入人们的文化生活当中,快餐文化大有甚嚣尘上之势,对文化经典的阅读形态产生了极大的影响。那么,作为全民阅读推广阵地的图书馆,尤其是培育青年一代的高校图书馆,在面对经典阅读形态的消解时自是责无旁贷的,我们应开启经典阅读的推广之门,倡导"终身阅读"的人文理念,开展丰富的阅读活动以营造阅读氛围,让经典真正走入大众的心中,让书香带我们走向诗和远方。

1 经典阅读现状探析

1.1 阅读兴趣不足

随着时代的发展,人们生活节奏的加快,人心浮躁,阅读似乎在人们的生活中不再那么重要,大家的阅读热情与兴趣都已经被冲淡,浅阅读和时尚阅读时刻伴随着我们,读图时代已然来到我们的身边。2018年4月19日公布的第十五次全国国民阅读调查结果显示,2017年我国成年国民人均图书阅读量为4.66本,人均电子书阅读量为3.12本;我国成年国民人均每天手机接触时长为80.43分钟,人均每天互联网接触时长为60.70分钟,调查中近四成的成年国民认为自己的阅读量较少,64.2%的成年国民认为有关部门应当举办读书活动或读书节。由此可见,人们在日常生活中更多的是接触互联网,导致阅读意识不强、阅读兴趣降低,同时也很难静下心来去品读经典,感悟阅读之美。

1.2 阅读趋于功利化

就物质化生活而言,由于商品经济的发展,社会功利化现象日益明显,对于阅读,人们总是局限在"能得到什么"的狭小范围内,而缺少了博览群书、修身养性的阅读目的,连最需要补充文化知识的学生群体也都只是泡在书山题海中而无法接触真正的阅读,大家的阅读往往只是针对升学、求职、就业等材料,一旦脱离了这些"有所求"的实际目的,阅读的价值含量便急剧下降。对现实物质生活的极度追求而导致精神家园的源头有所枯竭的状况是我们所不愿意看到的,所以"发现问题"并"解决问题"是我们的必由之路。为了让大家的精神家园更加美好,推广经典阅读就是我们当前要走的重要一步。

2 推广经典阅读的意义

经典之所以成为经典,是因为其经受了大浪淘沙般的洗礼,它是经过岁月的打磨之后而成为的文化精品。在面对浩如烟海的文化产品时,我们也许经常会处于一种难以筛选的境地,选择甚至会出现些许的偏差,这时经典的出现便会带给我们一束黑暗中的光,能够让我们更准确地了解文化的根源,吸收文化的营养,从而丰富自我。所以阅读经典对我们来说有着十分重要的意义。

2.1 推广经典阅读是对优秀传统文化的继承与弘扬

悠悠华夏历史绵长,五千年的历史长河里涌现出无数的优秀传统文化,而经典则是这些优秀文化的媒介和载体。在当今这个信息高度发达的大环境下,身处全媒体时代的我们无时无刻不在接受着各种信息,但真正能使我们获益的还是那些岁月淘沙留下来的文化经典,它们的书卷气息能让我们在浮躁的环境中"偷得浮生半日闲",也能让我们在"丧"系文化充斥的日子里"直挂云帆济沧海",它们是我们民族文化的见证者和记录者,对于弘扬和发展我们的传统文化有着不可替代的作用。马克思指出:"人们创造自己的历史,但是他们并不是随心所欲地创造,并不是在他们自己选定的条件下创造,而是在直接碰到的、既定的、从过去承继下来的条件下创造。"而经典正是"从过去承继下来的条件",它记载着先贤圣哲们的思想精华,蕴含着丰富的人文资源,有其自身特有的科学价值和思想文化价值,所以大力倡导经典阅读有利于我们更好地弘扬中华民族优秀传统思想文化,增强民族凝聚力,对于构建和谐社会、发展中国特色社会主义文化大有裨益。

2.2 推广经典阅读能够增强文化自信

文化是一个国家和民族的灵魂,中华民族作为一个有着深厚文化底蕴的民族,我们一直以来都在努力依托传统文化,结合当代文化,打造文化强国,增强民族文化的认同感,提升全民文化自信。但是随着经济全球化的深入发展,市场经济的进一步推进,文化多元化的样貌也日趋突显,致使人们的思想价值出现了偏差,有些人盲目地崇拜外来文化,而对中国传统文化嗤之以鼻,单纯的"浮慕西化而不深知西方文化的底蕴,憎恨传统而不了解中国传统为何物",对本民族文化认同感较低,更谈不上文化自信,所以面对此种现象我们要着力提升全民的文化自信,传递正确的社会价值观和精神信念。而阅读经典著作是增强文化自信的有效途径,我们必须看到经典阅读在当今社会大环境下所存在的现实意义,以传统经典为基点,结合实际,在推广经典阅读的过程中让人们读懂、读透、读活经典,从而让文化内涵真正融入每个人的灵魂,让文化自信由内而外地散发。

2.3 推广经典阅读有助于促进人的全面发展

在全民阅读的大时代下,经典阅读似乎不是很热门,人们或许更偏爱"快餐文化"的消费,包括许多大学生都会认为在当今时代读经典是迂腐无用的,难以与时俱进,这是物质化社会发展带来的副作用,是不可避免的存在。但是我们要知道经典之所以被称为经典,就是因为它们是人类思想智慧的结晶,它们本身对我们就具有跨时空的指导意义,阅读经典能让我们与先人进行最直接的超时空对话,我们也许能在他们的思想中找到自我,追寻到人生的意义,让他们的思想光芒指引着我们前行。文化是人们的精神食粮,如果文化枯竭了,精神又该以何种方式存在呢?所以我们要努力弘扬优秀文化,开展经典阅读推广工作,让人们能不断地提升自我的文化素养,促进自身的综合发展,以此加快全民阅读普及的步伐,推动书香社会建设。

3 推广经典阅读的方式

3.1 扩充经典书库,加强组织和宣传

大学图书馆是知识和人才的聚集地,有着丰富的馆藏资源和良好的科研平台,所以更加需要精益求精,不断收集各种经典资料和相关文献,扩充经典书库,为求知好学的人提供更好的文献资源,让大家有书可读。同时,在这个知识爆炸的时代,知识更新

换代的速度之快让人惊诧,浩如烟海的书目更是常常让人眼花缭乱。这时,图书馆的作用就突显出来了,它既要严格挑选每一本文献,肩负起宣传推广经典的重任,为读者提供阅读便利,更要加强组织和宣传,如可以筛选并编制出适合大家阅读的推荐书目,保证读者获取的资料具有真实可靠性,为广大读者把好阅读第一道关,让大家认识经典、阅读经典(图1、图2)。

图1　建立经典阅读专题数据库

图2　经典阅览室

3.2 举办经典导读活动,进行专题分组学习

经典往往都是有一定的时代背景或者有其更为深刻的社会和文化内涵的,这有可能对知识储备量不够的读者造成一定的阅读困难,所以就需要有专业人士为我们进行适当的阅读指导,有针对性地进行分析探讨能够让我们更好地去吸收每一部经典的营养,由此而言开展经典导读活动是十分有必要的。另外,在这个彰显个性、突出特点的时代里每个人都有自己的兴趣爱好,我们要尊重个性的存在,为此可以设立专门的读书小组,大家可以根据自己的兴趣选择性参加,在一起讨论和分享自己的阅读体会和心得收获。我相信,大家一定会有奇妙的思想碰撞,而这正是知识的闪光点,是经典带给我们的阅读魅力(图3、图4)。

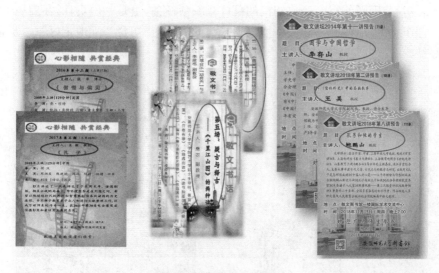

图3 经典导读宣传海报

图4 经典导读活动现场

3.3 结合自身特点,组织开展特色活动

科技的发展、网络的普及给我们的学习带来了极大的便利,所以图书馆也要与时俱进,学会依托网络,在官网上打造特色阅读园地,分模块进行,提高学习资源的有效利用率,为有兴趣的读者提供更为系统和便捷化的学习资源,同时还可以优化馆内的电子媒介,让阅读方式更加多元化。线上学习是我们的主要方式,线下的知识分享我们也不能遗漏,而且定期举办相关的活动更加有利于扩大我们的推广范围,如开展经典阅读征文活动,或者是读书分享会等,由专业老师进行评选并给予一定的奖励,充分调动大家的阅读积极性,激发大家浓厚的阅读兴趣和热情,让读者能够对经典有更为全面和深刻的理解,这才是我们宣传推广的出发点(图5、图6)。

不忘初心,砥砺前行。经典阅读的推广是一项任务,更是一份责任,需要更多的部门协同合作。大家共同努力,决不能搞形式化的套路,要切合实际地走好每一步,深入落实好经典阅读的每一份工作。

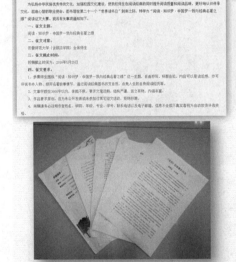

图5 经典阅读征文

图6　经典阅读分享

4　推广经典阅读的经验与启发

安徽师范大学图书馆以2014年承办安徽省"高校图书馆设立经典阅览室可行性研讨会"为契机,以经典为载体,以经典阅览室为平台,联合校团委、相关学院、学生社团以及芜湖市邮政局,积极组织开展阅读经典沙龙、知识问答、征文评选、经典诵读、创作设计等系列的经典宣传、经典阅读、经典体验、经典传播活动,培养了大学生完善、独立的自我人格与品位;传承与发展了悠久的传统文化,推动了书香校园的建设。

首先,为了营造经典阅读的氛围,我们开展了各类经典宣传活动,如图书馆相继在宣传栏展出了"传统节日诗词展""中国古代优秀阅读、励志诗词展"和"莎士比亚生平略传、名作撷英、妙语集锦、后世评价展"等一系列中外经典,激励师生阅读经典、传播经典;我们还在图书馆主页设立"阅读推广"栏目,发布经典书目,让广大读者能第一时间了解经典;在馆刊《读书人报》上开辟"好书推荐"和"怎样读经典"专栏,促进读者读经典、品经典,逐渐形成了一个经典阅读的学习园地;同时还利用各种媒体宣传经典阅读活动,让大家更积极地加入到经典阅读的行列(图7~图9)。

其次,有了良好的阅读氛围,我们便趁热打铁进行经典阅读的推广,让大家能够将经典阅读付诸行动,真正感受到经典阅读之美。比如,设立"经典阅览室",构建学术经典、学人赠书、师大文库、作者签名本赠书、红色经典等阅览区,为读者系统学习经典提供空间和文献保障;开展敬文书话、真人图书馆、"心影相随 共赏经典"悦读活动、经典诵读、国学知识竞赛等系列活动;以读者协会为桥梁,组织读者协会学生赴"中国成语典故之都"邯郸参加成语调查暑期社会实践,追根溯源,探寻成语之美,宣扬国学精髓;积极引导师生参与各类经典诵读和国学知识竞赛活动,激发读者学习国学知识的热情,增强文化意识,共享国学之美(图10～图12)。

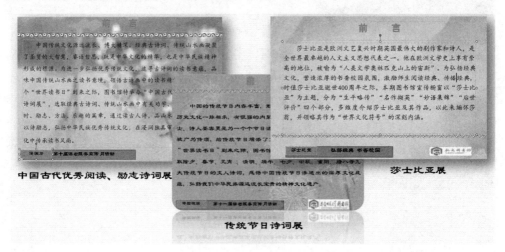

图7　经典阅读宣传展

图8　开设经典导读专栏

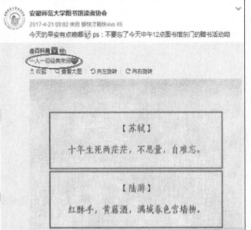

图 9　利用新媒体推广经典

图 10　国学知识竞赛

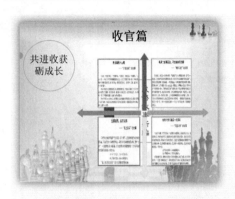 

图 11　成语调查暑期社会实践

《离骚》诵读　　　　　　　《背影》诵读　　　　　　　百万晨读

图 12　经典诵读活动

　　再次,经典体验也是我们经典阅读推广的重要程序。为了更好地拉近读者与经典的距离,引起大家对经典的关注,激发对经典阅读的兴趣,我们举办了一系列寓教于乐的智趣活动。比如,举办古籍宣传服务周,展出珍稀古籍和明清家具,示范古籍修复,倡导读者保护古籍、利用古籍,使优秀文化与技术历久弥新;举办剪纸大赛和汉服设计大赛,传承古老艺术,让读者在领略经典之美的同时将其发扬光大;开展水墨空间体验活动,定期举办书法、绘画体验活动,将经典以不同方式呈现在读者面前,将经典教育融入活动;定期举行各种经典书评、经典读后感的征文评选活动等(图13～图15)。

　　最后,经典是"源",传承是"流",只有源流相依,我们的文化经典才能更好地服务于大家的精神生活,让大家在经典的熏陶中共创美好精神家园。为此,我校图书馆着力进行经典传承,加强传承力度,积极引导并推荐师生参与各类经典阅读活动,取得了一系列荣誉。馆员胡宏昇的《品味〈庄子〉的诗性之美》和学生鲍旭婷的作品在安徽省首届校园读书创作活动中分获教师组一等奖和大学生组特等奖,继鲍旭婷同学后,刘晓旭同学又获安徽省第二届校园读书活动"读书创作之星"大学生组特等奖;读者之星郭精金同学长期坚持读诗、背诗、抄诗,诗歌知识储备高达 2000 余首,在经典的熏陶下,获得 2017 年"中华好诗词"华东赛区(全国 12 余万人参与)总冠军以及 2018 年"满陇桂雨,满城书香"杭州诗词大会总冠军、最佳杭州诗词文化大使称号,并被保研至四川大学古代文学专业继续深造;馆员彭羽佳荣获校女教职工"经典天天读"演讲比赛二等奖以及安徽省首届"诵读经典,飞扬青春"微阅读诵读大赛一等奖等。每一项活动都是我们对经典传承的努力,是我们在向经典挥手,向经典致敬(图 16)。

图 13 古籍体验

图 14 书法绘画体验

图15　剪纸、汉服设计大赛

图16　培育经典传承人

每项活动我们都力求创新。围绕经典这一载体,我们形成了宣传、阅读、体验、传承四个层次。我们努力在突出经典阅读推广的主题、活动的内容以及活动形式上下功夫,力争做到每一项活动都有较高的参与度和影响力,有效激发我校广大学子阅读经典的兴趣,提高文化经典的影响。同时我们还在经典导读与品味上下功夫,邀请专家学者参与指导活动,如"心影相随　共赏经典"悦读活动、敬文书话等,这不仅契合了广大读者的阅读心理,而且提升了经典阅读的效果。

活动顺利开展的同时我们也在进行一定的思考,努力做到"思"与"行"的有机结合。首先是要建立长效机制,经典阅读宣传推广作为阅读推广的一项重要活动,应该成为一种常态化的工作,并且由相对固定的专业团队进行策划、实施与评估,保证活动的可持续性。其次是打造文化品牌,将经典阅读推广活动品牌化,既能保证活动的连续传承性,又能在读者群中形成固定的影响力,有利于后期成果的保存和后续活动的开展。再次是我们需要拓宽宣传渠道,拓宽经典阅读推广的路径,利用 QQ、微博、微信等社交媒体及 app,或智能手机、kindle 等移动客户端。这些新型工具可以快速进行宣传推广,为读者提供便捷的服务。最后是注重实际效果,以注重实际效果为目标,延伸经典的内涵和范围,培育众多优秀教师和学生读者代表,通过榜样的力量辐射本校及周边高校,带动一大批读者参与其中。

5 结语

在物质化社会不断发展的今天,经典阅读的推广是有其现实意义的,它是时代的召唤,是人民的选择。具有丰富文化价值内涵的经典是我们创建美好精神家园的不二之选,也只有精神园地得到很好的发展,我们才能更好地投身社会建设,才能真正实现生而为人的内在价值,让自己的人生散发不一样的光彩。

经典永流传,书香能致远。经典是我们阅读旅程中必不可少的内容,是我们重要的生命体验之一。阅读经典不仅是为了获取知识,也是为了悠久文化的发展与传承,在一定程度上来说,经典阅读推广对个人的全面发展以及文化的继承与传播是有重要意义的。因此,作为公共知识集合地的图书馆应当积极开展经典阅读推广工作,响应全民阅读的号召,依托网络,转变传统阅读模式,在网络阅读的基础上倡导经典阅读精神,以科技促文化,提升经典阅读的关注度;联动校院,扩大经典阅读推广的影响力,提高广大读者的参与度。另外,努力构建全方位、多方式、立体化的阅读推广体系,在完善图书馆自身建设的同时,为广大读者提供更优质的服务,打造书香校园。

高校图书馆创新服务队伍综合素质建设
——妙用"馆运会"

王伟赟　王家玲　储杨
（铜陵学院图书馆）

1　案例背景

习近平总书记指出，中国强起来要靠创新，创新要靠人才。图书馆的核心工作是服务读者，图书馆发展要靠创新服务，创新服务要靠人才。图书馆的服务创新大致可以概括为技术手段的创新、馆藏资源的创新、环境营造的创新等。然而无论是哪种服务创新，创新想法的提出、创新项目的创造、创新服务活动的实施都离不开图书馆人。因此，图书馆创新服务队伍的建设是开展创新服务的首要任务，是图书馆创新服务的根本动力。

近几年，随着高校图书馆的不断发展，馆员队伍不断壮大。高学历高素质的青年人才不断引进，为图书馆注入了大量的新鲜血液。然而，图书馆并没有像我们想象的一样，因为新鲜血液的注入而朝气蓬勃、创新不断、充满活力。究其原因，主要在于以下几点：第一，新引进的馆员虽有高学历高素质，但缺乏为读者服务的经验，加之图书馆工作受学校重视程度不够，使得他们的积极性受挫，缺乏工作热情；第二，老馆员虽然日常业务熟练，服务读者经验丰富，但由于忙于长期的重复性工作，他们的工作热情日益减退，因此容易缺乏创新思想；第三，新老馆员之间缺乏交流与合作，新馆员没有归属感，整个服务团队缺乏向心力、凝聚力，在开展读者服务工作时，新老馆员及各部门馆员的协调配合度不够。

为打破上述格局，提升图书馆服务团队的综合素质，更好地开展创新服务工作，我馆通过举办"图书馆全体馆员及志愿者运动会"（简称"馆运会"）的方式，为新老馆员和志愿者提供一个自我展示、沟通交流、互助合作、业务技能提升的平台。"馆运会"不但活跃了图书馆工作氛围，还增进了馆员之间交流，拉近了新老馆员之间、馆员与志愿者之间的距离，增强了他们的归属感，从而增强了整个服务团队的向心力、凝聚力。

2 案例介绍

我馆"馆运会"自 2010 年以来共举办了六届,"馆运会"的项目内容和形式不断创新,项目的设置结合全体参赛人员的具体情况,经过反复讨论、实践,最终确定。我馆"馆运会"的项目设置大概可分为四大类:促进身体素质的体育竞技项目,促进团队凝聚力的团队协作项目,提升业务技能的技能提升项目和增进师生感情的师生联谊项目。

2.1 体育竞技项目

身体是革命的本钱,锻炼图书馆人的身体素质是"馆运会"的首要目的。我馆六届"馆运会",共设体育竞技项目 20 多项,如抱球跑、送鸡毛信、飞镖、转呼啦圈、跳绳、足球定点射门、夹弹子等。馆员和志愿者可根据自身优势选择参与。这些体育竞技项目虽是以趣味性为前提,但也具有极大挑战性。比如,送鸡毛信,选手在起跑前记下一串手机号,抵达终点之后再迅速默写出来,快跑中无杂念分神,不受外围环境干扰,要求选手跑得快、记得准,这不但锻炼了选手的身体素质,还锻炼了选手的专注力(图 1);夹弹子,选手是用筷子将一个盆里的弹珠快速而稳定地夹到另外一个盆里,这不但要求选手眼明手快,还要求选手能快中求稳,沉心静气(图 2)。

图 1 送鸡毛信

图 2 夹弹子

2.2 团队协作项目

服务团队的凝聚力是创新服务的基本前提。我馆为增强图书馆人的团队协作能力,拉近图书馆人之间的距离,提升服务团队的凝聚力,在"馆运会"中设置了大量的团队协作项目,如接力夹弹子、心有灵犀、赛龙舟、穿针引线、接力投球、踩气球、传呼啦圈、集体造句、螃蟹赛跑、两人三足等。集体项目由馆员与志愿者自愿报名,抽签分组,这样一来,打破了部门的局限,增进了各部门馆员之间、馆员与志愿者之间的交流合作。团队项目要求同组选手进行多次沟通交流、相互协作、默契配合,才能顺利完成。比如,踩气球,场内置若干气球,每队 2 人,1 人蒙上眼睛,另 1 人用语言指挥蒙眼人用脚去踩气球,用时 2 分钟,踩破多者为胜,这就要求同组选手在赛前商量好谁来指挥,谁来踩气球,还要进行大量练习,反复磨合,最终才能默契配合(图 3);赛龙舟,4 人一组,每位选手要手脚敏捷,配合默契(图 4);传呼啦圈更是需要 8 人协作,通过肢体接触,拉近图书馆人的距离(图 5)。

高校图书馆创新服务队伍综合素质建设

图 3 踩气球

图 4 赛龙舟

图5　传呼啦圈

2.3　技能提升项目

图书馆人的业务技能是为读者服务的最基本前提,只有熟练掌握了这些业务技能才能更好地为读者服务。为提升图书馆人的业务技能,我馆"馆运会"还设置了与图书馆业务技能相关的项目,如好书你猜、信息检索、朗读经典等。好书你猜,是一个集体项目,4人一组,1人通过对我馆馆藏的经典图书的内容、作者、书中的名言名句进行描述,让其他3人来猜出书名,这不但要求队友协调合作,还要求队员对我馆馆藏的经典图书非常熟悉(图6);信息检索更是要求图书馆人熟悉我馆电子资源,熟练掌握信息检索技能(图7);朗读经典为图书馆营造了良好的文化氛围,也为阅读推广做好示范(图8)。这些项目都与图书馆日常工作息息相关,有助于提升图书馆人的业务技能。

图 6　好书你猜

图 7　信息检索

图 8　朗读经典

2.4　师生联谊项目

师生联谊项目,是我馆"馆运会"的一个亮点。我馆"馆运会"不只是图书馆馆员的运动会,还吸纳了图书馆志愿者理事及优秀志愿者参与(图 9)。志愿者通过自主报名,可以参与到"馆运会"的所有项目中。师生联谊项目拉近了馆员与志愿者的距离,也拉近了馆员与读者的距离,因为志愿者是联结馆员与读者的纽带。通过与志愿者的合作交流,可以了解到读者的实际需求,从而更好地为读者服务。志愿者参与到"馆运会"中,使他们感觉到自己也是图书馆这个大家庭的一员,这给志愿者带来一种归属感,更加增强了他们的工作热情。另外,通过"馆运会"志愿者无论是体质还是业务能力,都能得到提升。

高校图书馆创新服务队伍综合素质建设　　　　　　　　　　　133

(a)

(b)

图 9　馆运会照片

3 案例成效

铜陵学院图书馆"馆运会"深受馆员和志愿者的欢迎,通过六年的举办,已取得一些成效,服务创新队伍的综合素质有了一定的提升。

1. 通过体育竞技项目和团队协作项目,图书馆服务队伍的身体素质和心理素质得到锻炼的同时,还增强了队伍的凝聚力,提升了图书馆影响力。这主要体现在两个方面,一方面是在校运会中,无论是个人还是团体,图书馆职工都在各个竞技项目中获得了很好的名次,连续多年获得了铜陵学院运动会教工组团体总分第一名的优秀成绩,大大提升了图书馆在整个学校的影响力。这不但是身体素质不断提升的结果,更是图书馆服务队伍强大凝聚力的体现(图10)。另一方面,体现在图书馆的一些非日常性的工作中,因为任何一项新活动的开展、新项目的实施、新系统的推出,对图书馆服务队伍来说,都是没有先例可循的,只有图书馆服务队伍自己摸索,通力合作,才能顺利推进。比如,RFID自助借还项目的实施,世界读书日的活动开展,图书推荐系统、一理通系统、图书馆入馆考试系统等新系统的推出等。

图10 图书馆所获奖项

2. 通过"馆运会"中业务能力提升项目以及馆员之间的相互交流和学习,服务队伍的业务水平提高,科研水平也得到了提升。老馆员通过与高学历的青年馆员沟通交流,接触到更多的服务创新思想和理念,青年馆员也从中学到更多的工作经验。近几年,铜陵学院图书馆在安徽省高校图书馆的各类评选活动中多次获得"先进集体""先进馆员"等荣誉称号,在图书馆的各类征文比赛、图书馆知识比赛中也屡获佳绩,连续两年获得全民阅读先进单位称号。这些都是整个服务创新队伍业务能力提高的表现。此外,铜陵学院图书馆馆员还主持了多个省部级项目,并在各类期刊杂志发表论文多篇,科研能力比往年有明显的提升(图11)。

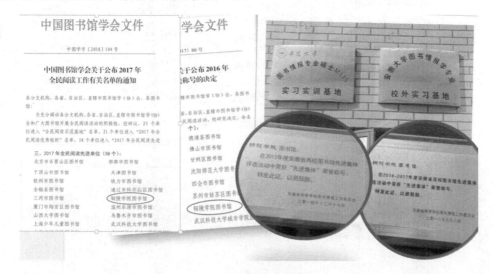

图 11　图书馆所获荣誉

3. 通过师生联谊项目,拉近了志愿者与馆员之间的距离,提升了志愿者工作热情,在与老师的交流沟通中他们的业务能力也得到提高。志愿者除了在书库帮助流通部老师们整理书架以外,还积极活跃在图书馆的 QQ 服务群,积极推广图书馆服务,为读者解答问题(图12)。志愿者核心队员还担起"小小老师"的工作,负责新生入馆教育和新入志愿者的培训工作(图13)。

4　结语

"馆运会"的举办,不但强健了图书馆人体质,增强图书馆人凝聚力,活跃了图书馆人工作氛围,提升了图书馆人业务能力,还拉近了志愿者与馆员的距离,提升了志愿者的工作热情和业务能力,使整个图书馆服务团队的综合能力有所提升。但是,图书馆服务团队建设任重道远,还有很多未尽完善的地方,和很多先进馆还有较大的差距。我馆将在继续保持"馆运会"活动的前提下,开展更多的馆员活动,打造更加强大的图书馆服务团队,为创新服务的开展垫牢基石,更好地为读者服务。

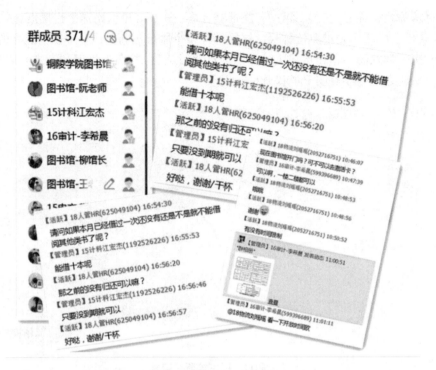

图 12　图书馆 QQ 服务群

图 13　培训现场

基于条码技术的文献架位导航系统

方浩军　朱建军　杨春节　龚健　章恒　王郁葱　顾浩
（安徽农业大学图书馆）

1 项目背景

"大流通"是图书馆一种全新的服务模式，开架借阅可使读者充分了解、接触文献，满足读者的各种信息需求。但由于传统的图书排架方法具有很强的专业性，读者往往缺乏这方面的知识，在借还、阅览图书文献时，常遇到查找困难，造成图书乱架等问题，严重影响到读者的阅读体验。由于工作量巨大，图书管理员整架的速度时常赶不上乱架的速度，这在某种程度上降低了图书馆的服务质量。

本系统在借鉴RFID技术的基础上，利用条形码技术，提出一种基于"架标条码"与"图书条码"相结合的图书文献典藏定位系统。图书馆利用现有管理系统中的书目数据，通过微信、掌上安农等应用程序，采用自建加共享的方式，将图书文献的借阅条码与图书文献典藏架位（位置）关联起来，产生图书文献的架位信息数据库。利用图书架位信息，图书管理员可以通过扫码（图书借阅条形码）查看该文献的典藏架位信息，做好图书文献归架整理工作，提高管理工作效率，从而在一定程度上解决图书乱架的问题。另一方面，读者使用微信、掌上安农、OPAC查找某一图书时，可以利用该系统快速获取到图书所在的架位号（存放位置），方便图书的查找、利用。

2 系统设计

2.1 系统架构

本系统将运用软件工程思想，以面向对象设计和结构化设计相结合的方法，先总体后局部，自上而下，逐步求精。在需求分析阶段，通过调查研究的方法，对系统建设的需求和拟解决的问题进行调查、总结。在需求分析的基础上进行系统、详细的设计和数据库设计,制订系统开发计划。系统开发完成后,选取 A 类(中图法)图书在此系统中进行建设,完成系统测试、优化。系统使用 Java 语言和 MySQL 进行开发,采用 SSH 框架的 MVC 开发模式(表现层、业务逻辑层和数据服务层)。开发流程图如图 1 所示,系统结构图如图 2 所示。

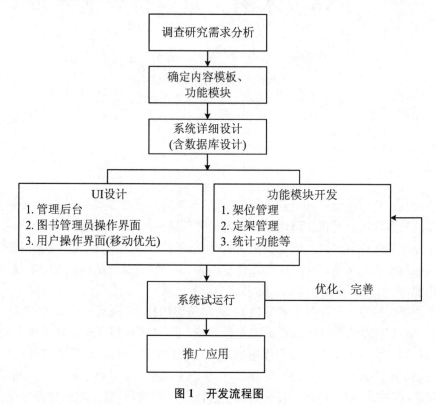

图 1 开发流程图

系统设计主要有以下几个特点:

(1)在不影响图书馆管理系统的运行和数据安全、不增加服务器负载的前提下,图书管理系统书目数据与文献架位导航系统数据通过 ODI 工具实现定时同步复制,建立"中间库"。

(2)图书上架时使用图书架位导航系统实现图书定架,上架时存储图书位置代码。

(3)图书馆管理系统与图书架位导航系统有机融合,用户可在图书馆管理系统公共检索(OPAC)上获取图书架位导航系统提供的位置信息,使得检索更加高效。

(4)PC 端加移动端,可以对资源进行高效检索与利用,用户体验得到提升。

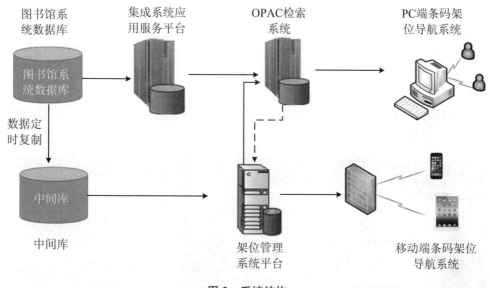

图 2　系统结构

2.2　功能设计

系统功能模块主要分为管理端、数据加工端和应用端三个部分。系统总体功能如图 3 所示。

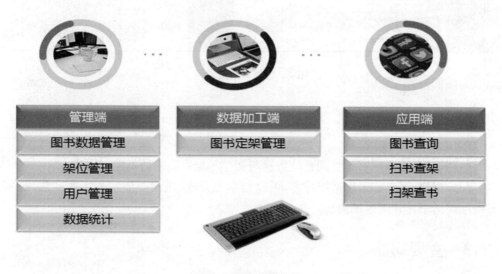

图 3　系统总体功能

2.3 数据库设计

数据库主要包含图书表、架位代码表、图书位置表。图书表用于存储图书信息，包含图书条码、题名、责任者、索书号等。架位代码表用于存储架位信息，包含位置代码、书架代码等。图书位置表用于存储图书与书架位置的关联关系。三张表通过图书条码、存放位置等字段相互关联(图 4)。

表名	books				
描述	存放图书信息				
列名	名称	类型	是否必填	备注	验证序号
id	序号	bigint	是	自增、主键	0
djh	登记号	varchar(10)	是		1
tstm	图书条码	varchar(10)	是		2
ssh	索书号	varchar(20)	是		2
isbn	ISBN	varchar(20)	否		3
tm	题名	varchar(60)	是		4
cbs	出版社	varchar(60)	否		5
cbrq	出版日期	varchar(10)	否		6
jc	卷册	varchar(10)	否		7
jg	价格	varchar(8)	否		8
rgrq	入馆日期	varchar(10)	否		9
catagoryno	分类号	varchar(10)	是		10
orderrange	书次号	varchar(10)	是		11
sshvolume	索书号-卷册	varchar(10)	是		12
zrz	责任者/作者	varchar(100)	是		13
tsz	图书状态	varchar(6)	否	字典tstz	14

表名	bookshelf				
描述	存放位置代码表				
列名	名称	类型	备注		验证序号
id	序号	bigint	自增、主键		0
positionno	存放位置代码	varchar(10)			1
shelfno	书架代码	varchar(10)			2
catagoryno	索书号分类号	varchar(10)			2
orderrange	书次号范围	varchar(10)			3
volume	卷册范围	varchar(5)			4
bz	备注	varchar(60)			5

表名	Booksposition				
描述	存储订单				
列名	名称	类型	是否必填	备注	验证序号
id	序号	bigint	是	自增、主键	0
positionno	存放位置代码	varchar(10)	是		1
tstm	图书条码	varchar(10)	是		2
bz	备注	varchar(60)	否		3

图 4 数据库结构设计

2.4 接口设计

数据接口：实现图书馆管理系统数据与架位导航系统的数据定时同步。

门户接口：客户端采用适配技术，可以与掌上安农、微信等应用程序实现集成；服务器端与图书馆管理系统集成。

3 主要功能

系统功能模块主要分为管理端、数据加工端和应用端三个部分。

3.1 管理端主要功能

管理端主要功能包含图书数据管理、架位管理、用户管理和数据统计等,该模块主要供管理员使用。

图书数据管理:对从图书馆管理系统中复制来的数据进行管理,对可以抽取的图书数据,根据图书题名、责任者、索书号、条形码号等款目进行查询管理(图 5)。

架位管理:该功能模块可以统一管理图书馆的架位信息,将位置编码与位置描述对应起来(图 6)。

用户管理:该模块可以管理系统用户、分配权限、统计等信息。

数据统计:统计已定架数据及图书管理员上架工作量等。

图 5　图书数据管理

图 6　架位管理

3.2 数据加工端主要功能

数据加工端主要功能包含数据加工和图书文献定架管理,该模块主要供图书管理员使用(图7)。

图7 图书定架管理

图书文献定架管理:图书管理员在上架图书时使用手机或无线扫码枪分别扫描架位条形码和图书条形码,实现定架。

3.3 应用端主要功能

应用端主要功能包含图书查询、扫书查架和扫架查书功能,该模块主要提供给读者使用。

图书查询:可以通过图书馆管理系统 OPAC、掌上安农、微信、小程序等查询图书及架位信息(图8、图9)。

基于条码技术的文献架位导航系统　　　　　　　　　　　　　　143

图 8　数据加工端导航 OPAC 检索

图 9　架位信息页面显示

扫书查架：扫描图书条形码查询图书所在架位（图 10）。

扫架查书：扫描架位条形码查询该架所有图书文献。

(a)　　　　　　　　　　(b)

图 10　扫书查架、扫架查书

4　应用技术

系统应用技术主要包括：ETL 技术（数据仓库技术）、条码技术、H5 技术、多终端适配技术四个方面。

4.1　ETL 技术

ETL 技术用于描述将数据从来源端经过萃取、转置、加载至目的端的过程。ETL 包括数据的抽取、转换、加载。数据抽取是指从源数据系统抽取目的数据源系统需要的数据；数据转换是指将从源数据获取的数据按照业务需求，转换成目的数据源要求的形式，并对错误、不一致的数据进行清洗和加工；数据加载是指将转换后的数据装载到目的数据源。

ETL作为构建数据仓库的一个环节,负责将分布的、异构数据源中的数据,如关系数据、平面数据文件等抽取到临时中间层后进行清洗、转换、集成,最后加载到数据仓库或数据集市中,成为联机分析处理、数据挖掘的基础。

本系统利用Oracle的ODI工具,实现馆藏书目及典藏数据与文献架位导航系统的数据定时复制,更新到文献架位导航系统"中间库"中;文献架位导航系统所需要的图书馆馆藏目录数据可由应用管理平台提供支撑(图11)。

图11 数据交换技术应用

4.2 条码技术

条码技术的应用是指事先根据图书的排架方法,将书架按索书号范围定义一个架标码,书目数据更新时,可以根据编目书目数据中索书号所在对应的架标码索书号范围内,自动产生一个架位号(层架标条码),可提高图书上架定位的工作效率(图12)。

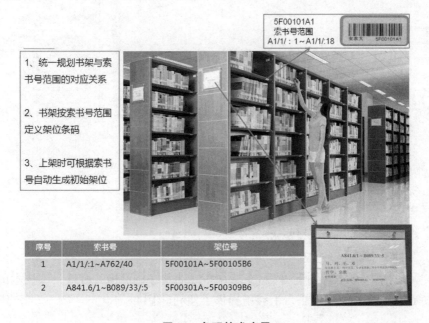

图12 条码技术应用

4.3 H5 技术

HTML5 是下一代 HTML 标准。其主要优势包括开发技术简单,研发周期短,用户接触成本低。用 H5 技术开发出来的应用在各个平台都能够适用,且可以在网页上直接进行调试和修改,开发和维护的成本较低,开发周期较短;强化了 Web 网页的表现性能。除了可描绘二维图形外,还准备了用于播放视频和音频的标签,追加了本地数据库等 Web 应用的功能。用 H5 搭建的站点与应用可以兼容 PC 端与移动端、Windows 与 Linux、安卓与 IOS,它可以轻易地移植到各种不同的开放平台、应用平台上,打破各自为政的局面。

本系统提供架位信息显示页面,支持多种信息(图书条码、书名、著者、索书号等)显示,可显示同架位当前图书的前后图书状态信息,并可对新上架图书提供标记(图 13)。

图 13　H5 技术应用

4.4　多终端适配技术

本系统采用 H5 技术进行开发,支持在多终端友好显示相关信息。该技术的应用也为系统在微信、小程序等平台上移植提供了便利(图 14)。

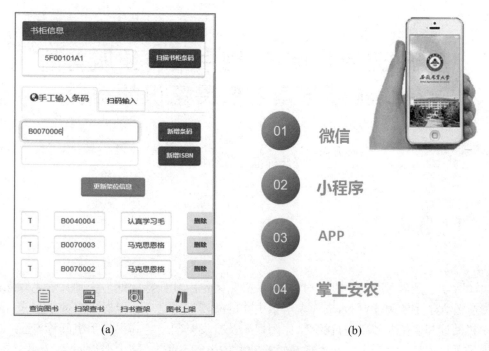

图 14 多终端适配技术应用

5 应用前景

通过我馆一段时间的实践应用,该技术在"为读者找书、为书找读者"的过程中取得了良好的效果,产生了一定的影响力。此项工作节约了大量资源,降低了管理成本。该方法通过建立图书基本的位置信息(原始架位号),还可以利用图像识别技术(VR、AR),将不在原始架位上的图书识别出来,以便更好地解决图书馆图书乱架的问题。同时,为智慧图书馆建设提供了实践范例。

基于"无手机阅读"图书馆传统服务的自我救赎与读者敬畏意识的培养

胡瑞　孙梦微
（安庆师范大学图书馆）

1　背景

大学生是最活跃的手机用户群体，手机阅读也因其独特的魅力受到大学生青睐，影响着大学生的阅读行为，成为大学生主要的阅读方式之一。但对大多数学生来说，手机阅读其实主要用于进行社交、休闲娱乐及打发时间。与其说是手机阅读，还不如说是手机依赖。读者把时间消耗在轻松随意的内容产品上，缺少严肃阅读、寻找式阅读，多的是偶遇式阅读、轻松阅读。基于此，国内高校图书馆手机阅读推广风生水起；回归经典无手机阅读也在摇旗呐喊。作为图书馆人，针对手机阅读推广，要主动应战，因为它是着眼于未来的；回归经典，推动无手机阅读更刻不容缓，因为这是立足于现在的。

离机实验的目的是通过这种方式告诉读者"没有手机，你是可以的"。暂时告别与外界的联系，心无旁骛，与书为伴。对图书馆来说，这是其传统服务自我救赎道路上的一次呐喊；对读者来说，这种无手机的状态，主观上是为使其告别浅阅读、碎片阅读，更深刻地领悟、习得知识，提升自我，客观上就是对知识，对文化，对创造知识、书写文化的人的敬重，对人类文明的一种敬畏。让"离机实验"系列活动形成稳定机制，有效持续地开展下去，最明显的效果是提升学生的阅读品质，引导学生形成良好的阅读习惯。

2　离机实验

离机实验，即上文提到的无手机阅读，是我们"回归图书馆，阅读经典"的一部分。之所以称之为"离机实验"，是因为设计者最初是希望以这种"引导性"的测试活动来探究大学生的阅读需求，了解后续活动的可行性及可持续性。笔者就以读者服务月活动中的一次活动来详细介绍一下离机实验。

基于"无手机阅读"图书馆传统服务的自我救赎与读者敬畏意识的培养　　149

　　首先是前期宣传。在活动准备阶段，我们进行了充分的宣传，既有传统的海报宣传，也通过校园网进行扩散，同时还利用新媒体向全校读者推荐。宣传资料截图如图1所示。

图 1　宣传资料

其次是报名点的设置。笔者所在馆面积不是很大,只有一个出入口,我们在入口处放置海报,设置报名点,并采取现场报名参加的方式。这样可以产生"群聚效应",可吸引一部分围观的同学前来参加(图2～图4)。

图 2　报名点

图 3　报名现场

基于"无手机阅读"图书馆传统服务的自我救赎与读者敬畏意识的培养　　151

图4　报名表

再次是时间设置。我们这次的时长设置是 5 个小时,开始时间以登记个人信息,封装好手机为准。中途可以随时离开。离开时,工作人员负责检查手机封装情况,登记离开信息。

第四是活动形式。有意向参加活动的同学,在报名点登记姓名、院系、年级、性别、手机号码,带着由工作人员用信封封装好的手机进入图书馆。最低有效时间为 1 小时,挑战 1 小时成功者可获小礼品 1 份。活动结束后,按照登记时长选出前 10 名,颁发奖品。

最后是实验结果。根据工作人员登记的表格,在 5 个小时的时间内有 75 名读者参与了这项活动。数据不容乐观,但也充满希望。不容乐观的是,在浅阅读、碎片阅读的时代大背景下,越来越少的人选择到图书馆读书。让笔者看到希望的是,来图书馆的人基本上都对这项活动感兴趣,很多参与者都询问了下次活动的时间。

根据表格统计,75 名参与者中男同学 33 名,女同学 42 名,性别比约 3∶4;从年级上来看大一读者 32 名,大二读者 14 名,大三读者 20 名,大四读者 9 名,年级比约 8∶3∶5∶2;从院系上来看,理工类院系同学 30 名,文史类院系同学 45 名,文理比 3∶2;从坚持时长上来看,只有一名大一同学中途放弃(57 分钟)但也非常接近实验设置的有效时长 1 小时。其他具体信息可参见表1、图5。

表1 年级、时长分布记录表

	不足1小时	1~2小时	2~3小时	3~4小时	4~5小时	5小时以上	合计
大一	1	19	5	4	3	0	32
大二	0	1	3	4	2	4	14
大三	0	6	5	8	1	0	20
大四	0	1	1	2	3	2	9
合计	1	27	14	18	9	6	75

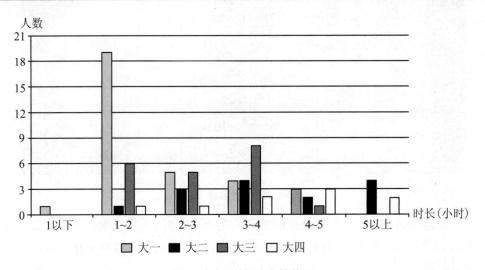

图5 年级、时长分布柱状图

从统计数据看,女同学比男同学进图书馆更频繁,也可以说女同学对这项活动更感兴趣。文科院系的读者比理科院系的读者更愿意到图书馆来,这也和笔者所在学校的专业设置以及专业性质有一定关联。相对来说,大一读者和大三读者的阅读欲望更强烈,这符合大学生生活规律,大一新生刚脱离高考,更多地保留了高中时期的学习热情,大二学生看似毕业遥遥无期,学习也不像高中那样有更大、更多的外部压力,容易自我放纵,对图书馆更是不感兴趣。大三学生感受到毕业和就业的压力,课堂时间缩短,促使有一部分同学反思,进而回归学习。大四学生忙于毕业论文、考研、找工作,故参加活动人数不多。值得注意的是,图书馆读者流失最严重的是大二的学生,而在实验中坚持5个小时以上的6人中有4人是大二的学生。这说明"回归图书馆,阅读经典"的计划关键在如何保证读者在大二时不流失。综合以上原因分析,我们绘制了原因分析图,以更加方便地展示,如图6所示。

图 6 原因分析图

3 效果及影响

如上所述,在移动互联网和智能手机普及的时代大背景下,泛在化阅读和浅阅读日益盛行并有取代传统阅读之趋势。但现阶段下移动阅读或者说手机阅读,从推广到开发再到阅读主体的阅读行为等各方面并不成熟。所以,倡导传统阅读还是很有必要的。正因如此,"无手机阅读"在社会上引起了强烈的反响。传统的纸质媒体,如新安晚报,网络媒体如安徽网、澎湃新闻等及电视和视频网站都对此进行了宣传和报道,并引起读者热议(图 7)。

(a)

图 7 "无手机阅读"活动相关新闻报道

(b)

(c)

图 7 "无手机阅读"活动相关新闻报道(续)

(d)

(e)

图 7 "无手机阅读"活动相关新闻报道(续)

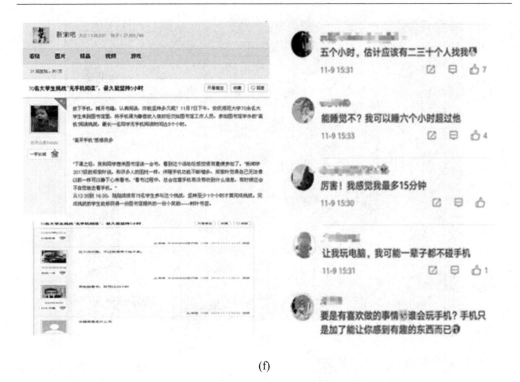

(f)

图 7 "无手机阅读"活动相关新闻报道(续)

4 后续活动及经验

  无手机阅读的"离机实验",是"回归图书馆　阅读经典"计划的一个环节。在后续的推广中,图书馆也拟定了类似的活动计划。

  首先是活动设计方面。一方面,挖掘我国传统节日,给无手机阅读赋予我们自己的文化意义。我国的传统节日并不只有大家熟知的春节、端午、中秋、重阳,如农历一月,如果深度挖掘,可以发现几乎是天天过节。文化挖掘和无手机阅读相结合即能提升读者的阅读质量,也可普及我们的传统文化,更能培养读者的敬畏之心。另一方面,可以在不同的库室开展无手机阅读。这些库室的书籍在其他库室中应有复本,不能因为活动地点影响读者的正常借阅。

  其次,在日常宣传方面要借助新媒体。手机阅读推广和无手机阅读推广不是水火不容的对立面,而是相辅相成的两个因素。之所以推广无手机阅读,是因为虽然互联网技术及数字出版物蓬勃发展,但质量也良莠不齐、零落分散,导致大学生阅读质量不高。无手机阅读推广是在手机阅读推广不成熟的情况下,对阅读理性回归的倡导。

最后是奖品设置。在"离机实验"中有围观同学表示对奖品不感兴趣,这也是值得关注的一个问题。从阅读角度来看,学生大致可以分为主动型读者、半主动性读者及被动型读者。对于主动型读者,参与离机实验通常仅仅是因为感兴趣,在活动中坚持3个小时以上的读者基本都属于主动型。半主动型读者到图书馆的目的性不明确,参加"离机实验"恰能打发时间,在离机实验中坚持1～2小时的读者基本属于半主动型。对于被动型读者,图书馆和食堂、寝室一样都是钢筋混凝土的建筑,这类读者不是来阅读的,但是他们是图书馆要积极争取的对象。如果图书馆在小礼品的选择上下功夫,很可能会唤醒一个读书的灵魂。

5 结语

时代背景下高校图书馆阅读推广要有坚守、有创新。在大学校园中,对阅读经典的坚守,高校阅读推广营销模式的创新,图书馆有义不容辞的责任。现阶段,大学手机阅读模式不成熟,学生对手机的依赖严重,图书馆要借助手机,借助互联网,借助新媒体,倡导无手机阅读和经典阅读。

滁州学院图书馆微信推送服务品牌
——原创力量

舒梦翔　辜庆志
（滁州学院图书馆）

1　品牌诞生背景

1.1　应用型本科院校图书馆微信服务存在的问题

移动互联时代，微信因其覆盖广、功能强成为了高校图书馆提供移动服务的重要窗口。省内应用型本科院校大多开通了基于微信公众号的综合服务，但在服务运行中，目前还存在一些问题，主要体现在如下三点：

1.1.1　服务集成

应用型本科院校图书馆的微信服务多以馆藏文献检索为主，其他读者服务还是主要通过官方网站提供。但由于用户对微信的依赖，读者期望能通过微信更加便捷地享用图书馆资源访问、事务办理等服务。这在技术上不难实现，微信接口丰富、粘合度高，图书馆可以通过第三方应用实现许多功能，通过增派人手实现快速的线上业务办理也不是难事。

1.1.2　咨询需求

微信的社交特性使得读者期望不止能利用公众号咨询微信服务使用的问题，更能及时获得关于图书馆其他各方面情况的具体答复，尤其应用型本科院校的学生对图书馆认知不高，他们的问题具体而繁多，当前高校图书馆微信咨询服务不能很好地满足这种需求。目前，图书馆微信咨询主要由三类构成：① 类似网站，在公众号菜单上提供常规的入馆指南。这种指南简单宏观，且需要读者自行阅读查找，效果不好；② 关键词自动回复。涉及关键词的读者问题会有固定回答，但公众号嵌入多方平台，关键词配置繁琐且难以全部覆盖；③ 人工回复。管理人员在后台看到读者留言后给予人工解答,这种方式往往时效性差且容易遗漏问题。

1.1.3 图文推送

微信图文发布是公众号运营、宣传、服务的重要手段,是新媒体特性的集中体现,但当前应用型本科院校图书馆在这方面做的普遍存在不足,这主要表现在:① 内容及形式上以网站通知为主,不具备新媒体特征,难以吸引读者;② 大量转载大众化通俗阅读图文,促进大学生阅读、学习的意义不强;③ 学生为成编辑图文的主力军,内容或与图书馆无关,或推送价值不大。

1.2 滁州学院图书馆微信服务现状及改进思路

1.2.1 滁州学院图书馆微信服务现状及存在的问题

滁州学院是安徽省地方应用型高水平大学,其图书馆于 2015 年 11 月开通了微信公众服务号,开通的主要目的是实现读者在校外网及移动端的文献检索,因此利用有关接口接入了文献管理系统的微信公众平台。读者通过公众号可体验绑定、检索、查询、续借、预约、荐购等一系列文献信息服务,平台可新建独立的微信图文页面,并能对绑定读者自动发送借还书、超期提醒等信息。由于提供与图书馆文献相关的便利服务,图书馆公众号迅速集聚了众多读者,在此基础上图书馆微信又陆续集成了资源访问、座位预约、自助打印等多项服务,服务集成满足了读者需求。但公众号在读者咨询和图文推送上却存在一些不足,一方面,大量读者关注公众号后会提出非常多的问题,这些问题与文献检索信息混在一起,人工既难以识别也难以及时回答;另一方面,公众号集聚了如此多的用户,是一个宣传推广的好平台,但该馆在图文推送上既不频繁,内容又多为转载或通知,缺乏特色,效果不佳。

1.2.2 针对问题的改进思路

在读者咨询上,期望利用文献管理系统的微信平台构建自助咨询系统,采用推送的手段,对于非检索内容的文字能自动提供系统入口,读者能通过系统快速查询到所问问题的解答。为此,咨询系统必须对信息进行分门别类,覆盖常见的读者问题,并及时随实际情况更新。对于系统未收录的问题应人工介入回答,并依情况收录进系统。咨询系统入口必须简洁明了,醒目标出重要事项,系统应承担一定的入馆教育功用,能加深读者对图书馆的了解和利用。

充分利用服务号每月 4 次,总数可达 32 篇的图文推送机会,立足图书馆状况及本校读者的教学科研实际,由馆员主导,大胆创新,以新颖的内容和手法深入挖掘应用型本科院校图书馆的知识内涵,在新媒体上突显图书馆的教辅职能,打造唤起学子读书、学习兴趣的图书馆课堂,树立图书馆的新形象。

按照这两条思路,通过综合利用原始的微信公众平台和接入的文献管理微信平台,笔者进行了大量实践,取得良好效果,最终形成了一个名为"原创力量"的微信推送品牌,并成为滁州学院图书馆新媒体服务的特色项目,以下为详细介绍。

2 品牌主要内容

2.1 馆儿答疑

馆儿答疑是应用于滁州学院图书馆微信平台上的自助咨询系统,馆儿是该馆微信公众号的昵称(后文出现馆儿的地方意同)。它从用户角度对公众号的自助回复进行改进,将读者面对图书馆会产生的所有问题分门别类,利用专门页面统一解答,构建索引指向这个解答页面,摒弃菜单式入馆指南和关键词识别回复这两种常用办法,对任意留言推送索引,读者通过索引可快速找到解答。

馆儿答疑的具体构成方案为:① 利用文献管理系统的微信平台构建解答页面,将读者常问的问题、需要注意的事项及图书馆希望读者知晓的信息统一回答或列出,将问题及解答按标号排序。② 利用文献管理系统微信平台的图文指令构建问题索引,对涉及的问题进行提炼说明,并列出问题标号,同一个方面的问题标号合并呈现。每个标号均链接到统一解答页面,可通过点击跳转,而极重要的内容直接在索引里醒目登出,无需跳转。③ 当读者使用检索功能输入文字时给出检索结果,其他任意文字留言都实时推送构建的索引。④ 读者通过阅读索引,记住涉及问题的标号,再点击标号,打开统一解答页面,按顺序进行查找。⑤ 跟踪读者咨询留言,按实际情况对统一解答页面里的问题动态更新,确保能够反映多数读者的需求。⑥ 通过让读者阅读问题索引及查找解答页面,系统能发挥一定的入馆教育功用,这也是系统采用需要查找的统一页面而非精准指向的分散页面解答问题的原因(图1、图2)。

馆儿答疑的构建可以用四句话概括:问题标号,统一解答;索引呈现,留言推送;记住标号,点击查找;动态更新,反映需求。

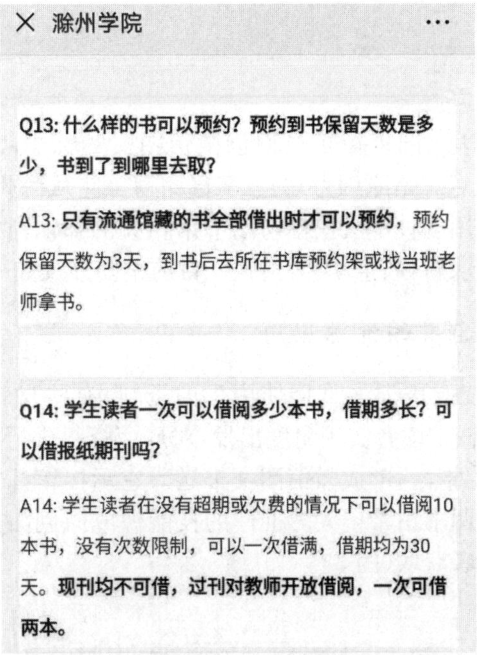

> ✕ 滁州学院

Q13: 什么样的书可以预约？预约到书保留天数是多少，书到了到哪里去取？

A13: 只有流通馆藏的书全部借出时才可以预约，预约保留天数为3天，到书后去所在书库预约架或找当班老师拿书。

Q14: 学生读者一次可以借阅多少本书，借期多长？可以借报纸期刊吗？

A14: 学生读者在没有超期或欠费的情况下可以借阅10本书，没有次数限制，可以一次借满，借期均为30天。现刊均不可借，过刊对教师开放借阅，一次可借两本。

图1 "馆儿答疑"统一解答页面截图（部分）

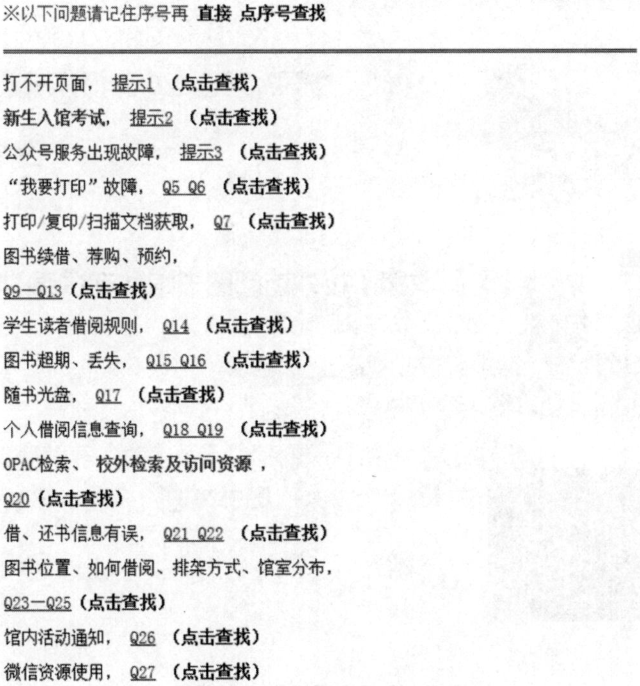

※以下问题请记住序号再 **直接 点序号查找**

打不开页面，提示1（点击查找）
新生入馆考试，提示2（点击查找）
公众号服务出现故障，提示3（点击查找）
"我要打印"故障，Q5 Q6（点击查找）
打印/复印/扫描文档获取，Q7（点击查找）
图书续借、荐购、预约，
Q9—Q13（点击查找）
学生读者借阅规则，Q14（点击查找）
图书超期、丢失，Q15 Q16（点击查找）
随书光盘，Q17（点击查找）
个人借阅信息查询，Q18 Q19（点击查找）
OPAC检索、校外检索及访问资源，
Q20（点击查找）
借、还书信息有误，Q21 Q22（点击查找）
图书位置、如何借阅、排架方式、馆室分布，
Q23—Q25（点击查找）
馆内活动通知，Q26（点击查找）
微信资源使用，Q27（点击查找）

图2 "馆儿答疑"问题索引截图

2.2 SOO 出品

SOO 出品是滁州学院图书馆馆员原创微信图文的标志,SOO 为英文"Strength Of the Original"(中文意思是原创力)的首字母缩写。它从滁州学院师生教学科研的实际情况出发,综合运用多种手法挖掘与图书馆相关的知识内涵,用新媒体打造出学子的图书馆新课堂,力求新颖、生动、吸引人。目前主要涉及如下八个方面:

2.2.1 图书馆自身的资源应用

图书馆的资源及技能培训多直接使用厂商资料,有些材料的针对性不强,于是 SOO 出品就由馆员从该馆读者实用角度出发,对厂商资料进行加工,编写符合该馆读者实际需求的资源应用指南,形成微信图文推送。它承接馆儿答疑部分功能,将一些读者集中反映的问题、图书馆希望大力推广的技能做成原创图文,在群发后将链接添加至答疑系统,方便读者获取(图3)。

图3 资源应用推送实例截图

比如,针对校内、校外、电脑和手机用户,系统会介绍如何选择超星的资源及平台;推广中国知网检索、下载、工具使用的一些小窍门;总结校外访问图书馆数字资源的种种途径;归纳图书馆文献传递、进阶检索、参加活动的一些常用技能等。

2.2.2 图书馆有关数据的创新分析

SOO出品从特定群体角度创新分析图书馆纸质、电子借阅数据。比如,从系科、年级、新生、毕业生等角度对图书馆借阅数据进行分析比较,引入新的衡量指数、图表,以合并版本等新方法给出借阅排名书单等(图4)。

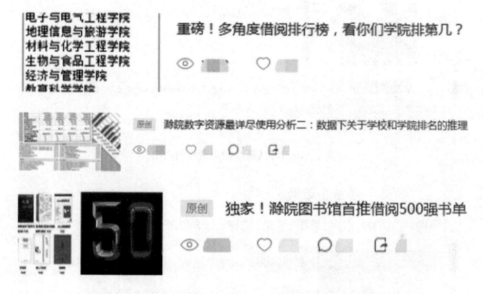

图4 数据创新分析推送实例截图

2.2.3 热门考试中的新话题

从英语四六级、考研、招考公务员等热门考试中提炼与图书馆有联系的知识性话题。比如,倡导英语四六级备考要重视课本学习,通过考证英语专八试题来源介绍外文检索知识,采访公务员系统的行内人介绍公务员考试的职位选择与考试准备等(图5)。

图 5　热门考试新话题推送实例截图

2.2.4　学生学习指导帮助

从学习态度、方法、心理、思维、情绪、精神，劝学和激励等方面倡导学习(图 6)。

图 6　学生学习帮助推送实例截图

2.2.5 微信专项特色

在微信图文里推出一些与读者产生联系、易于互动的内容。比如,限时留言荐购图书、图文阅读有奖答题、公众号昵称征集、优秀读者访谈、图书馆的学生暑期实践成果、校园主播专题朗诵等(图7)。

图 7　微信专项特色推送实例截图

2.2.6 热门新闻的图书馆属性挖掘

从热门新闻中找到与图书馆相关的知识内核。比如,通过霍金论文开放下载的新闻,介绍剑桥大学的资源开放获取周以及其机构知识库——Apollo平台的使用方法;关注哈佛燕京图书馆中文善本数字化完成的新闻,介绍如何在线浏览、下载这些善本资料;针对偶像团体防弹少年团登上《时代》杂志封面的热搜,翻译这期中关于他们的访谈文章等(图8)。

图 8　热门新闻的图书馆属性挖掘推送实例截图

2.2.7　学生感兴趣话题的知识性评述

对于学生喜闻乐见的体育、音乐、电影、娱乐、文化、时事等方面信息进行知识性挖掘,这是 SOO 出品里占比最多的一项内容。比如,通过年轻人喜欢的 EDM(电子音乐),介绍电子音乐的制作及相关数学、物理知识;通过谈论受关注的抖音 app,介绍关于创新的要义;用高等数学知识解说双十一的热门特征等(图 9)。

图 9　兴趣话题评述的推送实例截图

2.2.8 下水作文式阅读推广

馆员写文学性文章,以推广阅读、推崇学习。比如,笔者通过着笔初雪,唤起了学生对中国新诗的关注等(图10)。

图 10　下水作文式推送实例截图

2.3　别让好书受冷落

该栏目用于推广电子阅读和推荐专业图书,以期学生能多用、善用电子阅读,提升阅读层次。它的核心功能是文献传递,将该馆未收录的所荐文献通过热心读者QQ群发送电子版。若版式合适的,还会在馆内信息发布机上被"播放"(图11、图12)。

栏目推荐的资料主要包括:① SOO 出品里涉及的图书等内容;② 市面上新出版的适合我校学生的专业、高质量图书,如中国图书评论学会每月评选出的中国好书;③ 图书馆新入馆藏、学校教师推荐、知名机构推崇的优秀专业图书。这些文献中绝大部分都是全网独家免费分享的电子书,主要由该馆与资源商沟通提供。

资料在提供时会发布"免责声明",明确表明文献只用于校内个人学习或科研,声明承诺一旦有人反映侵权,会及时取消该文献的分享。为确保文献仅被传递给在校师生,将侵权风险降到最低,分享资料的热心读者QQ群成员均需通过实名验证。

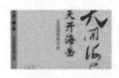

图 11　别让好书受冷落主题推送实例截图

图 12　信息发布屏"播放"图书实拍

2.4 馆儿·千语

该栏目专门向读者推送关于读书学习的文章,包括读者的投稿、比赛作品、在OPAC页面发布的书评等。因为一般要求登出文章至少有1000字,故取名"千语"(图13)。

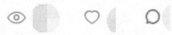

图13 馆儿·千语推送实例截图

3 品牌内涵释义

品牌名"原创力量"来源于"图书馆原创"和"知识就是力量"两个概念的合成,因此英文译为Library Knowledge,目前就由上述馆儿答疑、SOO出品、"别让好书受冷落"和馆儿·千语四个部分组成。它的logo如图14所示。

图14 原创力量logo

品牌 logo 上方图案寓意新媒体的屏幕及排列的图书,并嵌入滁州学院校徽,下方图案寓意黑板,并以粉笔板书形态展示英文 Library Knowledge,logo 中间用大字体写出"原创力量"四个汉字。logo 整体意图表现滁州学院图书馆新媒体推送的知识属性。

品牌的构成逻辑是:馆儿答疑首先解决读者入馆教育的问题,接着解决读者更高阶层的学习、阅读需求用 SOO 出品满足,而 SOO 出品里涉及的资料由"别让好书受冷落"提供,最后用馆儿·千语号召、激励读者把读书学习的感受心得写出来,从而影响更多的人。这四个部分即为"问,学,读,写",像构成了图书馆知识能源的一条输送线路,汇聚而成"原创力量"品牌。

4 品牌创新点

4.1 新的指导思想及推送主体

原创力量从用户角度出发,立足该馆学生读者实际,走出了一条创新之路。在指导思想上突出应用型本科院校特点,认为推送服务既不能像公共图书馆等那样偏向大众化,也不能盲目学某些重点高校、学术机构而过于专业。本科院校大学生的学习、阅读必须与社会大众有所区分,必须强调专业性,而不能流于通俗。因此,该品牌首先摒弃公共图书馆、社会阅读平台式的推送服务,况且公共图书馆及社会阅读平台具有的行政背景和商业支持,普通高校图书馆也难以匹敌,想套用他们的推送形式并不现实。有些重点高校图书馆或学术、科研机构面对的用户往往比应用型本科院校的学生专业背景更强,学习他们的推送风格有时并不能引起本校学生读者的共鸣。应用型本科院校的图书馆必须走一条独立的微信推送服务新路。

推送主体上,原创力量以图书馆馆员为主,不像众多高校图书馆由组建的学生新媒体团队承担。馆员最了解图书馆,知识储备及看待问题的角度一般会更清晰,他们主导推送可以更好地挖掘图书馆的知识属性,推进图书馆资源利用,而不会让推送仅呈现图书馆宣传及公众号活跃的功用。

当然这样的推送风格也对馆员提出了更高的要求,馆员首先要具备一定的新媒体写作、编辑能力,并不断精进;其次要有广泛的知识积累,对各学科常识都了解一二;接着还要普遍性地关注时事,上至学术、政治,下至娱乐、体育,都能知晓热点、动态;最后馆员要有较强敏感度,能在时事中发现好的推送角度,能巧妙制造话题,提升图书馆的"存在感"。

4.2 新的图文编辑及推送手法

品牌巧妙地将腾讯的微信公众平台和汇文文献管理系统的微信图书馆平台相结合,以图文推送构建答疑系统,将 SOO 出品、馆儿·千语等栏目的图文利用专门页面汇总,读者可通过点击公众号菜单、扫描或识别二维码等方式进行访问。

品牌图文编辑手法新颖,像某些广告、文艺作品一样形成独特风格,给读者留下了深刻印象。品牌较好地把读书学习与令读者感兴趣的内容结合起来,效果就像老师上课会"讲段子",课程引入得出色。具体来说有以下四种结合的手法:

4.2.1 关联

找到要推送的图书学习内容与流行话题相似的地方,即发现共核,由话题关联到知识。比如,某些歌手研究不同的流行歌曲,从中发现相似的地方提取拼接,形成一首新的作品。笔者就将此话题与论文写作里的文献综述关联起来,探讨如何写好文献综述的新话题。

4.2.2 嵌入

把读书学习的知识嵌入到其他受关注的内容去表述,当然这是在两者有相似度,能共核关联的情况下的逻辑嵌入,而非生硬插入。比如,李克强总理答记者问,笔者根据总理回答的问题嵌入能相关联的图书介绍(图15)。

图 15　嵌入式手法图文推送实例截图

4.2.3 通感

通感,是语文上的一种修辞手法,本意指用形象的语言使感觉转移,将本来表示甲感觉的词语移用来表示乙感觉。这里的"通感"是指利用与推送的知识内容能形成某种关联的标题、图片、音乐等形式去感染读者。与普通微信图文使用这些元素的目的不同,原创力量里的图文并非是让读者去关注这些元素本身,而是利用它们使读者对推送内容产生共鸣,以达到更好的推送效果。比如,笔者曾将毕业的话题关联上《遗梦到徽州》的朗诵音频,并将出色的校园场景照片巧妙嵌入到朗诵内容,再从标题上做出提炼,准确而深入地表达了毕业生的离别情绪(图16)。

图 16　通感手法图文推送实例截图

4.2.4　碎片化

编写图文时就像写议论文论据一样,在描述某个点时带出关于图书、知识的只言片语,这样有时比长篇大论的推送效果更好。

5　品牌影响动能

原创力量是关于图书馆的知识课堂,这里借用论文的影响因子与课堂带给学生能动效应这两个概念,把它们合成为影响动能,以评判品牌的实践效果。

5.1　彻底改变读者对图书馆的认知

品牌改变了读者对图书馆的狭隘认知,学生不再认为图书馆只是个上自习的场所,图书馆老师也不是只会办理借还书。

5.2　吸引关注,令读者耳目一新

新颖的图文推送吸引了该校绝大部分学生和相当一部分教师,以及资源商与社会读者的关注,来自用户群体的好评不断。常收到"这是我关注的内容最好的公众号""写个娱乐新闻还能这么学术"这样的留言。

5.3　提升图书馆形象及影响

较多的关注带来了积极的影响,领导的认同、读者的肯定,令该馆形象大幅提升。比如,在评奖评优、素质拓展上,该校将学生在图书馆的表现列入考察项;校宣传部曾在学校官方微信转载品牌图文,并指定该校官方新媒体运营团队学习品牌每期推送,该馆微信公众号在学校的影响仅次于该校的官方微信。

5.4 促进图书馆业务开展

该馆的图书借阅、阅读推广、技能培训、资源访问等业务皆由品牌的成功开展得如火如荼。比如,纸质图书借阅量、电子资源访问量飞涨,省图工委、省数图等开展的阅读活动参与度极高,资源商给予该馆更多的便利条件和服务支持。

5.5 读者屡获佳绩

以馆儿·千语为代表的品牌内容激发读者投入阅读、写作,在省、市、校有关比赛中屡获佳绩。比如,滁州学院参加书香江淮比赛里的多篇获奖作品即是之前在品牌登出的文章;在该校两年一次的网络文化评选中,馆儿·千语里的两篇作品分别获得了前两名;该栏目的文章还曾刊登在《图书馆报》《江淮晨报》等报刊上。

5.6 馆员、读者皆受益

馆儿答疑的推出让读者能快速而便捷地获得关于图书馆各种问题的解答,以前常见的网站留言、电话、邮件、现场咨询少之又少,既方便了读者也减轻了馆员负担。馆员投入品牌运营需要不断给自己充电,提升业务能力,增进对院系情况的了解,提高写作、编辑水平,锻炼了自身,增强了综合素质。读者利用品牌介绍的学习方法或在考研、考公务员等考试中取得了好成绩,或学习受到激励、提升了阅读层次,还有学生通过品牌获得了久寻未得的图书,节省了金钱和精力。

6 品牌的不足和改进

原创力量虽取得了一定成功,但仍有一些系统自身或推送表现上的不足,这主要体现在:

(1) 微信服务号每月只有 4 次群发图文机会,虽然总数能达 32 篇,可以满足品牌推广需求,但仅有 4 篇可以作为醒目的头条图文推送,因此品牌的大部分图文都被以不显眼的方式推送给了读者,容易被忽略。

(2) 当馆儿答疑里涉及的问题较多时,对想直接获知某个问题解答的读者来说,咨询体验效果可能欠佳。虽然系统已对重要事项醒目标出而无需点击查找,但主体问题依然需要"记住标号,点击查找",并且部分问题显得杂糅,解答冗繁。

(3) SOO 出品在新媒体版式设计、美工处理上较简单,小程序、H5 等新的推送形式均未涉及。

（4）"别让好书受冷落"栏目只专注于馆藏没有收录的电子图书，一些馆藏优秀纸质图书却因缺少宣传而少有人借阅。

（5）馆儿·千语栏目只登载文字这一种形式，一些与主题相关的朗诵、摄影、微视频等作品因此没有得到展示。

（6）馆内仅有个别馆员参与品牌经营，该馆大部分教职工没有被发动起来。

针对这些不足，准备进行一些改进，但有些系统弊端也难以得到很好的解决。比如，微信公众号有服务号与订阅号之分，该馆微信因为受实现的功用及对接汇文文献管理系统限制，只能开通微信服务号。服务号在推送呈现及读者关注度上要优于订阅号，但它每月仅有4条推送的最大不足，由于是微信系统的设置，目前无法克服。相比之下，订阅号每天至少能群发1条图文的规则要优越得多。针对上述不足，已经确定将改进的主要有如下几点：

（1）扩充原创力量运营团队。准备通过宣讲及邀请动员更多的馆员加入品牌运营，集聚更多智慧、知识，让品牌内容继续提升。招募具有相关能力和经验的学生进入团队，着重针对图文版式、推送形式进行优化，力求让品牌吸引更多年轻读者。

（2）优化馆儿答疑系统设置。精炼问题及回答表述，做到一问一答，简洁明快。考虑增设页面及嵌入菜单的形式将统一解答页面细分，避免篇幅太长，查找不便。

（3）将"别让好书受冷落"范畴扩充，开辟专门推荐馆内被忽略的优秀纸质图书模块，列出书目详细信息，号召读者借阅。

（4）馆儿·千语彻底取消限制。只要与读书学习或知识相关，投稿作品不再限制形式，图片、录音、视频等同样可以以适当版式登出，文章也不受字数及语种的限制。

7　品牌启示及未来

原创力量的成功令笔者体会到新媒体所具有的巨大能量，如何才能拥有、利用这样的能量是值得好好思考的问题。在本案例中，笔者深觉微信推送只是高校图书馆可以利用的手段，图书馆不应为了迎合新媒体传播的形式特征去削足适履，如追热点、搞噱头、要流量、赚点击，而应静下心来，踏实让新媒体推送坚定地为知识、阅读、学习服务，从而形成自有的风格。只要用心做，就一定会被发现！

未来原创力量将扩充到微信以外的其他新媒体，同样的理念也将用于图书馆其他活动的开展。最终原创力量的定位将不只是在新媒体，而是扩展成具有一定规模的、整个图书馆的文化品牌。相信它会让图书馆的知识旗帜高高飘扬！

数据海洋探明珠　江淮人文绽光芒
——2013~2017年安徽省哲学社会科学学术成果分析

邹启峰　黄丹　卢春辉

（安徽大学图书馆）

1　背景

2017年5月，中共中央印发了《关于加快构建中国特色哲学社会科学的意见》，强调坚持和发展中国特色社会主义，必须加快构建中国特色哲学社会科学，要充分发挥哲学社会科学的作用，积极为党和人民述学立论、建言献策。

这几年，国家颁发了两份文件，《普通高等学校图书馆规程》中提到，图书馆的主要职能是教育职能和信息服务职能。图书馆应充分发挥在学校人才培养、科学研究、社会服务和文化传承创新中的作用。强调图书馆要积极发挥信息资源优势、专业服务优势，为社会服务。

《关于加快构建中国特色哲学社会科学的意见》指出，哲学社会科学是揭示自然发展规律、社会发展规律和人类自身发展规律的知识体系，是人们认识世界、改造世界的重要工具，是推动历史发展和社会进步的重要力量。坚持和发展中国特色社会主义，哲学社会科学具有不可替代的重要地位，哲学社会科学工作者具有不可替代的重要作用。

我省哲学社会科学学术成果硕果累累，但多年来一直缺乏全面有效的调研、梳理和评价，未能有效地对哲学社会科学学术成果做出全面调查和科学评价，这方面研究仍是一个空白。有鉴于此，省规划办在2017年9月底委托安徽大学图书馆对近5年的省内哲社学术论文发表情况做一次全面调查和分析，期望能在客观数据的基础上，总结我省哲学社会科学研究和发展特点、规律及态势，找出不足，发挥优势。我馆信息咨询部也一直在尝试深层次的知识服务，尝试走出去、推出去的社会化服务，响应国家号召，完成我们肩负的任务。于是双方有了这次的合作与成果。

2　创新点

本次项目的创新点就在于首次做全面调查、科学评价，利用文献计量方法，分析了我省哲社学术的整体状况、优势领域、劣势领域、重点人才和热点问题。为高校图书馆深化社会化服务层次和水平，做了有益的尝试。我们以后要进一步发挥信息资源优势和专业服务优势，提供更深层次、更多元化的社会服务，更好地为学校、为国家服务。

3　总体思路

本项目根据 2013～2017 年中国知网期刊数据对安徽省哲学社会科学研究人员在国内发表的学术论文情况进行统计和分析，从文献计量学角度对安徽省国内学术论文的总体趋势、系统分布、单位分布、学科分布、期刊分布、项目支持情况、重点学科及热点问题等方面做了揭示与分析。对我省的哲学社会科学研究成果从量和质上具体分析，得出相关结论。主要描述案例实践的现状、分析项目的创新点以及与读者、资源和服务的相关度、活动启示等。

4　细致工作

9 月底接到任务后，部门馆员就做了初步的分析和讨论，10 月初，馆长带领馆员走访省规划办，面对面交流，进一步了解用户需求，对希望能达到的具体目标、可以完成的项目和有困难需要解决的问题都进行了细致探讨，最后通过共同协商，确定了最终的规则、方法、分工等。

工作的重点和难点是数据的整理、回溯与清洗，按照教育部的学科规划将学科分成了 22 类。数据来源为中国知网。由于知网的专业检索有字数限制，下载有 500 条限制，于是我们采取了分类下载与机构字段两次检索相结合的方法，分批下载，缺点是这样导致下载数据重复项比较多。关于数据整理，采取了批处理和人工处理相结合的方式。运用 Excel VBA 编程极大提高了工作效率。其中降噪、单位名称规范和标引工作相当繁复。例如，批处理方面，首先要确定各种关键词、制作各种表格，如市县区地区表、机构系统表、c 核期刊和对应的年份表等。CSSCI 核心刊的变化很大，地区有合并,比如,巢湖划归合肥,枞阳划归铜陵,寿县划归淮南。机构的分分合合、更名工作更为复杂。比如,装甲兵学院、坦克学院、汽车士官学校、汽车管理学院,都分别有什么样的关系,某某研究中心挂在哪个机构下面等,一些职业学院、技师学院更名很复杂。各种集团下属分公司,确定关系也并不容易。加上有些作者写错机构,如安徽宿迁,到底是安徽宿州,还是江苏宿迁呢?查原文,就是"安徽宿迁",但是根据作者信息和行政地区信息可知,实际上为江苏宿迁。

数据整理完成后,使用Excel做了分析并制作图表,使用"地图慧"制作地区地图。

5 报告展示

近5年,省内哲社学术论文发表126728篇,整体呈上升趋势。2017年比2016年少了887篇,经过与数据库商沟通,这可能是CNKI网络首发等原因导致的(图1)。

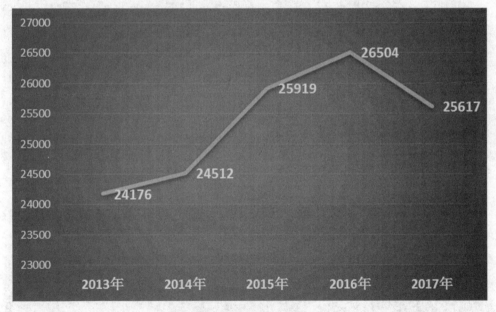

图1 总体情况分析

发文量居前三的地区是合肥、蚌埠、芜湖。

发文量最大的系统是高校系统,其中以一本科院校居多。系统分析情况如图2所示。

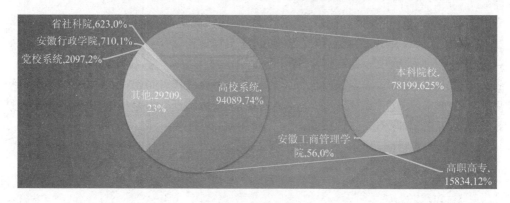

图 2　系统分析

22 个学科中,经济学和教育学处于领先地位。学科分析情况如图 3 所示。

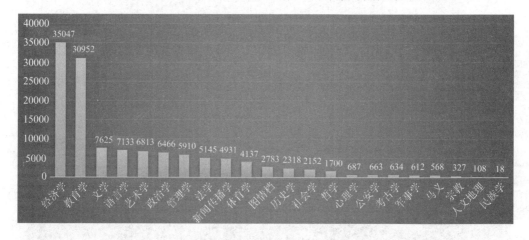

图 3　学科分析

报告还对 22 个学科的重点机构进行了统计(图 4)。发文量前三的机构统计中,安徽财经大学在经济学方面遥遥领先。

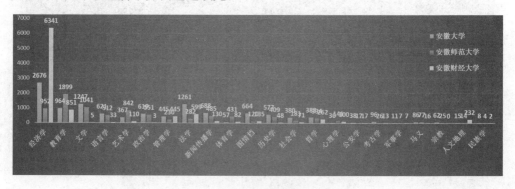

图 4　机构分析

省内有93%的论文,发表在普通期刊上。对顶级、CSSCI核心、普通期刊分别进行统计(表1、表2),CSSCI核心刊里《学术界》和《江淮论坛》两种期刊发文量最大,普通期刊中《赤峰学院学报》发文量最大。其他方面,报告展示了主要发文机构及重要学者统计,重点学科发文量统计,顶级期刊发文机构及其学者统计。

表1 2012~2016年安徽省哲学社会科学CSSCI核心期刊发文单位前十

排名	单位	顶级期刊	CSSCI核心期刊
1	安徽大学	23	1497
2	安徽师范大学	28	938
3	安徽财经大学	14	873
4	淮北师范大学	9	576
5	中国科学技术大学	3	533
6	合肥工业大学	7	483
7	安庆师范大学	3	376
8	阜阳师范学院	2	312
9	安徽工业大学	1	274
10	安徽工程大学	0	213

表2 2012~2016年安徽省哲学社会科学论文发表的顶级期刊表

序号	期刊	发文量
1	管理世界	20
2	文艺研究	19
3	教育研究	17
4	求是	17
5	文学评论	15
6	考古	12
7	中国语文	8
8	经济研究	6
9	新闻与传播研究	6
10	哲学研究	5
11	历史研究	2
12	中国图书馆学报	2
13	法学研究	1
14	民族研究	1
15	中国社会科学	1
	总计	132

另外,对关键词进行词频统计。结果显示,关键词主要集中在教育、企业、文化、创新方面(图5)。

图 5　关键词词频分析

6　意义

本项目全面梳理了我省哲学社会科学学术成果,有利于更好地为我省社科繁荣发展,为政治、经济和文化发展提供智力支持。项目的顺利完成也为后期进一步完善对我省哲学社会科学研究和发展国际发文与国际影响力评价,并与兄弟省市进行比较打下基础,以期在更高平台的学习与竞争中不断进步。

实现资源有序开放、服务国家重大战略、推动全民终身学习
——淮南师范学院图书馆服务创新案例

王玲　程志刚

（淮南师范学院图书馆）

1　案例背景及服务目的

党的十九大报告指出"文化是一个国家、一个民族的灵魂。文化兴国运兴，文化强民族强。没有高度的文化自信，没有文化的繁荣兴盛，就没有中华民族伟大复兴。"同时，报告中提出了"加快建设学习型社会，大力提高国民素质"的新要求。

在此背景下，教育部办公厅及安徽省教育厅分别发文《关于举办2018年度全民终身学习活动周的通知》（教职成厅函〔2018〕42号）、《关于举办2018年安徽省全民终身学习活动周的通知》（皖教秘职成〔2018〕73号）。通知主题为：服务国家重大战略，推动全民终身学习。

其实早在2002年，教育部在颁布的《普通高等学校图书馆规程（修订）》中就明确提出：有条件的高校图书馆应尽可能向社会读者开放。2015年，我国教育部颁布了《普通高等学校图书馆规程》的通知，第三十七条规定指出"图书馆应在保证校内服务和正常工作秩序的前提下，发挥资源和专业服务的优势，开展面向社会用户的服务。"2018年1月1日起实施的《中华人民共和国公共图书馆法》也规定"国家支持学校图书馆、科研机构图书馆以及其他类型图书馆向社会公众开放"。因此，为更好地实现资源有序开放，发挥高校图书馆服务淮南地方经济社会建设的功能，我校图书馆在2015版《淮南师范学院图书馆社会开放服务管理办法》的基础上重新制订了《淮南师范学院图书馆图书资源向社会有序开放服务暂行办法》，同时逐步加大社会开放工作力度，进一步完善社会开放服务功能，社会开放服务效益逐步显现（图1、图2）。

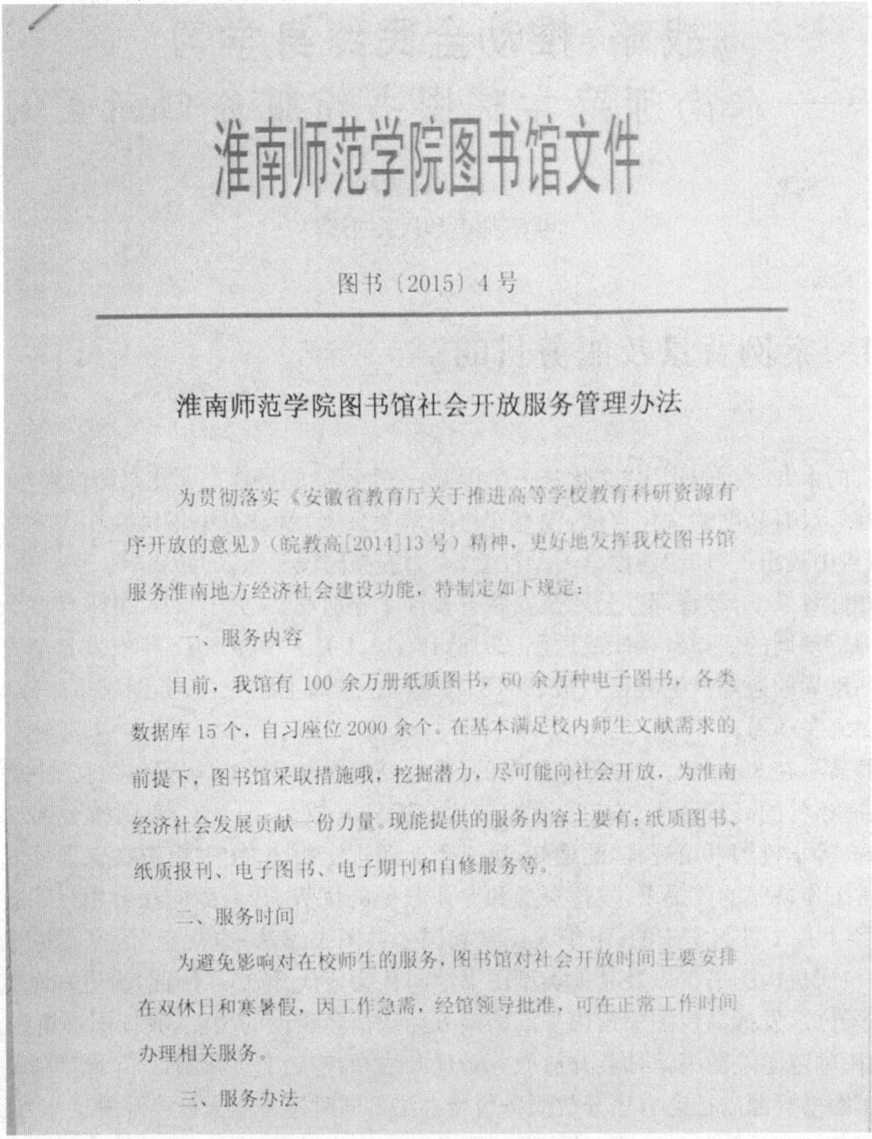

淮南师范学院图书馆文件

图书〔2015〕4号

淮南师范学院图书馆社会开放服务管理办法

为贯彻落实《安徽省教育厅关于推进高等学校教育科研资源有序开放的意见》（皖教高[2014]13号）精神，更好地发挥我校图书馆服务淮南地方经济社会建设功能，特制定如下规定：

一、服务内容

目前，我馆有100余万册纸质图书，60余万种电子图书，各类数据库15个，自习座位2000余个。在基本满足校内师生文献需求的前提下，图书馆采取措施哦，挖掘潜力，尽可能向社会开放，为淮南经济社会发展贡献一份力量。现能提供的服务内容主要有：纸质图书、纸质报刊、电子图书、电子期刊和自修服务等。

二、服务时间

为避免影响对在校师生的服务，图书馆对社会开放时间主要安排在双休日和寒暑假，因工作急需，经馆领导批准，可在正常工作时间办理相关服务。

三、服务办法

图1 《淮南师范学院图书馆社会开放服务管理办法》

淮南师范学院图书馆图书资源向社会有序开放服务暂行办法

为落实党的十九大提出的"加快建设学习型社会,大力提高国民素质"新要求,积极响应安徽省教育厅皖教秘职成[2018]73号倡导的全民终身学习活动主题:"服务国家重大战略,推动全民终身学习"的文件精神和《安徽省教育厅关于推进高等学校教育科研资源有序开放的意见》(皖教高[2014]13号),结合 2018年1月1日起实施的《中华人民共和国公共图书馆法》"国家支持学校图书馆、科研机构图书馆以及其他类型图书馆向社会公众开放"精神,更好地发挥我校图书馆服务淮南地方经济社会建设的功能,经校领导同意,我校图书资源向社会有序开放,并制定如下暂行办法:

一、开放原则

1. 在优先满足本校师生教科研图书资源需求的前提下,图书馆挖掘潜力,逐步向社会开放。

2. 学校根据自身的服务能力制定每年对外服务的资源开放计划,明确开放资源的类别、范围、数量等;学校遇到特殊情况,可以分时段暂时停止对外开放。

3. 借阅或使用我校图书资源,必须先提出申请。申请的接收原则:以淮南本地的单位或团体集体申请为主(原则上不对异地读者开放)。对个人申请从严把握。

4. 馆藏的工具书、孤本、善本等重要图书资源,只能在馆阅读,一律不外借。

5. 办理借阅证后,社会读者一次可借阅纸质图书2本,借阅期限为1个月;电子资源可按要求免费下载、使用。

6. 任何单位或个人在借阅、使用我校图书资源时,必须遵守我校图书馆资源管理的各项规定。如违反规定,造成图书馆资源损失的,图书馆有权取消其借阅资格,收回其借阅证,并同时追究其单位或团体、个人的赔偿责任,直至法律责任。

7. 单位或个人申请办理的借阅证,最长有效期为一年。一年期满后,单位或团体可提出续约要求,图书馆根据馆藏供给能力和其遵守规定情况,决定是否续约。

二、单位或团体、个人申请借阅图书资源的流程

单位或团体员工有图书借阅需要,必须由单位相关负责人出面,以单位的名义,集中提交申请,经图书馆报请校领导审核通过后,在明确承诺本单位所有读者在图书借阅时发生的违约责任全部由申请单位集体承担的前提下,以单位名义和我校图书馆签订资源共享协议,并按协议要求,填报相关资料,集中办理借阅证(不收图书押金)。

原则上不为个人办理借阅证。如因工作或科研需要,申请查阅图书资源等临时性服务,个人需持单位或街道介绍信、身份证复印件、工作证复印件等,并按规定到校财务处交纳图书押金后,方可办理临时借阅证。

三、服务时间

每周一至周日,上午8:00~11:30,下午2:30~5:00。寒暑假期间,原则上不对社会读者开放。如工作急需,需提前提出申请,经馆领导批准,在规定时间办理相关服务。

四、图书资源的借阅和注意事项

1. 图书馆采用凭证刷卡入馆。

2. 持有效借阅证,可按规定在校图书馆的各书库刷卡借阅纸质图书、报刊。

3. 持有效借阅证,在六楼电子阅览室刷卡使用电脑,可按规定下载所有电子期刊、电子图书、电子杂志等。

4. 图书属国有资产,使用时必须倍加爱护。如出现污损或丢失现象,必须主动按我校图书管理的相关要求加倍赔偿。如拒不赔偿,图书馆有权收回其借阅证,没收个人图书押金或追究相关单位赔偿责任,直至法律责任。

5. 免费使用电子资源时,必须遵守电子资源使用的相关规定,如恶意下载,造成我校图书资源损失,我校图书馆有权追究相关单位或个人的法律责任。

6. 校外人员入馆,自觉主动接受管理,严格遵守学校和图书馆各项规章制度。

淮南师范学院逸夫图书馆

二〇一八年十月十九日

图 2 《淮南师范学院图书馆图书资源向社会有序开放服务暂行办法》

2 案例实施的具体内容

我馆实现资源有序开放,开展全民阅读活动主要从五个方面开展:进学校、进机关、进企业、进农村、进社区,将图书馆的服务对象从本校师生扩展到全市的中小学生、机关企业单位的工作人员、城镇乡村的普通居民农民,不仅提高了图书馆馆藏资源的利用率,扩大了图书馆资源的使用范围,也让更多的人了解和认识了图书馆,充分利用图书馆并参与到图书馆的日常活动中来。

2.1 进学校:服务基础教育,促进地方教育发展

2.1.1 学校开放日,向全市中小学生开放

"进学校"首先表现为在每年的5月20号的开放日,图书馆面向全市读者开放。为响应国家加大科普活动力度的号召,提高公众的科学素养,发挥学术团体的社会职能,淮南师范学院将每年的5月20日定为面向全市开放活动的开放日(图3)。

图3 校园开放日活动

今年的开放日,有来自淮南二中、淮南一中、田家庵区第十八小学、淮南市洞山中学、淮南师范附属小学、淮南二十六中、淮南实验中学、田家庵区第十六小学、饭米粒亲

子俱乐部等 30 多所学校及社会团体的学生、教师及家长等数千人来到图书馆,图书馆各科室对外开放,馆长亲自进行讲解(图 4)。

图 4　校园开放日馆长接待参观学生

2.1.2　内设好人馆,接待市民参观

"进学校"活动还包括在图书馆内设好人馆,开展德育教育。由淮南市文明委与淮南师范学院主建,市文明办与校党委宣传部承建的淮南好人馆,建设在图书馆一楼大厅。作为淮南市系统性、长久性凡人善举的传播平台,身边好人的展示窗口,道德模范的宣传阵地,好人馆自建成以来吸引着若干单位及市民前来参观学习。这无形中也宣传了图书馆,带动了更多的单位及市民来图书馆。尤其是中小学生,几乎必到各书库参观(图 5、图 6)。

图 5　市民参观好人馆

图 6　学生参观好人馆

2.1.3 对部分签署协议的中小学学生、教师开放

为了更好地开展图书馆的资源共享服务,我馆先后为淮南二十六中、田家庵十六小等学校的教师办理了借阅证,对其开放并开通了图书借阅权限,该校学生也可遵循自愿原则办理。

表1 图书馆2018年接待校外来访参观的记录

日期	单位	人数	联系电话
2018.3.9	国培小学组	65	139×××0674
2018.3.9	国培中学组	66	139×××5208
2018.3.16	淮师附小	54	133×××6036
2018.3.20	国培幼儿组	67	139×××6283
2018.3.31	淮南第六中学	46	139×××4166
2018.4.24	经开区宫集中心学校	60	180×××9169
2018.4.25	经开区屯头小学	45	138×××1122
2018.4.26	胡大郢小学	60	139×××9774
2018.4.27	农场学校	40	139×××2609
2018.4.28	刘郑小学	50	177×××4529
2018.5.20	田十六小	135	183×××0139
2018.5.30	全省幼儿园园长	35	66×××3
2018.6.1	田十六小学生及家长	100	189×××3371
2018.6.10	2018基础教育校长论坛代表	30	186×××3792
2018.6.26	田家庵第六幼儿园	6	187×××7809
2018.6.27	淮南二十六中小学党支部	20	139×××7289
2018.7.1	田十六小	45	138×××6678
2018.9.15	淮南一中	40	136×××1792
2018.10.17	田三幼	15	180×××6696
2018.10.20	淮南十六中	401	180×××7072
2018.10.27	金地社区朝阳中学	50	165×××708
2018.11.9	淮南市体育学校	50	177×××1717
2018.11.16	洞山中学	50	186×××4334
2018.11.21	淮师附小洞山校区	105	189×××0308
2018.11.23	大通区云王小学	140	180×××6757
2018.11.23	经开区宫集中心学校	160	180×××9136

2.1.4 帮助中小学图书馆建设

除上述活动外,我馆还发挥专业优势,帮助建设周边的中小学图书馆的和培训图书馆管理员。我馆先后接待了淮南田家庵第十六小学、第十八小学等学校的来馆参观交流,并针对图书的分类、编目、上架等图书加工流程及系统借还流程等进行了细致的指导帮助。

2.2 进机关:服务地方政府,推进学习型组织建设

2.2.1 与政府机关部门签署资源共享协议

为更好地服务机关单位读者,我馆先后与淮南市检察院、法院等50多家机关单位签订了资源共享协议,为机关读者办理借阅证(图7)。

图7 与机关单位签订图书资源共享协议

2.2.2 提供信息咨询和文献传递服务

我馆不仅开放纸本资源借阅服务,还为签署了共享协议的机关单位提供有关电子文献检索服务的专门指导及远程文献传递服务,使得读者的借阅不再受空间和时间的

限制,提高了图书馆电子资源的利用率。

2.3 进企业:服务企业创新,凝聚企业向心力

进企业,与中国民主促进会淮南市企业会员联谊会等达成协议,我馆为他们办理借阅证,对其开放图书借阅、电子文献查询等服务,并协助其在图书馆成立淮南市鸿烈读书会,开展系列读书活动(图8、图9)。

> **中国民主促进会淮南市企业界会员联谊会与淮南师范学院**
> **图书资源共享协议**
>
> 甲方:淮南师范学院图书馆
> 乙方:中国民主促进会淮南市企业界会员联谊会
>
> 为贯彻落实《安徽省教育厅关于推进高等学校教育科研资源有序开放的意见》和《淮南师范教育科研资源有序开放实施方案》精神,更好地发挥我校图书馆服务淮南地方经济社会建设的功能,应中国民主促进会淮南市企业界会员联谊会的要求,双方在资源共享方面进行深度合作,进一步推进资源共享平台。
>
> 经双方协商,就中国民主促进会淮南市企业界会员联谊会使用淮南师范学院图书馆文献信息资源事宜达成以下合作协议:
>
> 一、图书馆权利和义务
> 1、服务方式
> 图书馆为中国民主促进会淮南市企业界会员联谊会免费提供图书借阅、电子文献查询等服务。
> 2、服务内容
> 目前我馆可提供服务的资源有:纸质图书110余万册,电子图书80余万种,各类数据库27个,试用数据库资源30余个。
> 3、服务时间
> 除节假日外,每周一至周五上班时间。
> 4、服务规定
> 和校内读者一样,适用图书馆所有的规章制度。
> 二、中国民主促进会淮南市企业界会员联谊会权利和义务
> 1、相关费用
> 享受淮南师范学院教职工待遇,办理借书证(校园卡)时,需交工本费(具体金额按学校统一规定)。为保证图书资料安全,如出现图书丢失、损坏、超期未归还等产生的相关赔付,中国民主促进会淮南市企业界会员联谊会指定秘书部门全权负责,并遵照学校图书馆的相关规定,按时缴纳相关费用。
> 2、借书证办理
> 由中国民主促进会淮南市企业界会员联谊会指定部门统一提供需要办理借

图8 与民进淮南市企联会签订图书资源共享协议

图 9　帮助企业成立鸿烈读书会

2.4　进农村：推动精准扶贫，实现扶志与扶智相结合

2.4.1　精准扶贫，科技图书进乡村

在我馆陶立明馆长的领导下，图书馆与专业社工机构紧密合作，争取到中央财政基金 50000 元，用于农家书屋建设。图书馆发挥专业优势帮助农家书屋进行书目选择，帮助联系新华书店采购农业种植、养殖、水产渔业等相关科技图书，送书下乡，精准扶贫，帮助农民学习科学技术，增强致富能力（图 10）。

2.4.2　文化帮扶对口扶贫村

除帮助农家书屋选书、购书外，我馆还上门服务，到各村当地的农家书屋帮助他们对图书进行分类、编目、上架等，先后帮助李桥村、龙楼村、磨湾村、三关村、石埠村、谢墩村等六个村进行农家书屋的书籍整理和人员培训，并帮助对口扶贫的大田村建设完善其农村综合文化中心（图 11）。

图书报价清单

序号	标准书号	图书名称	开本	出版时间	定价	册数	码洋	折后价（60折）
1	9787518601523	新型农民工(正常经销价（高于60%))	大32	2018.01	29.80	1	59.60	35.76
2	9787508260648	●农村实用文书写作	大32	2017.01	13.00	1	26.00	15.60
3	9787508262048	●新农村科学种植概要	大32	2017.02	17.00	1	34.00	20.40
4	9787508260242	●新农村科学养殖概要	大32	2018.01	15.00	1	30.00	18.00
5	9787508259741	●农业防灾减灾及农村突发事件应对	大32	2017.02	13.00	1	26.00	15.60
6	9787508266756	●农村村务管理	大32	2014.12	12.00	1	24.00	14.40
7	9787508255316	●蔬菜病虫害防治	大32	2017.05	15.00	1	30.00	18.00
8	9787508249759	农资农家店营销员培训教材	大32	2014.01	8.00	1	16.00	9.60
9	9787508249506	小麦农艺工培训教材	大32	2017.06	12.00	1	24.00	14.40
10	9787508249490	水稻农艺工培训教材（南方本）	大32	2016.01	9.00	1	18.00	10.80
11	9787508249728	●肉羊饲养员培训教材	大32	2014.08	9.00	1	18.00	10.80
12	9787508248028	●小麦标准化生产技术	32	2017.02	10.00	1	20.00	12.00
13	9787508263298	●猪养殖技术问答	32	2017.03	14.00	1	28.00	16.80
14	9787508266169	●鹅鸭养殖技术问答	32	2018.01	15.00	1	30.00	18.00
15	9787508239569	●图说草莓提质高效栽培关键技术	32	2017.10	9.00	1	18.00	10.80
16	9787508267913	●水稻新型栽培技术	大32	2017.01	16.00	1	32.00	19.20
17	9787508259123	科学种稻新技术(第2版)	大32	2014.01	10.00	1	20.00	12.00
18	9787508278193	●稻田杂草防控技术手册	大32	2016.01	15.00	1	30.00	18.00

图 10　帮助农家书屋采购的部分农业用书清单

图 11　建设完成的大田村综合文化中心

2.5　进社区：推进全民阅读，丰富人民文化生活

我馆为丰富附近社区居民的文化生活，推进全民阅读，每年都开展图书进社区、读书交流会等活动。一方面，与市图书馆密切合作，在给市民办理借阅证的同时，配合市图书馆开展图书服务进社区活动。例如，协助开展第二届"全民阅读 书香寿县"读书月活动，送图书进社区，提升广大市民的人文素养和知识水平，帮助养成"爱读书、读好书、善读书"的良好习俗和文明风尚（图12）。

实现资源有序开放、服务国家重大战略、推动全民终身学习

图12　第二届"全民阅读 书香寿县"读书月活动

另一方面,我馆也积极与学校的宣传窗口联合开展读书交流活动。今年的4月10日,我馆联合淮南市图书馆、淮南市读书学会、市文联、市社科联、淮南日报社等举办了《习近平的七年知青岁月》讲座交流会。在读书交流环节,凤台县新集镇干部陈明,我校生物工程学院教师董冬,学生代表经济与管理学院宋梦婷、张香乡,淮南日报社副刊部鲍宏,东方医院医生戴明珍,市宣传部文教卫体科刘闯,市文联原主席管德宏畅谈了自己阅读《习近平的七年知青岁月》的体会和思考(图13)。

图13　《习近平的七年知青岁月》讲座交流会

3 项目创新及成效荣誉

3.1 项目实施中的问题及解决措施

在项目实施过程中,我馆主要遇到的问题有二,一是服务本校师生与服务社会的矛盾冲突问题,二是外借书刊的资产安全问题。

对于服务本校师生与服务社会的矛盾冲突问题,我馆作为高校图书馆,仍是以服务本校师生为主,对社会读者采取限期限借限册的措施:每人限借2册,限期1个月,工具书、孤本、善本等特殊书籍仅限在馆阅读、不外借。

对于外借书刊的资产安全问题,我馆采用"集体负责制"+"指定具体责任人"的双重保障方式,最大限度地减少书籍外借容易出现的逾期不还、污损、丢失、电子资源恶意下载等安全问题。在我馆与机关工委会签订的协议中,指定该单位负责处理合同涉及相关违规、违约事项,并规定所需负责处理的具体事务,以最大限度保证图书馆的资源安全。

3.2 项目成效与获得荣誉

"五进"活动实施以来我馆取得的项目成效体现在以下几个方面:

一是在直接向中小学校开放的基础上,先后与50多家政府机关及淮南市企业联合会等签署了资源共享服务协议,服务社会读者达万余人;

二是协助淮南市读书学会开展系列读书推广活动,帮助其成立淮南"鸿烈读书会";

三是利用自身专业技能与采购渠道,实现科技图书进乡村。先后帮助李桥村、龙楼村、磨湾村、三关村、石埠村、谢墩村六个村建立了农家书屋,帮助大田村完善了农村综合文化中心;

四是与地方图书馆合作,开展图书进社区,读书交流会等系列活动,推动全民阅读。

这些活动的开展为地方的政治、经济、教育、文化的发展发挥了积极推动作用,实现了资源共享与社会服务效益最大化,真正做到了资源有序开放、服务国家重大战略、推动全民终身学习。

在获得荣誉方面我馆继2011年、2012年连续两次获得"全民阅读先进单位"奖之后,2013年荣获"全民阅读示范基地"称号,2017年最终顺利通过中国图书馆学会审核,继续保留"全民阅读示范基地"的光荣称号。中国图书馆学会对我馆予以高度评价:组织得力,内容雄厚,情势新鲜,贡献凸起,是我国图书馆界全民阅读工作的良好代表。

同时,在刚刚结束的2018年安徽省全民终身学习活动周开幕式上,我校图书馆申报的"资源共享 服务社会"项目被遴选为2018年全省终身学习品牌项目。作为获此殊荣的唯一一所本科院校,受邀参加开幕式(图13)。

图13　2018年安徽省全民终身学习活动周开幕式

4　案例总结

在教育部评估的推动下,高校图书资源均获得了极大丰富。然而在满足高校自身教科研的基础上,如何解决在向社会开放,发挥图书资源效益最大化的同时确保图书资源的安全问题,一直困扰着各高校图书馆,使得高校图书馆向社会开放的事业始终裹足不前。实践证明,细致的方案设计、明晰的责权利、规范的合约,能有效帮助高校图书馆解决这一困惑,从而为图书资源向社会开放铺平道路。

基于"第二课堂"的阅读推广工作
——记安徽工业大学图书馆阅读推广工作

李蒋　唐忠　陈益
（安徽工业大学图书馆）

2017年，共青团中央在安徽工业大学率先试点"第二课堂成绩单"工作。"第二课堂成绩单"制度是高校共青团培养大学生综合素质、深度融入教育改革发展、服务国家经济发展大局的一项举措。安徽工业大学图书馆根据这一情况，积极调整阅读推广工作战略，依托学校"第二课堂成绩单"制度，探索出了一条独具特色的阅读推广新模式。以下，将我们在工作中的一些探索分为项目建设、团队建设、总结与思考三个模块来进行介绍。

1 阅读推广品牌项目建设

为了更好地与学校第二课堂对接，图书馆通过长期努力打造了一批品牌阅读推广项目，利用品牌活动在校园中的影响力来促进阅读推广工作的开展，其中包括振华讲坛、光影阅读、读书沙龙、阅读分享征文大赛、数据库推广竞赛、图书漂流等。各阅读推广项目举办情况如表1所示。其中，"振华讲坛"与"光影阅读"两个项目已经入选"安徽工业大学2019年校园文化建设项目"，成为全校性校园文化品牌项目。以下，就这两个项目的开展情况做介绍。

表1　图书馆各项活动统计表

序号	活动名称	活动场数	活动频率
1	振华讲坛	16	每月一场
2	光影阅读	23	每周一场
3	读书沙龙(分享会)	2	不定期举办
4	阅读分享征文大赛	2	每学期一次

续表

序号	活动名称	活动场数	活动频率
5	图书漂流	10	每月一场
6	数据库讲座	8	不定期举办
7	数据库推广竞赛活动	15	凡赛必参加
8	新生入馆培训	4	新生入学季
9	图书馆探秘之旅	2	每学期一次

1.1 振华讲坛

振华讲坛因振华图书馆而得名,寓意振兴中华。该项目立项初衷在于努力打造一个集大学生素质教育、图书馆阅读推广、校园文化传播等多功能为一体的精品平台。振华讲坛自 2016 年创办以来,目前已经举办各类讲座 16 场(部分讲座如表 2 所示),形成了一定的规模与影响力。

表 2 振华讲坛部分讲座统计表

序号	专家姓名	专家单位	讲座类别	讲座主题
1	郭翠华	市文联	人文素养	让阅读走进心灵
2	王军	校心理中心	心理健康	调整自我,快乐生活——谈情绪管理
3	刘霞云	市文艺评论家协会	人文素养	抗争与追问——透过莫言看世界
4	吴文革	安徽农大	专业学术	基于服务转型与创新背景下的图书馆馆员职业生涯发展
5	崔金生	中国作协	人文素养	在最好的年纪活得无可替代
6	徐雁	南京大学	专业学术	最是书香能致远——阅读选择与幸福追求
7	衣向东	北京联大	人文素养	信仰·希望·力量
8	李智	马鞍山师专	人文素养	大学生与传统文化关系漫谈
9	苗秀侠	省文联	人文素养	贴着大地飞翔
10	储节旺	安徽大学	专业学术	服务创新驱动发展的专利情报战略

随着振华讲坛的规模与影响力不断扩大,讲坛先后吸引了知名博主雾满拦江、著名军旅作家衣向东老师、中国阅读学研究会会长徐雁教授、中国作家协会苗秀侠老师等知名专家学者前来讲学,听众累计超过 3000 人次,受到了我校师生的广泛欢迎。经

过两年来的不懈努力,振华讲坛在多个方面取得了较大的进步,主要体现在以下几个方面:

(1)品牌效应初步形成并进一步增强。平均每月举办超过一场讲座或报告,包括多场高端讲座、报告,使品牌在师生中的知晓度和认同感进一步提升。

(2)内容选题更加丰富多样。主要以人文素养和阅读推广类选题为主,同时包含切合学校实际与学生需求的考研辅导、心理健康教育、安全教育、馆员素质拓展、社会主义核心价值观等多个方面。

(3)主讲专家邀请渠道进一步拓宽。与马鞍山当地文艺界紧密联系,邀请马鞍山市文联及作协的名人名家前来讲座,取得了很好的效果;与马鞍山市图书馆及马鞍山市新华书店建立了专家资源长期共享合作机制,取得了很好的效果。振华讲坛还通过与地方讲坛讲堂合作共享,促进大学生走进地方讲坛讲堂。

1.2 光影阅读

"光影阅读"是一个面向全校的开放性大型综合阅读推广平台。"光影阅读"由影片播放、好书推荐、阅读分享、真人图书馆演讲等部分组成,每周五晚举办,由阅读推广协会负责项目的实施。"光影阅读"创办于 2018 年 5 月,截至目前已经举办 20 期(部分活动情况如表 3 所示),参与人数超过 3000 人次。

表 3 光影阅读部分活动情况统计表

序号	举办日期	播放影片	阅读推广活动内容
1	6月1日	我是山姆	《平凡的世界》阅读分享
2	6月8日	触不可及	《人生》阅读分享
3	6月15日	美丽人生	好书荐读之《穆斯林的葬礼》
4	6月22日	芳华	严歌苓作品选读(一)
5	6月29日	金陵十三钗	严歌苓作品选读(二)
6	9月28日	夺宝奇兵	新生入馆讲座(一)
7	10月12日	摔跤吧爸爸	新生入馆讲座(二)
8	11月2日	U571	史铁生作品推荐与分享
9	11月9日	侠探杰克	金庸武侠作品阅读分享
10	11月16日	血钻	余华作品感悟与分享

"光影阅读"还有影片播放环节,每期播放一场由经典名著改编的经典电影、戏剧等;定期播放由图书馆制作的新生入馆教育、读者培训、信息素养教育等方面的慕课、

微课及微视频等。精彩的电影本身具有一定的教育意义,同时也扮演着一个吸引受众的角色。好书荐读环节每期推荐一位知名作家或者一本经典图书,倡导在一周内全校共读,通过图书馆阅读推广平台收集并发布读者的阅读感悟。真人图书馆演讲项目邀请读者开展分享演讲活动,演讲主题聚焦在"我的成长故事""我的阅读感悟""我与书籍的故事"等方面。随着光影阅读项目的深入开展,该项目呈现出以下特点:

(1) 举办时间的连续性:将原来无序的各种活动变为定时定点举办,每周一期,连续举办(每周五晚,法定节假日除外)。

(2) 活动形式的多样性:形式丰富多样,涵盖了影片欣赏、图书推荐、阅读分享、真人图书馆演讲、培训讲座等多种形式。

(3) 活动内容的针对性:光影阅读项目活动频率较高,因而能够根据学术界及社会大事的变化来及时安排具有针对性的内容,保证活动内容具有新颖性和时效性,以保证实现较好的预期效果。例如,新生入学季则集中安排图书馆入馆教育的内容;六一儿童节期间播放儿童成长主题影片《我是汤姆》,世界反法西斯胜利纪念日期间播放二战经典影片《纳瓦隆突击队》,金庸先生逝世则及时推出"金庸武侠作品荐读与分享"专场活动。光影阅读活动每期的选题无不体现了图书馆阅读推广团队的细心与用心。

(4) 推广平台的开放性:光影阅读平台对全校读者开放,图书馆在某种意义上只是扮演了一个平台的搭建者与活动的管理者的角色。而每期活动的具体内容则大多是由学生读者提供的,如好书推荐、阅读分享、真人演讲等活动全部都是由学生社团或者单个读者提供的。读者参与的形式不只是停留在受众的层面,还包括内容的提供者。

以上是我馆阅读推广品牌项目建设工作的简单介绍。在实际工作中,我们突破原有项目零散举办的特点,注重推动重点项目向规模化、常规化两个方向发展,无论在项目的数量和质量上都取得了一定的突破。与此同时,我馆注重各类项目的区分及梯度配置,使得高端项目与常规性项目能够相互补充,在实践中取得了很好的效果。

2 阅读推广团队建设

由于人手紧缺,而阅读推广工作需要细致、耐心、经验丰富、综合素养较高的馆员来担任,图书馆根据这一情况,克服工作人员紧缺的特点,充分调动读者的积极性,筹建了多个学生社团,以协助馆员完成阅读推广工作。近年来我馆先后组织创建了阅读推广协会、MOOC协会、布克部落读书俱乐部、志愿者协会等多个学生社团,聘请经验丰富的馆员作为指导老师,指导各社团开展阅读推广活动。目前图书馆共有各类学生组织五个,学生总数达到400多人。

目前,我馆的学生社团工作主要体现出以下两个特点:

第一,全馆社团成体系。图书馆各社团根据自身宗旨来承办图书馆的各项阅读推广活动(表4),各社团既相互独立又充分融合,形成合力,共同助力图书馆的阅读推广工作,在实践中取得了较好的效果。在现有五个社团中,图书馆顾问团负责大型活动的策划,阅读推广协会负责活动的实施,布克部落则是一个稳定的受众群体,为了更好地协调这些社团的运作,图书馆正在策划筹建综合性学生社团管理机构(图书馆学生服务中心)。

表4 图书馆学生社团统计表

序号	社团名称	社团宗旨	指导老师	负责项目
1	安徽工业大学阅读推广协会	阅读推广	李蒋	图书馆第二课堂成绩单管理 图书馆阅读推广官方微信公众号运营 光影阅读项目实施 定期组织阅读分享沙龙 阅读分享征文大赛 数字资源竞赛推广活动
2	安徽工业大学MOOC协会	慕课推广	李延信	慕课推广活动 读者信息素养提升 研究生信息素养夏令营活动组织
3	布克部落读书俱乐部	阅读分享	李蒋	组织读书分享会 参与读书节系列活动
4	图书馆志愿者协会	志愿服务	彭璐	上书整架志愿服务 参考咨询志愿服务 图书漂流志愿服务
5	图书馆顾问团	活动策划	刘莎莎	读书月系列活动策划

第二,单个社团有特色。由图书馆所创建并指导的学生社团,在其组织结构以及运作模式方面都非常具有特色,图书馆能够根据实际工作的需要来合理调整学生社团的结构,使其能够更好地发挥自身的作用,为图书馆及读者服务。下面以安徽工业大学阅读推广协会为例来介绍阅读推广协会组织结构及各部门职能(表5)。

全民阅读行动既是政府的号召,也是人民的自觉行动;开展阅读推广活动既符合时代的需求,也是新时期图书馆的一项重要职责与任务。为了更好地完成这个任务,发挥学校图书馆在推进全民阅读、书香校园等活动中的重要作用,图书馆于2017年11月起谋划筹建阅读推广协会。经过前期辛苦的准备,阅读推广协会于11月27日正式宣告成立,中国阅读学研究会会长徐雁教授亲自为协会揭牌。

表 5　安徽工业大学阅读推广协会组织结构及职能

社团名称	部门设置	部门职责
安徽工业大学阅读推广协会	会长/副会长	全面负责阅读推广协会各项工作
	组织部	负责图书馆第二课堂管理工作； 负责协会会员招募、活动策划、考勤记录、评奖评优、 对外联络等组织工作
	宣传部	负责图书馆阅读推广官方微信平台等新媒体运行工作
	经典阅读部	负责每周的好书推荐、读后感征集整理发布工作
	数字阅读部	负责图书馆各项数字资源推广竞赛活动的组织工作
	光影阅读部	负责光影阅读项目的组织实施

协会自成立以来，积极响应党中央关于大力推动全民阅读的号召，依托图书馆的优质资源开展各项活动，很好地配合了图书馆第二课堂、读者培训、阅读推广等工作的开展。协会目前承担了图书馆第二课堂的管理、图书馆阅读推广官方微信公众号的运营、图书馆各项阅读推广竞赛的组织实施等工作。由协会创办的光影阅读项目已经累计举办 31 期，并且入选了"安徽工业大学 2019 年校园文化建设项目"，受到了广大师生的一致欢迎。协会成立以来已有五位同学先后受到校级表彰，20 名同学荣获图书馆的各项表彰。

在图书馆第二课堂的管理工作中，第二课堂项目申请、活动发布、学生录取、现场考勤、学分发放的每一个环节都是由协会的同学负责完成，仅此一项工作就为图书馆节省了大量的人力资源。阅读推广协会更大的意义还在于它架起了一道图书馆与读者之间沟通的桥梁，正是由于它的运作，才使得我们图书馆的"读者组织"（by the reader）、"为了读者"（for the reader）、"读者参与"（of the reader）阅读推广理念在实践中得以充分发挥。

3　总结与思考

安徽工业大学图书馆多年来一直重视阅读推广工作，从领导到职工，大家同心协力，开拓创新，借助学校"第二课堂成绩单"制度的东风，通过打造振华讲坛、光影阅读等精品项目；带动了阅读推广协会等一批优秀学生社团的成长，走出了一条独具特色的阅读推广新模式。

同时，图书馆在这个过程中积累了丰富的阅读推广工作经验，培养了一批优秀的阅读推广馆员，也结交了很多知名的学界朋友，扩大了自身在校园乃至社会中的影响，受到了各级领导以及广大读者的一致好评。宝剑锋从磨砺出,梅花香自苦寒来。如今成绩的取得,是图书馆全体同仁艰辛付出的结果!下面,对于工作过程中取得的成绩、经验和未来的发展方向做个总结。

3.1 第二课堂取得的成绩

根据学校团委第二课堂成绩单网络系统"到梦空间"平台显示,图书馆 2017 年全年共举办第二课堂项目 23 次,其中包括振华讲坛、数据库培训等多场高水平讲座(表 2)。2018 年截止到 11 月 30 日,共举办各类第二课堂活动 54 场,累计参与人数超过 15000 人次。图书馆的第二课堂活动成为学校的"第二课堂成绩单"工作的重要组成部分和一大亮点,图书馆基于第二课堂开展的阅读推广活动也成为我校学子争相报名的对象。

在学校"2017 年度第二课堂成绩单暨新媒体"评比表彰大会中,图书馆阅读推广协会被评为校"第二课堂"创新争优先进部落,图书馆学生社团中的三位同学被评为"第二课堂"先进个人。由于阅读推广工作的开展卓有成效,近年来我校学子在省级各类阅读推广竞赛中屡获佳绩,其中,张德松同学荣获省数图第二届文献信息获取大赛一等奖,史顺超同学荣获第三届书香江淮征文大赛一等奖,祝龙飞同学荣获 2017 年"万方杯"文献检索大赛一等奖,钱钱同学荣获 2018 年超星杯微小说大赛一等奖,江悦晨同学荣获 2018 年"外研讯飞杯"英文经典诵读大赛安徽赛区一等奖等。

3.2 特色经验

依靠图书馆特色学生社团充分调动读者积极性,"图书馆积极搭建平台,读者全面参与"的新模式,是我校图书馆阅读推广工作的一项创新举措。目前,以阅读推广协会为代表的图书馆学生社团总数达到四个,学生总数超过 400 人,各社团在图书馆宣传推广组的指导下,依据各自的宗旨开展特色活动,全年共举办各类型阅读推广活动超过 100 场。学生社团的活跃,架起了图书馆与读者间沟通的桥梁,有效缓解了图书馆工作人员紧缺的困难,使得图书馆的各项服务与理念在学生中广为传播,取得了较好的成效,使得图书馆真正成为了我校学生课外学习与实践的"第二课堂",受到了广大读者的一致好评。

3.3 发展方向

目前,我馆全馆层面的体系建设的梳理还有待明确,尚未建立一个全馆性的阅读推广责任单位,参与阅读推广工作的老师同时还需要承担其他馆内工作,并非专职人员。与此相对应,图书馆在阅读推广的人员、场地、经费等方面的配备与保障机制还有待进一步加强。从吸引读者的角度来看,基于第二课堂的阅读推广活动中面向学生社团以及广大读者的管理激励机制还需要进一步健全。

入馆教育系列微视频

叶小娇　贺俊英　储俊杰
（皖南医学院图书馆）

1　案例实施的背景

大多数高校的新生入馆教育主要采用集中教学、实地参观、入馆考试等方式，这种传统的教育方式有一定的优势，但也存在时间紧、学生人数多、教学内容多、教师资源有限等不足，很容易出现上课记得、课后忘光的现象，读者体验度不佳。再加上新技术和新媒体的发展，"90后"新生获取信息的习惯和培训需求发生了变化，他们更偏爱短视频、图片、音频等快餐式的学习资源。本馆入馆教育系列微视频短小精炼，视频内容可反复播放学习，当读者在使用图书馆的过程中遇到困难和问题，可随时随地查看微视频资源获取帮助，及时又方便，充分利用了读者的碎片化时间，很好地迎合了现代读者的需求。

基于传统入馆教育的不足以及微视频入馆教育的优势，本馆对这两种方式进行了结合，入馆教育采用了以传统入馆教育为主（图1），系列微视频入馆教育为辅的新型服务方式。这种方式适应了时代的发展，一定程度上满足了用户需求，效果较好。

2　系列微视频内容

根据本馆的特点设计视频内容，包括图书馆概述、书目检索系统、图书查找借阅归还、数字资源介绍、中国知网数据库以及移动图书馆等六个微视频（图2）。单个视频时间不超过五分钟，主要包括PPT、电脑操作讲解、现场操作讲解等形式。

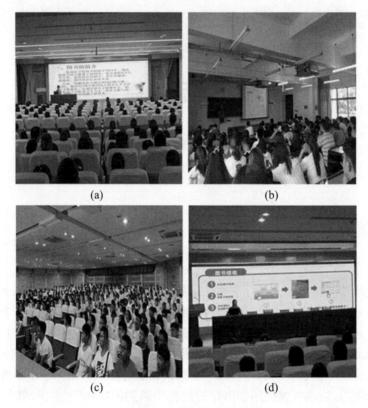

图 1　入馆教育现场

　　微视频的具体内容主要有以下几个方面：① 图书馆概述（图3），从图书馆简介、借阅规则、温馨提示等三方面进行介绍，包括图书馆资源、机构组成、开放时间、借阅册数、借阅时间、超期赔书、入馆礼仪、问题联系、公众号等。视频以 PPT 的形式进行展示，时长为1分47秒。② 书目检索系统（图4），以问题导入的方式展示介绍，向读者演示如何查找一本图书、查找一类图书、图书荐购以及查找用户借阅信息等内容，时长为4分29秒，并配以讲解。③ 图书查找借阅归还（图5），首先介绍图书的排架规则，然后以现场操作讲解的方式介绍如何在 RFID 自助借还机上进行图书的自助借阅和归还。时长为3分39秒。④ 数字资源介绍（图6），对我馆购买的31个数据库进行归类，分别从中文学术资源、英文学术资源、学习考试资源以及视频资源等四个方面展示各个数据库的网址、主页以及该数据库收入数字资源的范围和特点等，并以 PPT 的形式进行介绍，时长为4分20秒。⑤ 中国知网数据库（图7），考虑到这个数据库对本科生来说可能用的比较多，所以在这里做了特别介绍。通过案例的形式向读者演示如何使用简单检索、高级检索、对检索结果的调整以及如何阅读下载文献等内容，时长为3分10秒。⑥ 移动图书馆（图8），主要介绍如何登入查找用户借阅信息以及对馆藏资源和学术资源的检索使用等，操作演示时长为3分52秒。如果大家感兴趣，可以扫描二维码（图9）直接观看所有微视频。

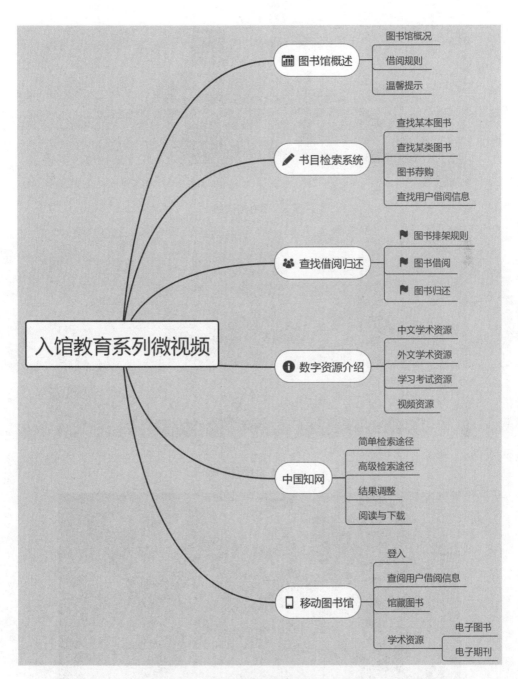

图 2 入馆教育系列微视频思维导图

图 3　图书馆概述

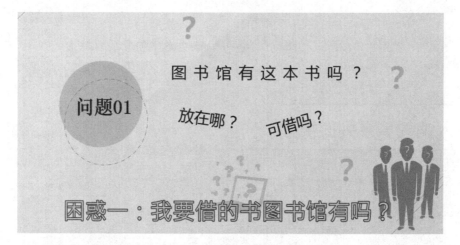

图 4　书目检索系统

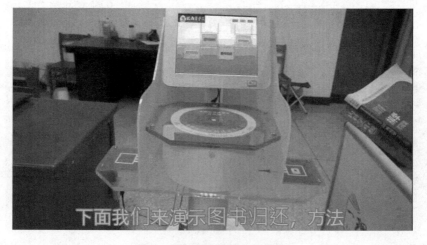

图 5　图书查找借阅归还系统

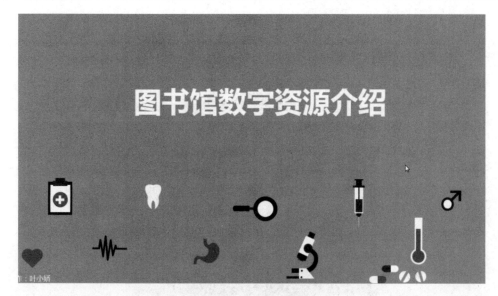

图 6　数字资源介绍页面

图 7　中国知网数据库

图 8 移动图书馆

图 9 入馆教育系列微视频二维码

3 微视频制作过程

微视频的制作需要使用一些软件和硬件,制作工具:① 硬件:手机、电脑、摄像机、麦克风等。② 软件:剪辑师、camtasia studio、爱剪辑、同期声字幕软件、time machine、字幕合并工具——格式工厂等。

微视频的形式有 PPT 演讲、电脑操作讲解、现场拍摄演示等,视频其制作过程大同小异。PPT 演讲形式的微视频制作流程:① 制作准备:主要是准备一些录制需要的硬件设备,在电脑或手机中安装相应的录屏和编辑软件。② 选题设计:根据图书馆的情况,设计好选题,编写视频讲解的台词文本等。③ 收集素材:根据选题的需要,收集相应的图片、文本、视频等素材。④ 课件制作。⑤ 视频录制:播放 PPT,并配上讲解或背景音乐等,采用电脑录屏软件剪辑师(初学者推荐)进行录制。录制完以后,再进行后期的剪辑,运用 time machine 和格式工厂软件进行字幕的合并。

4 案例实施的效果

入馆教育系列微视频目前处于试推行状态,主要通过大一学生在 QQ 群、微信群之间的信息传播,同时在自助借还机上(图 10)和自修室或借阅室桌角(图 11)张贴视频二维码的形式吸引高年级学生关注和使用。目前的试推行(针对大一新生)取得了很好的效果,具体如下:① 借阅室一线馆员反映,学生特别是新生,入馆后,没有出现往年乱哄哄的现象,向馆员询问关于借阅的问题也少了很多,大多数学生都能独立完成借阅,井然有序。② 针对部分学生参加了问卷与访谈调查,大一学生认为系列微视频对自己学习如何使用图书馆帮助很大,有些高年级学生认为采用微视频的方式很有必要。③ 移动图书馆以及中国知网数据库的访问量有所上升。

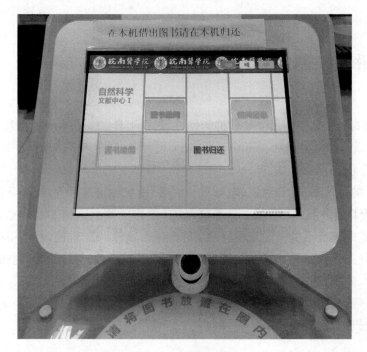

图 10　自助借还机

图 11　自修室桌角

5　案例的经验启示

本馆入馆教育系列微视频的制作可能还有点粗糙、不够精美，但其带来的积极效果和意义还是有目共睹的。一方面，从经济角度上说，微视频的制作不需要特别的专业人员，普通的馆员只要稍加学习就可以胜任，制作零成本，非常适合经费少、规模不太大的高校图书馆开展工作；另一方面，从使用效果上说，微视频形式迎合了当代读者的学习心理，读者愿意接受和使用这种学习形式。本案例的经验启示如下：① 扩大宣传力度，提高使用范围。图书馆可以将二维码放置在图书馆网站首页、微信公众号、新生录取通知书中，最大范围地使学生知晓和观看该微视频。② 根据实际情况，及时调整内容。新生入馆教育是一项系统性的工程，不可一蹴而就，在以后的工作中需不断探索调整微视频教学内容，更好地满足读者需求。③ 根据读者需求，制作其他系列微视频。读者的需求往往千差万别，感兴趣的内容各不相同。图书馆根据读者需求将各个知识点拍成微视频供读者按需查看，以共同达到理想的教育效果，满足读者的个性化需求。④ 提高制作技巧，使微视频宣传常规化。图书馆需要关注微视频的制作和传播，不断学习新技能，提高视频制作水平，并将微视频作为一种常规的宣传手段，应用到图书馆其他工作中。

书 林
——温书品言,静坐听诗

郭培
(皖西学院图书馆)

引言

在如今的大学校园里,信息流如同潮水一般将大学生淹没。在忙碌的现实生活里,丰富的信息让大学生难割难舍,在校园里能够坐下来安静地读一本书的人越发难找。如此以往,当代大学生的内心是空洞的,将来走上社会也易陷入迷茫。于是,在当今泛文化阅读的时代,我们希望能够带给同学们不一样的阅读方式与感觉。所以我们在文化作品上精耕细作,品味其中的情感和内涵,并精心策划了"书林"这一活动,尽可能地使读书这件事更加具有仪式感,让同学们沉浸在优雅高尚的读书文化中,从而更加喜欢阅读、热爱读书。

1 案例介绍

我们热爱文学,热衷文学,尽力领略文学的美。我们在文学作品上精耕细作,通过一种别样的方式带给大家不一样的感受,尽可能地使读书更具仪式感,将其中的情感和内涵展现给大家,一同寻找心的共鸣。为此,我们推出"书林"这一栏目,书林——温书品言,静坐听诗,这是一场视听盛宴。在这里,我们希望将个人成长、情感体验、背景故事等相结合,选用精美文学篇章,用最平实的情感读出文字背后的感情,希望在校园里实现文化感染人、鼓舞人、教育人,展现最真实的有血有肉的人物情感,从而引导广大学生在读书中思考,领悟自己的成长和收获。"书林"这一栏目的氛围相对安静温馨,节奏柔和舒缓,带给大家的不仅是文学的美,还有心灵上片刻的放松,"书林"每期都会以一个充满背景意义的主题词作为这期的核心内容,邀请嘉宾与我们分享他们的故事、分享文学的魅力。"书林"每个月举办一次,我们不断创新,用心经营,致力于通过此平台带给大家最真实的情感以及文学的美。

2 案例实施前期准备

"书林"是一个长期举办的栏目,活动每月举办一期,并由专人负责。

2.1 主题

每一期活动的举办都是围绕一个主题来开展的,该期活动的所有环节都会围绕该主题展开,因此一个好的主题显得尤为关键。

2.2 嘉宾

每期我们都会邀请三位嘉宾,并与嘉宾进行充分的交流商量合作,在嘉宾确定以后开始与嘉宾进行深入交流取得访谈素材,商量相关事宜,以及现场的安排。

2.3 文稿

文稿中包括视频解说词、主持人开场词、嘉宾选文、嘉宾访谈稿、主持人串词等,这些文稿每期都是围绕主题来确定的,符合主题,贴切主题。当然,这些文稿在完成之后还需经过多次的修改,才能最终定稿。

2.4 穿插节目

在节目中穿插一些节目,既不能使整体显得枯燥,也要给每一期带来可期待性,同时也需要符合现场的氛围。

2.5 视频制作

主题确定后,最先我们会写出视频解说词,并开始写脚本,然后寻找场地进行拍摄,多次取景,再进行剪辑,最终完成整个视频的制作,并在每期开始前一两天进行前期宣传,同时给大家带来对主题初步的认识。

2.6 青年歌手

我们会邀请学校里的歌手来演唱每一期的主题曲,充分地演绎每一期的主题。

2.7 宣传

除了之前提到的宣传视频外,对于每一期我们都会设计一个海报用于宣传,放在显眼的地方吸引学校里的学生进行了解;我们也设计明信片作为入场券;我们还成立专门的观众群,进行维护,他们也是书林的忠实观众,因此在每一期举办前我们会在群里进行宣传并告知大家时间地点,以及明信片发放的地点。

2.8 现场的场景布置

我们会对会场进行布置,有大量的书籍、各种装饰物品(提前购买)、花卉等,我们精心装扮会场,争取在活动当晚给观众带来眼前一亮的感觉,使观众真正感受到一场视听盛宴。

3 案例实施效果

至今为止"书林"已完成第一季,共四期,成绩显著。主题分别是:时间、见字如面、昔我、在路上,主题深刻,令人沉思。在第一期举办后,准备第二期的过程中就有同学在书林观众群里询问第二期什么时候举办,可见第一期的成果是很大的。同时书林也有了观众基础,深得大家的喜爱,同学们也通过此栏目更加喜爱阅读。我们会告知同学们每期准备的嘉宾选文,他们都非常喜爱这些书籍,我们也会积极听取同学们的意见,积极与观众互动,不断改进。从第三期开始,我们便会选送书籍,书籍是这期嘉宾所读的选文的书籍,而所得者是我们从观众中按精品留言选取的。此外,为保证公平公正,经过栏目组筛选后同时再由观众选取,从而赠送书籍。此栏目还受到校领导老师的大力支持,在学校官网上会发布举办成果,"书林"也被安徽省教育厅官网报道,影响较大,此外,"书林"由专业老师进行专门指导,使书林得到更好的发展,带来更好的效果,不断改进,使观众更加喜爱书林,更加热爱阅读,使书林郁郁葱葱。活动相关报道及现场等照片如图1~15所示。

传承文学经典 增强文化自信 皖西学院原创校园文化情怀类栏目"书林"第一期成功举办

发布时间：2018-09-20 作者：皖西学院 阅读次数：428

为进一步提升大学生第二课堂素质拓展活动的品质和内涵，弘扬和传承中华优秀传统文化，提升大学生的人文修养，9月15日晚，皖西学院经过精心策划推出的原创校园文化情怀类栏目"书林"第一期如期举行，活动由院社团联合会、大学生读书会和大学生传媒艺术协会联合承办，全院近300名师生来到现场参加了活动。

图1 省教育厅报道书林第一期

温书品言 见字如面 皖西学院读书活动《书林》
引领学子感受书信魅力

发布时间：2018-10-31 作者：皖西学院 阅读次数：33

为进一步传递校园文化情怀，传播优秀传统文化，提高学生综合素质，2018年10月27日晚，由皖西学院社团联合会、读书会、传媒艺术协会联合承办的"书林"第二期在逸夫楼报告厅成功举办，全院约350名师生参与了本次活动。

本期活动的主题为"见字如面"。古人云："知我者，谓我心忧，不知我者，谓我何求！"所谓见字如面，就是将自己书写进另一个人的心窝里。活动现场，汪千霞老师在与主持人的交流中吐露了与父亲间的感人故事，在与大家分享的傅雷家书中娓娓道来父爱如山；外国语学院的John老师以一篇威廉·叶芝的《当你老了》向大家表达出西方诗歌浪漫而深沉的爱。活动中，艺术学院的郑芳妮同学和黄瑶同学分别朗读了白永思先生的选书和改编的《从前慢》，于信件文字中使我们体会到的除了感动，更是作者的一片赤诚。

图 2　省教育厅报道书林第二期

图3 书林第一期嘉宾采访

图4 书林第一期现场

图 5　书林第一期嘉宾访谈

图 6　书林第二期嘉宾朗读

图 7　书林宣传邀请函

图 8　书林第二期外教朗诵照片

图 9　书林第三期献礼皖院嘉宾合影

图 10　书林第三期嘉宾访谈

图 11　书林第三期歌手演唱

图 12　书林第四期赠书环节

图 13　书林第四期主持人

图 14　书林第四期嘉宾访谈

图 15 书林后台观众留言

4 案例实施创新点

4.1 精简的栏目组团队

导演组:统筹整体。
策划组:主要负责撰写策划书以及各项流程。
舞美组:主要负责场景布置以及活动预算申报。
文学音乐组:主要负责文案的撰写以及音乐的选择。
宣传组:主要负责明信片、海报等的设计。
技术组:主要负责视频拍摄等事宜。

4.2 长期性

"书林"为长期性栏目,计划每月一期。用一个月精心策划一期栏目,做到出即精品。

4.3 现实性

"书林"通过嘉宾的现场分享,真真切切地让现场的观众们感受到文学的美、文学的力,"书林"始于文学,终于内心,带大家一起感受那中外文学的美以及背后的故事。

4.4 创新性

"书林"栏目组将不断地创新,一步一个脚印,不断创造全新的一期,使每一期都给观众带来全然一新的感觉。

4.5 互动性

我们会与观众进行充分互动,栏目组常会在现场选取、朗读观众精美留言,大多都是关于自己爱读的书、欣赏的句子等,同时栏目组会为他们送上精美书籍,意为传递文学的力量与热爱。此外,密切联系观众,听取意见,不断改进书林这一栏目。

5　案例总结

"书林"节目每个月举办一期,不断的创新,用心的经营,使得书林更加具有生命力和影响力,每一次通过选文,通过嘉宾的朗读分享,带给大家不一样的思考方式,培养大家多读书、读好书、勤交流的好习惯,同时给大家带来书籍的分享,寻找心的共鸣。继第一季之后,书林的影响力越来越大,也越来越受到更多大学生的喜爱,参与"书林"的人越来越多,这些都是对我们最大的鼓励以及动力,"书林"今后将会继续努力,带给大家文学的美,使"书林"枝繁叶茂。

基于大数据环境下的读者个性化服务

江毅　邹晓峰　张文禄
（亳州学院图书馆）

1　个性化服务的实施背景

1.1　当前图书馆发展所面临的普遍问题

在信息化时代，图书馆发展所面临的普遍问题有两个。一是资源建设问题。当前市场上资源众多且不断涌现，图书馆需要订购哪些资源、已经订购资源的利用情况如何、读者如何在图书馆已有资源中找到自己所需要的资源、图书馆如何把有价值的且适合读者的资源推荐给读者、图书馆如何对庞大的数字资产形成统一有效的管理等问题都亟待解决。二是读者服务问题。读者如何充分利用图书馆的实时数据、搜索资源成功与失败的原因分析、读者的资源需求分析、潜在读者的信息收集、为读者提供一站式信息服务和专业的一对一服务等。

1.2　个性化服务是未来图书馆发展的方向

随着科学技术的高速发展与知识更新速度的加快，特别是在数字图书馆时代，传统图书馆的服务模式已经满足不了人们日益增长的信息需求。现在个性化、精准化的服务模式成为图书馆发展的主要趋势。在这样的需求驱动下，高校图书馆传统的服务方式面临着严峻挑战，个性化、精准化信息服务应运而生，高校图书馆不仅需要根据用户明确提出的个性化要求提供信息服务，而且需要通过分析用户个人特质和使用信息的习惯等来发现其潜在需求并主动地向他们推送需要的服务。在这种情况下，高校图书馆传统的服务方式受到了严峻的挑战，各种个性化、精准化服务应运而生（图1）。

图1 "亳"字雕塑

1.3 个性化服务的意义

高校图书馆拥有丰富的信息资源和人力资源,在信息服务方面有着得天独厚的优势。信息技术的发展和数字图书馆的出现,提高了高校图书馆大数据挖掘、收集、分析能力,便于为用户主动推送个性化、精准化信息服务。高校图书馆可以在更大程度上、更广范围内满足不同用户的不同需求(图2)。同时,在大数据时代,个性化、精准化服务有助于图书馆提高服务层次,可以使图书馆资源配置得到优化。因此,高校图书馆可以通过个性化、精准化的信息服务来充分满足用户的不同需求,使他们体会到使用图书馆的便利性,使越来越多的读者通过切身体会意识到图书馆的重要性,在潜移默化中使用户对图书馆产生依赖,从而在无形中提高图书馆的地位。

1.4 个性化服务的目的

随着信息资源的逐渐丰富,读者如何快速、准确地找到自己所需信息的问题也日益突出。造成这种局面的原因一方面是很多数据库厂商只注重满足用户的普通要求,过于追求数据的数量而非质量;另一方面是用户自身获取信息的能力也不尽相同。为了化解这个困境,高校图书馆应充分利用大数据技术,分析读者的知识结构、信息需求、行为方式和心理倾向等,有的放矢地为读者创造符合其个性需求的信息服务形式与环境,并帮助读者建立个人信息系统。

图 2　亳州学院图书馆

1.5　个性化服务支撑技术

高校图书馆开展个性化服务的可行性主要体现在以下三个方面:网络技术日益成熟且越来越普及;数字化信息越来越多;信息技术尤其是人工智能技术的进步。我馆自 2014 年以来持续加大智能化建设力度,目前已经实现全馆纸质图书电子化,支持图书馆个性化服务所需要的技术条件已经基本具备,如 web 数据库挖掘技术:完成用户登录、身份认证、数据匹配等;网页动态生成技术:根据用户数据动态生成网页;数据推送技术:实现主动信息推送服务;跟踪技术:可以跟踪用户身份、监控用户过程等;安全身份认证:提供安全严密的身份认证管理等;数据加密技术:保障数据在万罗环境中安全传输等;智能代理服务:用于网络信息资源的管理与服务等。

2　个性化服务的创新实施

元数据(metadata),又称中介数据、中继数据,为描述数据的数据(data about

data),主要是描述数据属性(property)的信息,用来支持如指示存储位置、历史数据、资源查找、文件记录等功能。

通过元数据仓储相关技术,对本校图书馆和互联网上同本校学科相关的开放资源产生的各类结构化及非结构化数据,实现对不同格式、协议、类型、规范的元数据访问与聚集。在此基础上,建立我馆统一的元数据标准,所有元数据均按此标准定义和管理,基于可扩展原则实现元数据标准的仓储与利用。

我校图书馆已完成约 25 个中文和约 15 个外文资源库的元数据加工仓储,元数据量条数约 2.2 亿条,实行一站式检索,为全校师生提供全面丰富的数字资源保障。

目前我馆可以实现以下几项个性化创新服务。

2.1 信息推送服务

系统利用大数据技术,可自动将借阅、搜索排行榜中的相关图书文章主动分门别类地推荐给读者。其突出特点是信息的推送服务,改"人找信息"为"信息找人"。比如,在阅读推广栏中,"教师推荐"可以提供教师在上课过程中提供的主要参考文献,以供学生自学时使用;"官员推荐"栏可以对近期馆内借阅量高、流通速度快的图书以及新上架的图书及时公布。"阅读推广"和"名师讲座"栏不仅可以提供本校的阅读活动,还可以联网推荐省内其他高校或机构开展的阅读活动与名师讲座活动(图3)。这些栏目的设置使读者可以更轻松、更便捷地寻找自己需要的信息。

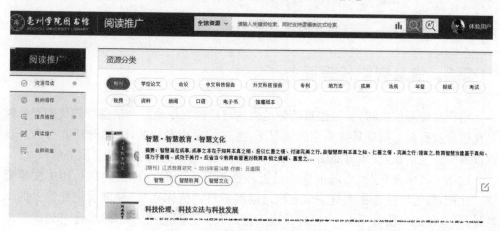

图 3 亳州学院图书馆网站页面

2.2 信息分类定制服务

信息定制服务是以读者的需求为服务导向,根据读者的信息需求,对信息资源进行加工、整合并传递。比如,读者登陆个性化服务系统后,可提交个人的要求,系统将会为读者呈现其需要的信息,其他不相关的信息则被过滤掉,不会出现在读者的个性化服务系统内。

在"我的订阅"栏中,读者可以进行自我订阅管理,所有馆内纸质资源和电子资源中与读者需求相关的信息将会被推送给读者,如有更新信息也会在第一时间推送,不需要读者再次搜索。"定题服务"中可以帮助有志于课题研究的教师了解当前同类课题申报的情况(图4)。"文献互助"栏可以使读者在短时间内获得馆内没有的文献资源。"辅助翻译"可以帮助读者实现各种语言的互译。

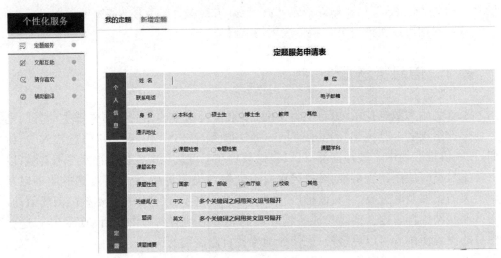

图4 "个性化服务"页面

2.3 信息智能代理服务

用户在检索信息时,有时很难清楚地表达自己的兴趣爱好。信息智能代理服务就是在读者没有提出明确具体要求的情况下,通过记录读者行为,主动分析其行为并提取读者个性化信息,搜集可能引起读者兴趣的信息,然后为其提供信息服务的模式。

比如,"猜你喜欢"栏可以根据你最近经常浏览的页面内容主动推送相关文献资源。比如,最近有读者在浏览关于五四运动的资料,"猜你喜欢"栏就会记住读者的浏览爱好,在最近一段时间内,主动向该读者推送有关五四运动的报纸、杂志和馆藏的纸质文献资源。如果读者转为浏览有关家庭文化的内容,系统会主动识别,并在该读者下次上线时主动推送有关家庭文化的内容。这样的推送减少了读者的文献检索工作,读者可以更加方便地获取自己需要的文献资源(图5)。

(a)

(b)

图 5 "猜你喜欢"页面

2.4 智能搜索服务

读者使用智能搜索系统,可以一次性搜索到需要的资源;系统的智能搜索技术可以进行多语种同步搜索，同时具有普通搜索和高级搜索选择，可以通过帮助用户选择更接近自己检索目标的检索词来提高信息查询搜索效率(图6)。

图6　智搜系统页面

2.5　读者中心服务

读者中心系统是利用个性化服务系统为读者建立的个人数据库，可以保存读者的个人信息以及其感兴趣的资源、访问记录、下载、评论等信息。读者的个人数据库可以帮助系统更好地分析读者。

读者服务中心继承了传统读者服务中心的功能优势，并在此基础上进行了优化升级。比如，在"我的足迹"和"我的基因"栏中，可以直观反映该读者的搜索、浏览、下载、收藏和分享次数，对于图书馆客观地分析读者阅读习惯以及读者自我客观评价具有重要的指导作用(图7)。

2.6　智能参考咨询服务

智能参考咨询服务系统充分利用移动互联网优势，将传统的以图书馆为中心的服务方式变革为以用户为中心的服务方式，读者在不脱离当前的工作和学习环境的情况下，可以直接通过人机对话的方式，在线解决自己遇到的阅读问题。对于一时无法通过人机对话解决的问题，读者可以通过在线留言的方式获得人工解答(图8)。

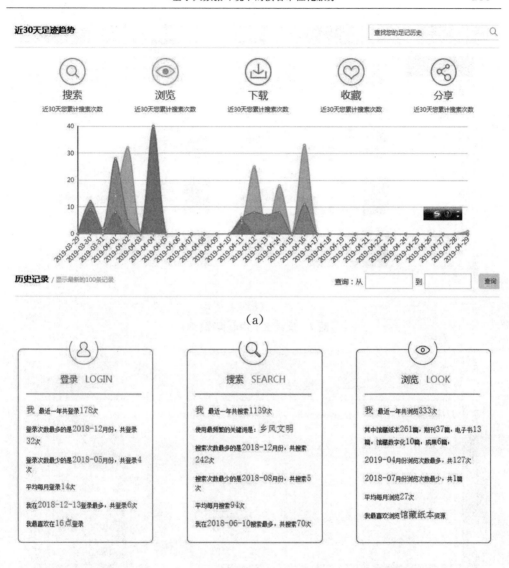

(a)

(b)

图 7　读者服务中心页面

(c)

图 7 读者服务中心页面(续)

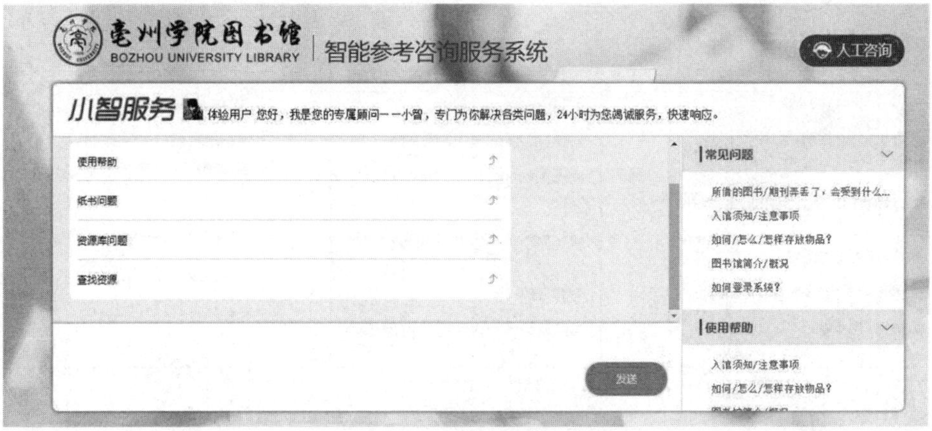

图 8 智能参考咨询服务系统页面

3 个性化服务的实施启示

我校图书馆使用个性化服务系统后,在图书馆资源的整合、利用,读者的管理、服务等方面都取得了长足的进步。系统利用多元化的呈现形式,帮助馆员更好地发现问题、解决问题,让我校图书馆实现规划化、科学化、智慧化、可视化发展(图9)。

3.1 数据化成果展示

(a)

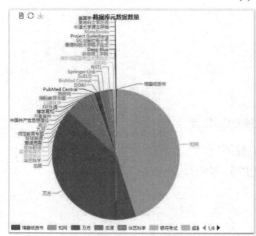
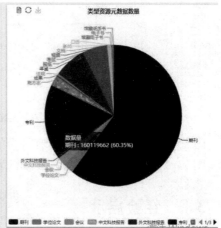

(b)

(c)

图 9 数据化成果

用户行为数据统计							
数量统计	登录次数	搜索次数	浏览次数	查看次数	下载次数	分享次数	收藏量
今天	20	21	11	7	1	1	3
昨天	76	76	25	25	34	2	5
近一周	444	660	278	122	376	4	21
近一月	2029	2582	864	423	1365	8	40
总量	16642	21291	7968	3519	9908	35	175

(d)

用户行为数据统计							
数量统计	登录次数	搜索次数	浏览次数	查看次数	下载次数	分享次数	收藏量
今天	100	158	128	91	30	3	9
昨天	83	121	112	68	32	5	12
近一周	1537	2354	698	386	635	23	42
近一月	6312	7003	2567	1269	2114	61	74
总量	42653	62192	21895	9419	13562	253	892

(e)

图 9 数据化成果（续）

图 9(d)为系统未上线前，读者行为的数据统计。

图 9(e)为系统上线一年后，读者行为的数据统计。

3.2 经验启示

随着大数据技术应用的深入和读者服务需求的增长，图书馆大数据环境和读者行为分析过程将更加复杂多变。从大数据视角来说，只有努力获得新的市场洞察、预测和分析能力，才能保证读者行为分析的科学、全面、准确，才能为大数据环境下的图书馆读者个性化服务提供可靠的数据支持。根据我馆个性化服务的经验，我们认为未来图书馆的个性化服务应该注意以下两点。

一是要注重"以人为本"的服务理念。个性化服务本身就是根据读者的个性化需要而提供的服务，因此必须要充分体现出以读者为中心的基本服务原则。在实现个性化服务的过程中，需要将以读者为中心的基本原则作为一切工作的出发点与目标，真正地贯彻到服务系统的每一个方面，主动分析读者的需求，并提供有针对性的服务，给读者提供自由选择的空间，并让读者自主进行匹配。我馆近几年所开展的有针对性的、灵活的个性化服务，产生了较好的效果，很大程度上提高了读者的满意度。在今后的工作中还需要继续加强关于服务反馈方面的工作，以更好地了解读者的满意度，并为今后深入开展个性化服务提供重要信息与依据。

二是要深度开发网络资源，实现资源共享。我馆在开展个性化服务的过程中，还需要充分满足读者的多元化需求,积极发展网络计算机技术、电子信息通信技术与多媒体技术。首先,在实际服务过程中,要重点开发现实馆藏,对存在于图书馆内的信息文献进行深入开发,形成二次或者三次文献信息产品,同时将文献中的知识单元从文献中剥离出来,综合形成新的信息资源。其次,还需要强调虚拟馆藏的开放,运用计算机网络技术,按照特定的主题对信息进行整合与浓缩。最后,还需要加强专题数据库的建设,长期关注不同学科的发展,建设一批学科性较强的数据库。在此基础上,还要建设包括传统文献、网络资源与电子出版物在内的多元文献管理系统,强调馆际合作,实现资源共享。

"闭环式"图书馆服务模式养成记
——以蚌埠医学院图书馆为例

姜思羽　王雪梅　廖丹
（蚌埠医学院图书馆）

1 服务创新案例实施的背景

进入 21 世纪后科学技术日新月异，发展速度比以往任何时期都迅速。现在经常听到人们谈论信息爆炸、信息安全等话题，以"大数据"为代表的新的信息名词不断出现在社会生活中。互联网、多媒体、微平台技术的发展给我们工作生活学习各方面都带来了深刻的变化。与社会化新传媒行业（微博、微信等）相比，高校图书馆"守书待读者""坐而论道"的工作理念遭到极大挑战。

作为高校三大支柱之一的图书馆，在大数据时代，对于高校的科研教学理应发挥重要的支撑作用。从整体看，目前高校图书馆的服务已经十分便捷是大家的共识，但实际工作中最能体现高校图书馆作用的学科服务和读者服务，并没有随着技术的更新和发展而得到有效的提升。近代，图书馆一直是以纸质资源的建设和管理为基础而组建起来的，"全媒体技术"的技术冲击给传统高校图书馆带来了很大冲击。根据国家发布的《国民阅读调查报告》，我们将 2011 年发布的第八次调查报告与 2019 年的第十六次调查数据进行对比，纸质图书阅读量从 4.25 册增加到 4.67 册，电子书阅读量从 0.73 册增加到 3.32 册。相较纸本图书统计情况，高校图书馆的数字（电子）资源的检索量、浏览量、下载量却增长迅猛。南开大学刘念曾指出，OCLC 全球报告统计表明，有 89％的大学生在进行信息检索时会选择商业搜索引擎，仅有 2％的学生会选择图书馆的网站。从每天到馆的读者来看，大多是来占座位或上自习的，读者使用或浏览的书多数是自备的，为了出国、考试、考证……真正使用图书馆资源（从书架上拿的书）的少之又少。而图书馆设置的电子阅览室，现在形同"网吧"，读者在使用电子阅览室时，主要在玩游戏、社交软件，甚至看电影，真正使用图书馆电子资源的人数非常有限。为什么同学们都不到图书馆来？如何提高图书馆资源的利用率？又究竟是哪些因素困扰着我国高校图书馆的读者服务工作呢？

一是客观外部因素：① 新技术、新手段的出现，让学生有更多的途径可以去阅读；

② 图书馆采编采访自身工作流程存在局限性,从新书到最终上架、开放使用,这其中要经历较长的时间段;③ 在考试制度的导向下,得高分、拿奖学金,毕业能否顺利找到合适工作对学生来说显得更为重要。④ 师生对图书馆服务工作认可度也是一类影响因素,高校图书馆最主要的工作就是为学校的科研和教学服务,为其工作的开展提供支持,但有时高校图书馆无法有效地提供相关服务。二是主观内部因素:① 队伍建设的困境。如今多数高校图书馆的人员组成在年龄结构上不平衡,具有专业背景尤其是高学历的专业背景的人才少;② 继续教育或学习的机制不完善。绝大多数高校图书馆缺乏对于自己馆员进行培养和提升的一套合理的教育思路和方法;③ 图书馆硬件资源有限。作为学生的"第二课堂",学生在图书馆中的自学空间存在明显不足。

2 服务创新案例简介

1931 年,阮冈纳赞提出"图书馆五定律",他指出:① "Books are for use",即"书是为了用的";② "Every reader his book",即"每个读者都有其书";③ "Every book its reader",即"每本书都有其读者";④ "Save the time of the reader",即"节省读者的时间";⑤ "A library is a growing organism",即"图书馆是一个生长着的有机体"。为了让广大师生认识到图书馆资源对于学生学习生活、教师教学科研的重要作用和意义,蚌埠医学院图书馆(以下称本馆)提出了一种创新的图书馆服务模式,如图 1 所示。本馆在探索新的模式时,从图书馆服务单元出发,在新模式中引入一个新的结构单元,一方面提高在校生的信息素养,另一方面促进全校师生对图书馆资源建设的了解与使用。为了让服务形成一个"有问题—有反馈—有解决"发现解决问题的自身优化流程,在新的模式中,本馆提出了一个"良性可持续的闭环"概念,从解决问题出发,不断优化完善资源建设、馆藏服务等各环节中存在的问题,结合新的结构单元,不断优化自身、提升服务能力,使资源和服务更符合用户(本校师生)的需求和希望。

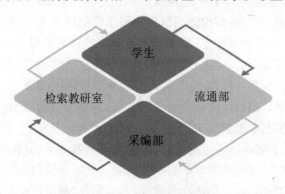

图 1 闭环式创新服务模式

对闭环模式中各环节阐释如下。

检索教研室：设立在图书馆，任课教师绝大多数为本馆馆员。从渊源看，学校开设《医学文献检索》课程已经有20余年的历史，并于2001年10月正式成立了文献检索教研室；从受众看，《医学文献检索》为公共课程，授课对象为在校所有研究生和本科生，重点培养学生的信息素养和实际动手检索能力。目前，教研室每年为全校23个专业的近3000名在校生提供医学信息检索课程，通过课程宣传图书馆纸本和电子资源，让更多的学生走进图书馆。通过课程让学生认识到信息资源的重要性，教给学生查找信息的技巧和途径，让学生在图书馆练习和提升信息素养。

高校图书馆与信息化教育实践有机结合，不仅可以改变传统单一的教学模式，而且可以将其他新颖的模式更加生动形象地加入到教学管理中，使教学内容变得丰富多彩。如此一来，不仅有利于提高课堂教学效果，同时提高学生运用图书馆学习知识的热情和学习的积极性。在实际教学和服务中，提出以"合作性、全覆盖、准对性"为特点的理念，把检索课程和检索服务过程分为基础性指导、专业针对性指导（专业或学科有关的）、论文指导三个维度，使得在校生能在学习的不同阶段合理利用不同类型的资源，掌握不同检索技巧和方法，在循序渐进的学习中提升资源利用的能力，使学生通过检索课程对图书馆的各类资源有更深入的了解。以图书馆馆员为主要师资来源，从学生信息素养角度激发学生对图书馆的关注，通过不断提高教学实用性和学生的学习效果，在教学过程中利用各类（纸本或数字）资源，使学生学习内容不仅局限于课本，还可以接触到最新最前沿的学术观点和科研成果。对新知识的接触和了解激发了学生在课堂上的求知欲望，这就对检索教学的课堂内容和效果提出了更高的要求：教材需要紧跟时代发展和技术更新，教学内容要贴近生活、贴近实际，教学方法要新颖多变。在课堂中融入馆藏资源尤其是数字资源，打破"任教教师把控课堂"的固化模式，使学生由被动变主动，参与到课堂互动，以讨论的形式"授人以渔"，在"讨论式"课堂环境中，激发学生的兴趣，促进其对馆藏资源的了解。课下，在兴趣的驱动下，学生会带着问题使用馆藏资源，在使用中探索答案、发现问题，并在下一次的检索课中提出—讨论—解决问题。如此周而复始，整个教学过程就形成了良性的循环。

学生，即用户或读者，是高校图书馆目前最主要的服务主体，是图书馆服务的主要群体。有了读者和读者需求，才凸显了图书馆存在的重要意义和价值，他们也是图书馆一切工作的中心和标准。读者对图书馆服务依赖性的大小，很大程度上引导了馆里工作的开展，尤其是服务工作水平的提升。高校学生除了应该吸收优秀查阅知识之外，更应该找到学习知识的认知理念和学习方法，这需要在高校教学过程中让学生们认识到，了解如何在图书馆学到知识的乐趣，这样才能培养人才，为我国民族复兴发展提高坚实的保障。本馆开展了主动推广（义务馆员和各类活动）和被动接受（通过课程提升学生信息素养，同时通过课程了解本馆资源对其职业规划和学习的重要作用）。

图书馆为服务提供方，主要从资源建设（即采编部）和资源使用（即流通部）两个单元考量。

流通部：是图书馆对外的窗口，主要负责馆藏资源（纸本资源）的接收与管理，馆藏资源（纸本资源）的借阅和流通，同时还要解答读者使用馆藏资源时提出的各种各样的问题。在资源的宣传、导读和推荐方面，流通部也发挥着不可或缺的作用。美国学者史蒂格(M. F. Sting)提出了"人本价值观念是图书馆的核心"的观点。图书馆服务应该坚持以读者为中心，少些障碍，多些顺畅；少些冷漠，多些温暖，尽量给读者营造居家般的舒适感。作为图书馆的窗口，在保证日常开架之余，应对大量同学时也要保证能服务好学生。随着科技的进步及信息化手段的增多，可满足读者需求的服务方式越来越多。自2013年起，本馆全部新上架图书实现了RFID管理，开放了24小时自助借还系统，并配置了阅览桌椅与WIFI。

采编部：工作范畴主要涉及资源的采访、订购以及馆藏的著录；同时还要建立和维护馆藏的分类体系和维护书目数据信息；开展和保障文献传递、交换以及馆际互借业务；开展图书情报学和馆藏文献等相关研究。随着"互联网+"时代的来临，读者需求导向的馆藏资源建设趋势越来越明显，图书馆资源建设中要更多地考虑读者的需求和使用习惯。为了适应资源建设的趋势变化，本馆尝试将读者从服务的终端角色转变为图书馆资源建设的决策端角色，提出了"读者—需求和偏好—图书馆"的图书馆馆藏资源建设新方式。基于借阅系统后台的大数据，分析整理，形成"以馆藏建设为主，学生阅读为导向"的采访采编方案，在保证馆藏分配合理的基础上，向学生喜好借阅类型倾斜，有计划、有针对性地完善和补充馆藏，不断提高纸本馆藏的质量。

在新模式的实践过程中，通过不断地调整与优化，本馆对简略式闭环模式进行了补充和完善，如图2所示。在整个模式中，如何吸引学生、抓住学生的关注点成为了突破点和优化点。为了更贴合学生，在实际中，本馆充分发挥"义务馆员协会"庞大的学生基础，有效提升关注度。图书馆义务馆员协会于2005年9月正式成立，隶属于校图书馆由校团委负责指导。发展至今，会员总数已逾千人。社团以"发展图书馆事业，传承人类文明"为目标，以提升大学生服务同学、奉献爱心为宗旨。在校图书馆的日常运转过程中适当地引进学生参与志愿服务，一定程度上解决了图书馆面积较大、管理人员不足的问题，在培养学生的管理组织能力、提高学生的文化素质及个人修养方面也获得了良好效果。一方面，学生通过课程对图书馆及其资源有了基本的了解，通过课堂讨论，学生带着兴趣来了解和体验图书馆资源；另一方面，通过义务馆员协会举办的不同主题的活动，一改图书馆在学生心中死板呆滞的固有印象，加深学生对图书馆的关注程度。在主动参与活动和被动学习检索技能的双向引导下，学生的信息素养得到显著提高，同时，图书馆阅读推广工作也得以顺利推进，使资源动起来，利用率高起来。

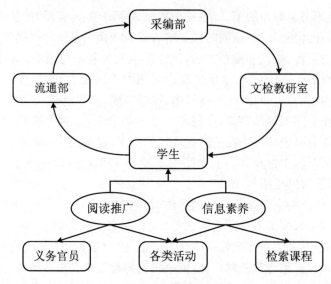

图 2　闭环式创新服务模式优化图

3　效果与改变

3.1　让学生走进图书馆

高校图书馆作为信息文化教育机构,在高校中扮演着重要角色,能够为在校师生提供优质高效的信息服务和知识服务。"融入课程的信息素养教育"是馆员作为教学参与者融入到课堂,把信息意识、信息道德和信息能力融入到课堂的教学内容中去,通过检索课老师的讲解,使学生在学习检索知识和检索技巧的同时,提高自身的信息素养及能力。融入教学的信息检索课程在实现课程教学内容目标的同时,还可以培养学生信息检索技能,提升学生整体信息素养水平,通过一门课程实现"双目标",即学习和能力的双培养。课程结束时会有信息知识和信息素质能力两方面的测评,即"双测评"。

高校图书馆能否提供有针对性的服务来满足读者日益增长的信息文化需求是高校图书馆最重视的问题之一。高校图书馆的馆藏建设是高校发展和建设非常重要的基础性保障,通常情况下,用馆藏资源利用率来衡量馆藏资源能否满足读者需要,而理论上资源利用率通常与借阅次数呈一定的正向相关关系。对实体图书馆来说,如何让学生了解图书馆?如何提高学生到馆率?怎么样提高纸本图书借阅量?这些一直是图书馆工作的重点和难点。

受到医学院校学生课业压力大的影响,一直以来本馆借阅量表现平平,总体借阅量维持在年均70000~80000,如何让学生到图书馆来、提高纸本图书的利用率一直困扰着本馆。2017年,本馆提出"图书馆+信息素养"教育理念,依托文献检索教研室,在教学中加强学生对图书馆的了解,同时让学生学有所用,充分地利用图书馆资源。通过一个学期的实验,发现学生的参与度明显增加,图书馆馆藏利用率有所改善,并在下半年,进行全课程推广。截至2017年年底,当年借阅量达到23万,较之前提升近3倍,如图3所示。

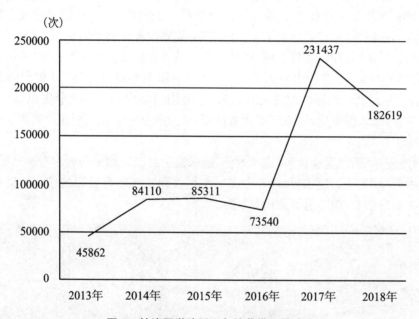

图3 蚌埠医学院近六年馆藏借阅量统计

文献检索课程以图书馆馆员为任课教师,将课程内容与图书馆的服务结合在一起。从读者角度来看,可以提升读者的使用体验,让读者知道图书馆有哪些资源,如何利用这些资源;从资源利用角度来看,可以盘活"沉睡"的图书馆资源,尤其是纸本资源。二者的结合是一种"教学相长"的过程,以"教"促"用",以"用"促"学",以"学"促"教"。在校师生与图书馆员共同参与,相互促进和发展,有效调动馆藏资源,服务教学、科研、院系建设等方方面面,为高校的长远发展提供有力支持。同时,这改变了单一的、通过开展电子资源讲座、数据库使用以及数据商推广活动等讲座式的宣传与讲解,使学生、教师能结合自己的资源需求,有目的地利用资源。

3.2 把学生留在图书馆

如何让大批学生走进图书馆?又该怎样留住学生呢?为此,本馆设立了一系列提高学生信息素养以及和学生学习生活密切相关的活动。

3.2.1 丰富多彩的活动

图书馆通过"读者之星"活动评选出在活动期间使用图书馆借阅书籍最多的读者,这在校内掀起了一阵借阅图书的浪潮,"你推荐我买单,阅读推荐活动"在活动现场共展出了各类精品新书 5000 余种,学科涵盖文学、医学、哲学、计算机等领域,活动共吸引 1000 余名师生参与,并收到荐购图书 2000 余种,通过读者推荐图书馆采购的方式,提高了读者阅读选择的自主性,在提高图书馆藏书的利用率、提升图书馆服务效能建设方面起到积极作用。"爱书护书志愿活动"征集到读者志愿签名近 800 份,意在提醒读者在阅读时文明借阅,爱惜书籍,同时义务馆员协会组成爱书护书小组,为图书馆修补破损封面、书页、标签的书籍近 900 本。"图书馆书签设计比赛"征集到书签设计 300 余份。通过活动的形式促进读者思考,让他们勾画出心目中理想图书馆的样子,并做成书签,放入图书馆,既方便了读者使用,又为图书馆文化氛围建设增添了一抹亮色(图 4)。

"时光漫递"活动是让读者"寄一封信,给未来的自己",信里包含着对自己的期待、对未来展望,对生活的追求等,读者会在一年后收到一年前自己写的信。活动意在鼓励大学生不忘初心,树立远大志向及目标。

(a)

图 4　图书馆系列活动

(b)

图 4　图书馆系列活动(续)

此次系列活动的举办,旨在通过丰富多彩的活动形式引导大学生养成良好阅读习惯,培养主动阅读意识,同时推动校园文化氛围的营造,对我校建设高水平医科大学起到积极促进作用。

3.2.2　强大的义务馆员协会

义务馆员协会作为学生社团,是图书馆与学生开展交流的重要媒介,通过"尊重图书、文明借阅——爱书护书活动""你心中的图书馆书签制作"等一系列活动,发动同学来了解、感受纸本图书的文化感(图5)。

每年的4月23日是"世界读书日",倡导"散居在全球各地的人们,都能享受阅读的乐趣,都能尊重和感谢为人类文明做出巨大贡献的文学、文化、科学思想大师们"。为迎接"世界读书日",推广全民阅读,打造书香文化校园氛围,鼓励同学们多读书、读好书,义务馆员协会举办了"读书月"系列活动。通过"读书月"系列活动的举办,引导大学生感受墨香之美、读书之美,把读书作为一种生活习惯和精神追求,在阅读中认真汲取中华优秀传统文化的精髓,深入挖掘时代价值,对营造良好的校园读书氛围和繁荣校园文化起到了积极作用。

(a)

(b)

图5 义务馆员协会系列活动

稳固的阅读推广合作体与阅读推广活动长效机制相结合。一方面,本馆在阅读推广中既上下联合积极争取上级相关组织和部门的支持和配合,又发挥校内义务馆员协会的强大作用,利用义务馆员来源于读者又服务于读者的双重特性,不断在读者中进行阅读渗透,扩大阅读覆盖范围,使义务馆员成为阅读推广工作强有力的基石,同时保持义务馆员的生命力。另一方面,本馆为即将实施的活动做好充分准备,结合社会事件开展活动主题和内容的设计,方案筹备和实施过程要切实贴合读者的兴趣点,有效保证活动的热度和关注度,义务馆员协会每年都会制订长期的阅读推广计划,在借鉴历年的经验教训的基础上,筹划可持续的阅读推广发展途径,在保有固定阅读推广活动的同时不断推陈出新。

3.2.3 让"信息素养"落到需求中去

为帮助毕业生对自身职业发展方向及当前就业形势有更清晰的了解和认识,使同学对自己的未来职业发展方向有更清晰的规划,树立正确的就业观念,本馆邀请了"就业数字图书馆"数据库指导老师来学术报告厅做就业指导方面的讲座(图6)。

(a)

图 6 信息素养系列活动

(b)

(c)

图 6 信息素养系列活动(续)

(d)

图 6　信息素养系列活动(续)

　　讲座中,主讲人对该数据库的使用做了详细的介绍和阐述。数据库包括职业评测、职位大数据、行业大数据等九大模块,并针对毕业生即将面临的继续深造、毕业就业和自主创业的利弊,结合自身的就业、创业经历做了深入、专业的分析,提出了通过个人情商分析、个人专业能力测试、个人职业能力测试等方向定位后给予有针对性的职业规划建议,并对大家在就业数字图书馆库过程中遇到的各种问题进行解答。参与讲座的同学纷纷表示,讲座内容充实、实用性强,为自己指明了就业方向,解开了就业疑惑,拓宽了自身就业、创业的视野,对未来就业、创业以及完整的职业规划有很强的指导作用。

　　据不完全统计,学生参与图书馆、义馆固定活动的积极性越来越高,参加人数逐年增加。近三年图书馆义务馆员协会开展主要活动参与人数统计情况如图7所示。

　　统计发现,有针对性地采取多种方式,满足不同读者、不同时期的不同需求,可以有效提高读者对阅读推广活动的关注度。阅读活动的推广离不开读者的积极参与,本馆不断加强与读者的沟通和联系,及时了解读者诉求,切实从读者需求出发,制订符合读者需求的阅读推广活动,以更好地保证活动实施效果。

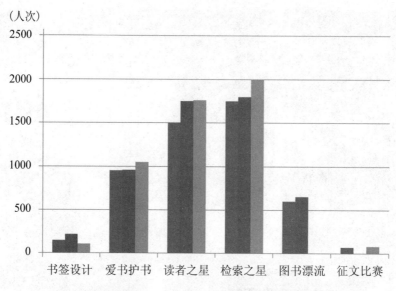

图 7　近三年图书馆义务馆员协会开展主要活动参与人数

3.3　图书馆自身建设的提升

图书馆资源出发的建设不仅要符合学校发展的大环境，还要符合学生的专业需求和日常要求，这就需要图书馆密切关注读者的阅读状况。在校生是本馆主要的服务对象和主体，在校师生图书借阅状况对本馆馆藏资源利用率的高低会产生最直接的影响。馆藏资源利用率比较客观地反映了资源建设的优劣、馆藏资源是否能够满足师生的需求。图书馆想要做好馆藏建设就必须从读者角度出发，对读者借阅信息、借阅行为进行大数据收集和深度挖掘，通过统计读者的借阅情况，分析和了解其借阅规律，掌握其阅读行为。通常情况下，馆藏资源利用率与图书借阅次数呈正相关关系。对读者借阅行为的调查和分析，有助于图书馆面向不同读者的多方面需求个性化地、有针对性地提供服务策略，对图书馆资源建设的合理规划和高效发展有积极意义。

在这个数据爆炸时代，通过对读者行为的分析，可以了解和分析读者的借阅兴趣倾向和借阅需求。馆藏资源建设本着"以人为本"的理念以读者需求为核心，通过读者数据来推断读者阅读或者借阅的倾向与需求。对用户数据进行及时准确的分析，并向读者进行有效推荐，可以在解决信息过载的同时大大提高读者满意度。如图 8 所示，对比统计结果可以发现，读者借阅行为偏好与实际馆藏布局存在一定偏差，由于本馆属于医学类院校图书馆，在图书采访时，流通部更多地将精力放在了学科建设和教学支撑上，从而忽略了读者的偏好。尤其在以"90 后"为主力军的大学生群里，在日常生活和学习中，过于细小专深的研究领域资料对他们而言过于晦涩。结合 2016 年读者借阅偏好，在 2017 年图书资源建设中，在保证以医学类图书为主的前提下，适当地扩大其他门类图书的采购计划，各类图书采购比如图 9 所示。

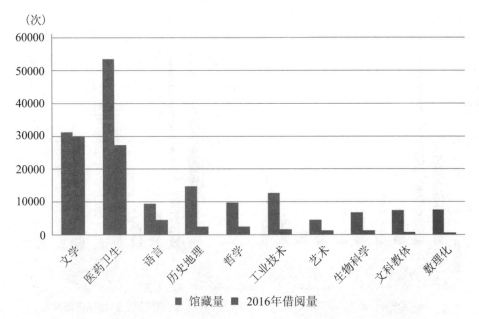

图 8 蚌埠医学院图书馆 2016 年图书借阅学科分类与馆藏学科数据

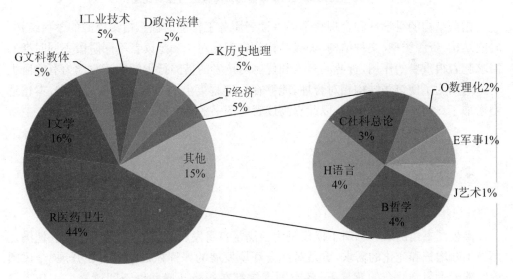

图 9 蚌埠医学院 2017 年各学科采访分类

读者的兴趣和需求是读者借阅行为的内在驱动力。想要优化馆藏资源,就要从读者需求和兴趣出发,找到突破点。因此,针对读者需求,本馆通过分析读者的借阅行为产生借阅数据,调整馆藏建设,对到馆新书向读者进行图书推荐,以此来激发读者的兴趣,引导读者的借阅。在统计 2018 年学生借阅量时,我们将数据与 2016 年借阅统计数据进行对比,发现以"学生阅读喜好和偏向"为导向的采购修订方案,对馆藏的丰富和建设具有积极意义(图 10)。

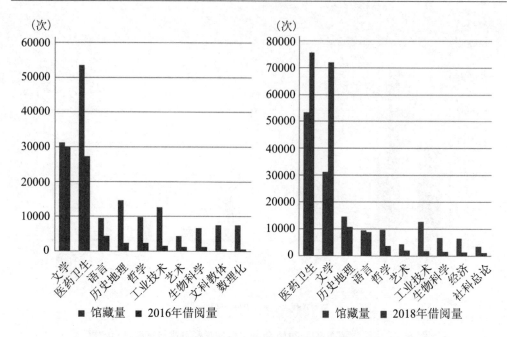

图10 2016年、2018年借阅量与馆藏数据对比图

馆藏结构的科学性和合理化是做好读者服务工作的前提。馆藏资源的学科结构、时间结构、资源类型、文种结构、等级结构的合理化对于满足读者不同阶段不同时期的需求起着很重要的作用,资源的多少和优劣对读者的借阅行为和阅读驱动力有着巨大的影响。为了使馆藏结构相对合理,能够在一定程度上满足读者的借阅需求,本馆适当增加了热门图书的复本量,以此提高读者对图书的借阅率。

4 总结

高校图书馆的服务创新不仅仅是为了满足自身发展的需要,也是为了更好地满足用户不断增长和变化的需求,更是对社会环境发展的一种积极响应。在开展"全民阅读"、建设学习型社会的背景下,各类图书馆都在积极开展并创新阅读推广工作。自2017年以来,本馆探索和实践了一套新的闭环式图书馆服务模式,即通过课程让学生走进图书馆,通过学生促进资源流通,基于学生的借阅大数据,适时地调整图书采访重点,促进馆藏资源的建设,以不断丰富的馆藏不断满足学生的需求,吸引更多的学生利用图书馆资源。

探索图书馆的小微世界
——"图书馆知识大闯关"微信小程序开发实践

杨焕昌　夏红

（合肥师范学院图书馆）

1 案例实施的背景：小程序的出现发展及优势分析

1.1 微信小程序出现和发展

2017年1月9日，微信小程序上线。微信的创始人张小龙对小程序的定义是，它是一种不需要下载、安装即可使用的应用。它实现了"触手可及"的梦想，用户扫一扫或者搜一下就能打开应用，用完可随手关闭，充分体现了用完即走的理念。从中，我们可以提炼小程序的三个关键词"无需安装""触手可及""用完即走"，这三个关键词很好地诠释了小程序的特点。其实早在2016年1月11日，张小龙在微信公开课中就提到，希望可以研发一种新的"公众号"，用户关注后就可以像安装了一个应用程序一样，平时这个"公众号"不会推送任何信息，需要的时候找到这个"公众号"就可以直接使用。张小龙称其为"微信新形态"，也就是小程序的概念雏形。

中国社会科学院信息化研究中心秘书长姜奇平这样评价小程序："小程序的创新，主要表现在从高度依赖平台转向高度依赖生态；从原生应用转向网页应用；从以拥有为中心的用完闲置，转向以使用为中心用完即扔，让用户无论走到哪里都可以随取随用，而无需回到特定的平台和客户端。这相当于从'农耕'的互联网转向了'游牧'的互联网。"可以看出，小程序的出现无疑会对当前手机应用市场产生很大的冲击和影响。

小程序诞生以来备受各行业关注，2017年12月28日，微信推出"跳一跳"小游戏，这款小程序推出后大受欢迎。不到一个月的时间，参与用户就达到了3.1亿。"跳一跳"的火爆也使得小程序进入一个发展高潮，随着其功能日渐完善，各类小程序如雨后春笋般出现。2018年1月15日，微信团队首次公布了小程序诞生一年来的关键数据：58万个小程序、1.7亿日活用户、覆盖逾100万开发者和2300个第三方开发平台。仅用了一年时间，小程序就交出了漂亮的数据。小程序用户数量的增长速度要远超微信当初的发展速度，微信用户规模增长至4亿花费了916天，而小程序用户规模从零增长至 4.15 亿只用了 446 天。可以说，小程序仅用了一半时间就走完了微信同阶段的发展历程。小程序的快速发展主要得益于两方面：一方面是微信庞大的用户群，据统计，微信和 WeChat 的合并月活跃账户数达到 10.58 亿，我国人均日上网时间为 90 分钟，25%耗费在微信上；另一方面是小程序精准的服务定位和独特的应用优势（图 1）。

图 1　小程序的优势

1.2　小程序的优势

1.2.1　使用简单

首先，小程序无需安装，打开就可以直接使用，这就省略了下载、安装、注册等一系列麻烦的操作。同时因为不用安装，所以也就不存在卸载问题，免去了"存储空间不足""频繁清理内存"的烦恼，这为满足低频需求提供了一个极为便利的渠道。根据施拉姆的"选择的或然率公式"，低频需求往往因为需求低且"费力程度"太高而被抑制。这也是很多使用率低的 app 的痛点，安装繁琐，使用有限。用户虽然有需要，但面对这样的 app 往往望而却步，或用不了几次就卸载了。然而，这些应用实际上涵盖了大量生活服务的长尾需求。小程序另辟蹊径，用户搜一下或扫一下二维码就可以获得相关服务，无论是满足信息需求还是满足服务需求，都可以在最短时间内直达小程序的核心功能，操作简洁流畅，能快速满足用户需要。小程序随取随用，无需转回特定平台和客户端，用完即走的特性极大方便了用户的使用。

1.2.2　易于开发

小程序依托于微信平台，做到了低成本开发、低成本推广，还具备低门槛的优势。小程序提供丰富的框架组件和系统 API 供开发者使用，极大降低了开发成本和技术难度。开发者只需遵循微信开发标准就可以快速开发一款小程序，并且可以自动适配不同操作系统,无须考虑系统兼容问题。小程序框架提供了自己的视图层描述语言 WXML、WXSS 以及基于 Java Script 的逻辑层框架,并在视图层与逻辑层间提供了数据传输和事件系统,让开发者可以将更多的精力聚焦于开发程序的核心部分——数据与逻辑上。小程序精简的代码降低了维护成本,并且随着小程序平台的升级而更新,可以节省更多人力和物力。同时小程序借助微信庞大的用户群,可以迅速获得受众流量,推广上具有很大优势。

1.2.3 用户体验好

小程序看上去小巧,但功能上并不逊色。由于程序文件很小,所需的网络流量不多,部分数据还可以存储在手机中,对网络的依赖度较低,精简的代码也使得程序的执行效率更高。

利用小程序,用户可以方便快捷地获取各种服务。相比 app,小程序更突出工具属性,只保留 app 最核心功能,免去了繁琐的流程和复杂的操作,所以运行效率更高。相比于网站,小程序能提供更丰富的功能,带给用户更好的体验。相比于公众号,小程序互动能力更强,可满足用户多种需要。小程序让服务触手可及,让二维码和近场搜寻把现实环境与人的需求即时连接起来[9],为场景的细分与服务的细化提供了重要手段。可以随时随地满足用户的碎片化需求,缩短用户与服务之间的距离,降低用户的时间和决策成本,所以能给用户更佳的服务体验。

1.3 小程序与 app 和公众号的横向对比

1.3.1 小程序开发成本低

众所周知,开发一款 app 成本高、难度大,除了要考虑兼容安卓(Android)和苹果(iOS)这两个平台之外,还面临后台数据分析和后期更新等多个方面问题。而小程序通过通过微信平台运行,统一了前端的标准,也就解决了兼容性问题[10],所以小程序特别适用于低频应用的开发。相较于高频刚需,开发者往往不愿意花大成本满足用户的低频需求,这也是小程序和 app 的不同之处,即需求定位不一样。

1.3.2 小程序性能良好

app 的开发成本高,而优势就是功能丰富,这也是 app 强于小程序的地方。但如果是在开发成本相同(且成本不高)的情况下,小程序体验要优于 app,因为同类场景中,通过小程序获取服务会比 app 更为高效,可以直达服务的核心。而微信公众号(服务号)因为功能有限、互动性不强,在满足功能性需求上体验稍差,小程序则恰好在开发成本和性能体验中做到了较好的平衡。

1.3.3 小程序服务能力强

小程序弥补了公众号的不足,在整个微信生态环境中扮演着不可或缺的角色。其优势还在于功能的精细化,微信小程序在为用户提供高品质服务的能力上丝毫不逊色于 app。综合来说,用户可以通过小程序更方便快速地获取体验和服务,它的体验要比公众号好很多,它的操作要比 app 更简单(图 2)。

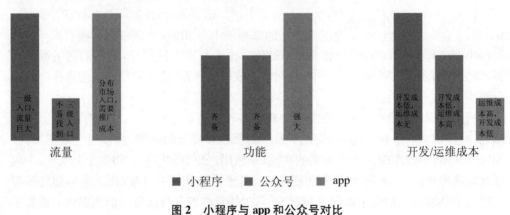

图 2　小程序与 app 和公众号对比

1.4　小程序在图书馆的应用前景广阔

图书馆每天要面对成千上万的读者和各种服务需求,而当前图书馆服务手段并不能完全与之匹配。目前图书馆的网站、微信公众号、微博、手机 app 等可以覆盖大部分常规服务,满足读者的一般化需求。但读者群存在差异化的需求,这些需求往往和所在场景密切相关,如来到书库就是想借书、来到自修室是想学习,这些都符合小程序的即时应用场景。同时,在高校中还存在相当一部分大学生,他们平时没怎么关注过图书馆,对图书馆知之甚少。如果手机中也没有图书馆的相关应用,他们在到馆后更易感到无所适从,这种即用即走的小程序就会给他们带来很大帮助,使他们快速熟悉并使用图书馆,而且"用完即走"也符合很多大学生的消费理念。所以,小程序可以填补很多图书馆服务上的空白,让服务更具有层次性和多样性,满足更多读者的差异化需求。

2　案例介绍:"知识大闯关"微信小程序设计及实现

2.1　需求分析

随着高校图书馆对入馆教育的重视和新生对图书馆需求的增强,入馆教育逐渐成为图书馆重要服务内容,并且作用日益凸显。入馆教育属于短期内高频次的服务,一方面时间相对集中,主要在新生入学的 9 至 11 月份;另一方面人员数量众多,每年新生人数多达几千人,这对高校图书馆提出了很大挑战。为了满足更多大学新生的需要,入馆教育形式已经变得更加多样化,除了传统的培训,还出现了游览参观、自主学习等多种形式。自主学习的方式逐渐成为主流,并随之出现了很多入馆教育的平台,从电脑端到手机端,平台的功能五花八门,但有时效果并不理想。此外,让新生熟悉这些平台本身还要进行培训学习,又在无形之中增加了学生的时间成本和精力投入。入馆教育的主要目的是让新生能更快更好地掌握图书馆知识,功能需求上相对简单,并且现在的新生作为互联网原住民,对微信较为熟悉,可以快速上手。因此可以考虑用微信小程序开展入馆教育,通过小程序,让大学生自主完成学习测试。这样,一方面能让大学生发挥学习的自主性,另一方面也能减轻图书馆的培训压力。

2.2 功能设计

本小程序主要目的是通过测试的方式帮助大学生掌握图书馆知识,主要功能是答题测试,分为出题、答题、评分三个环节。用户只需要完成答题环节,出题和评分环节在后台完成。题目设置 20 道选择题,均为单选题,每题三个选项,每题分值为 5 分,总分为 100 分。首先,在出题环节,系统从题库中随机选择 20 道题目,生成测试题目。在答题环节,用户通过点击选项进行答案选择,答完一题自动进入下一题,直至答题结束。答题结束后,系统自动评分,给出测试成绩和每题对错情况,并对测试结果进行保存。如果对结果不满意,可以选择再次答题,答题次数不限。整个程序运行流程为:题库导入—开始作答—测试—测试结果(图 3)。

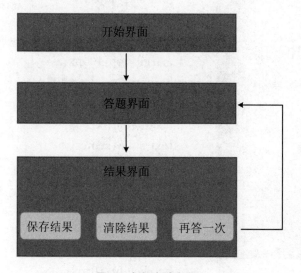

图 3　小程序流程图

2.3 程序实现

本小程序通过三个页面(界面)实现,分别是开始页面、答题页面、结果页面。每个页面相当于一个模块,具有相应的功能。小程序有自己的运行环境,分成渲染层和逻辑层,其中 WXML 模板和 WXSS 样式工作在渲染层,JS 脚本工作在逻辑层。小程序开发方式类似于网页编程,采用的是 HTML+CSS+JS 这样的组合,其中 WXML 相当于 HTML,是用来架构当前这个页面的结构;WXSS 相当于 CSS,用来描述页面的样子;JS 脚本基本一样,都是用于处理页面和用户的交互的逻辑事件。

2.3.1 开始页面实现

读者打开"图书馆知识大闯关"小程序,首先进入的是开始页面(图4)。开始页面的主要功能是引导读者进入答题测试。在渲染层(视图层面),利用视图容器 view 显示考试说明,利用表单组件 button 显示答题按钮。在逻辑层(页面交互),主要处理"开始测试"的按钮的逻辑事件,当用户点击该按钮,就会触发 testBegin 函数,该函数调用小程序的 API 函数 wx.redirectTo,将页面重新定向至答题页面。开始页面功能相对简单,只需引入考试即可。相关代码如下:

图4 开始页面

开始页面的部分 wxss 代码为:
.title-text{
font-size:40px;}
.instructions-text{
font-size:20px;
margin-top:50rpx;}
.testButton{
margin-top:100px;
border:3pxsolid#405f80;
width:200rpx;
height:80rpx;
text-align:center;
border-radius:5px;}
.testButtonText{
font-size:42rpx;
font-family:MicroSoftYahei;
font-weight:bold;
line-height:80rpx;
color:red;}

开始页面的部分 wxml 的代码为：
```
</view>
<viewclass="title-text">
<text>图书馆知识大闯关</text>
</view>
<viewclass="instructions-text">
<text>考试说明:共 20 题,每题 5 分</text>
</view>
//"开始测试"按钮
<viewclass="testButton"bindtap='testBegin'>
<textclass="testButtonText">{{beginText}}</text>
</view>
```

开始页面的部分 js 代码如下：
```
testBegin:function () {
wx. redirectTo({
    url:'/pages/test/test'//答题页面
})},
```

2.3.2 答题页面实现

答题页面主要功能是完成答题测试,是小程序的核心部分(图 5)。在渲染层(视图层面),采用微信小程序视图组件单项选择器组(radio-group)显示每题的答案选项,即答案前面的 ABC 选项,一个选择器对应一个选项,并且绑定事件(select 函数)。题目和答案利用 view 组件显示,考试时间也利用 view 组件显示,答题进度利用 progress 组件显示,该组件也绑定了 select 函数,即点击进度条也会触发 select 函数。在 wxml 页面,对答题数组索引 index 变量进行了数据绑定,如果 js 脚本中的 index 值发生变化,答题页面 wxml 中的各个 index 值会获得同步更新,从而实现页面的自动切换,即进入下一题,这就是小程序中的"数据驱动",可以使开发者将更多精力集中于数据和逻辑上。

在逻辑层面,首先执行页面监听函数 onShow,在该函数中生成随机题目序列,即当前考试题目。

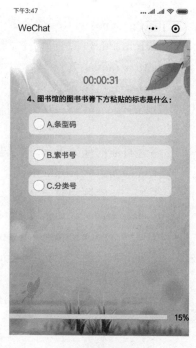

图 5 答题页面

在答题阶段,用户选定一个答案选项,就会触发 select 函数。select 函数的主要功能是进行答案对错的判断,同时更新题目索引(index)、答题用时(time)和测试得分(score)这几个变量的值。select 函数很重要,用于处理用户的选择,具体逻辑过程为:当读者点击一个选项时,选择器 radio 中的 value 值(用户所选的答案选项,即 ABC 值),会作为参数传递给 select 函数。select 函数接收该参数,并将用户选择的答案与正确答案进行比对,如果答案正确,则将该题标记为 true(正确),并且将总分(score)加 5。无论答案正确与否,都将选择器状态值 clear 置为 false,索引值 index 增加 1。如果 index 增加至 20(超过指定答题数量 questionNum),则执行 this. submit()函数,提交答案。submit()函数调用页面跳转函数 wx. redirectTo,跳转到结果页面,同时将值答题用时 time 和得分 score 作为参数传递过去,答题页面的 onLoad 函数接收该参数。相关代码如下:

答题页面的部分 wxss 代码为:

```
. times{
font-size:20px;
color:red;}
radio{
margin:10px;
width:100%;}
. item{
background:whitesmoke;
margin:20px;
border-radius:10px;
font-weight:bold;
color:rgba(67,82,163,0.9);}
```

答题页面的部分 Wxml 代码为:
```
<viewclass="container">
<! ——答题用时——>
<viewclass="times"><text>{{time}}</text></view>
<! ——pages/question/question. wxml——>
<viewwx:if="{{index<questionNum}}"class='outer'>
<! ——题目  ——>
<view id='describe'>{{index+1}}、{{questions[list[index]]. subject}}</view>
<! ——答案——>
<view id='answer'>
```

```
<radio-group bindchange='select'>
<view class="item">
<radio value='{{radios[0]}}' checked='{{clear}}'>
<text decode='{{true}}'>{{questions[list[index]].answers[0]}}</text>
</radio>
</view>
<view class="item">
<radio value='{{radios[1]}}' checked='{{clear}}'>
<text decode='{{true}}'>{{questions[list[index]].answers[1]}}</text>
</radio>
</view>
<view class="item">
<radio value='{{radios[2]}}' checked='{{clear}}'>
<text decode='{{true}}'>{{questions[list[index]].answers[2]}}</text>
</radio>
</view>
</radio-group>
</view>
</view>
</view>
<!--答题进度条-->
<view bindtap='select'>
<progress percent="{{percent}}" show-info="true" color="yellow" stroke-width="10"/>
</view>
```

答题页面的部分js代码为：

```
//select 函数,处理用户的选择
select:function (choice) {
var yourAnswer=choice.detail.value;//用户选择的答案
var index=this.data.index;//当前题目索引
var questions=this.data.questions;//题库数组
var score=this.data.score;//得分
var list=this.data.list;//已经重新排序的题目序号数组
//如果题目为空则返回
if (questions[list[index]]==null){
```

```
        this.submit();
        return;
    }
    //更新进度条
    progressNum=progressNum+100/this.data.questionNum;
    this.setData({percent:progressNum})
    //用户选的答案与正确答案进行比较,如果答案正确,则加分,该题为 true,如果答案不正确,该题为 false
    if(yourAnswer==questions[list[index]].rightAnswer){
        this.setData({
            score:this.data.score+5,
        })
        app.globalData.yourAnswers[index]=true;
    }
    else{
        app.globalData.yourAnswers[index]=false;
    }
    //题目索引+1,更新至下一题
    this.setData({
        index:this.data.index+1,
        clear:false,
    });
    //如果题目答完自动提交
    if(this.data.index>=this.data.questionNum ){
        this.submit();
    }
},
//submit 函数,提交答案
submit:function(){
    //将相关数值传递到 outcome 页面,并将 time、score 这几个变量作为参数传递过去
    wx.redirectTo({
        url:'/pages/outcome/outcome? time='+this.data.time+'&score='+this.data.score
    })},
```

2.3.3 结果页面实现

结果页面的主要功能是展示测试结果(图6)。在渲染层(视图层面),利用 view 组件和 block 组件显示答题情况,通过设置循环条件,用 5×4 的矩阵显示每题对错。答题分数、答题用时和总答题次数利用 view 组件显示。同时利用 button 组件设置三个功能按钮"保存成绩""清除成绩""再答一次",并分别绑定三个事件:saveResult 函数、cancelResult 函数、testAgain 函数。

在逻辑层面,saveResult 函数用来处理用户保存测试结果的交互活动。点击"保存成绩"则保存本次考试的成绩数据,不点击则忽略本次考试,即保存成绩与否,根据读者需要手动选择。这里,index 变量为总答题次数,每保存一次,index 值加 1,如果答题次数超过规定次数 maxIndex(这里设定为 20),则从头开始保存成绩(即从数组索引 0 开始)。这个机制通过模运算实现,执行代码为:"index=resultList.index % maxIndex"。分数保存到结果数组(resultList)中,再将结果数组保存到微信缓存中,通过调用微信 API 的 wx.setStorage 函数进行操作。操作成功后,调用模态函数 wx.showToast 进行反馈,在保存过程完成后,会弹出一个对话框,显示"保存成功"(图7)。

图 6 结果页面

cancelResult 函数与 saveResult 函数功能相反,清除结果数组的所有数据,相当于所有数据清零,重置系统。当用户点击该按钮,会调用模态函数 wx.showModal,弹出对话框:"确定将历次考试成绩清除吗?"(图8),如果读者点击"确定",则进行结果数组的清零,并提示"清除成功"(图9)。数组清零的执行代码为:"resultList.scoreList=[];",同时将数组索引值置为 0,执行代码为:"resultList.index=0;"。cancelResult 函数与 saveResult 函数功能虽然相反,但本质上一样,都是对结果数组进行修改操作。

testAgain 函数重新进入答题页面,进行新一轮答题,通过调用 wx.redirectTo 页面重定向至答题页面,逻辑相对简单。

图 7　成绩保存页面　　图 8　清除成绩页面　　图 9　清除成功页面

结果页面的部分 wxss 代码为：
.result-text｛
color：#000000；
text-align：center；
font-size：30px；
margin-top：210rpx；｝
.texts｛
font-size：18px；
margin-top：10rpx；｝
.your-answers｛
display：flex；
flex-direction：row；
flex-wrap：wrap；
justify-content：center；
align-items：baseline；
margin-left：90rpx；
margin-right：90rpx；｝
.button-view｛
display：flex；
flex-direction：row；
justify-content：space-between；
margin-top：80rpx；｝

```
.answer-cell{
height:70rpx;
width:100rpx;
display:flex;
align-items:flex-end;}
.answer-img{
height:45rpx;
width:45rpx;}
.buttons{
color:#000000;
background-color:chartreuse;
margin-left:10rpx;
margin-right:10rpx;
font-size:16px;}
.userinfo-avatar {
width:128rpx;
height:128rpx;
margin:20rpx;}
```

结果页面的部分 wxml 代码为：

```
<view class="container" style="background-image:url('https://mmbiz.qpic.cn/mmbiz_jpg/tcF9LNF6hs81E5swUia9Z5fV3Y4exyVJbY2EaQnibnias5DrLiciaITc7pEsYicl4iczboic4bndM9zE3l1y4cqHvT8Jwg/0?wx_fmt=jpeg')">
    <view class="result-text"><text>本次测试结果</text></view>
    <view><image class="userinfo-avatar" src="https://gss0.bdstatic.com/-4o3dSag_xI4khGkpoWK1HF6hhy/baike/c0%3Dbaike80%2C5%2C5%2C80%2C26/sign=af2cf2a8d462853586edda73f1861da3/83025aafa40f4bfbcf91160e024f78f0f7361822.jpg" background-size="cover"></image></view>
    <view class="texts"><text>答题用时：{{time}}</text></view>
    <view class="texts"><text>这是你第{{index+1}}次考试,本次得分:{{score}}</text></view>
    <view class="your-answers">
    <block wx:key="" wx:for="{{yourAnswers}}" wx:for-index="idx" wx:for-item="item">
        <view class="answer-cell">
        <text>{{idx+1}}</text>
```

```
        <image class="answer-img" wx:if="{{item==true}}" src="../../image/right.png">
        </image>
        <image class="answer-img" wx:if="{{item==false}}" src="../../image/wrong.png"></image>
      </view>
    </block>
  </view>
  <view class="button-view">
    <button class="buttons" bindtap="saveResult">保存成绩</button>
    <button class="buttons" bindtap="cancelResult">清除成绩</button>
    <button class="buttons" bindtap="testAgain">再答一次</button>
  </view>
</view>
```

结果页面的部分js代码为:
```
saveResult:function(){
//varresultList=wx.getStorageSync('resultData')
var index=resultList.index
varmaxIndex=20
//答题次数超过指定次数,以头开始计分
if(index<maxIndex){
index=resultList.index
    }
else{
index=resultList.index％maxIndex
    }
resultList.scoreList[index]=this.data.score;
resultList.index=resultList.index+1;
wx.setStorage({
key:'resultData',
data:resultList,
success:function(res){
wx.showToast({
title:'保存成功',
icon:'success',
```

```
            duration:2000})
        }
            })
    },
cancelResult:function(options){
wx.showModal({
        title:'提示',
        content:'确定将历次考试成绩清除吗?',
success:function (res) {
if (res.confirm) {
resultList.scoreList=[];
resultList.index=0;
wx.showToast({
            title:'清除成功',
icon:'success',
duration:2000})
        } elseif (res.cancel) {
            console.log('用户点击取消')}
}
    })
    },
testAgain:function(){
wx.redirectTo({
url:'/pages/test/test'
    })
}
```

2.3.4 小程序相关数据

local_database 为题目结构数组,其中"subject"项为题目,"answers"项为答案选项,该项是一个3元素的数组,包含 ABC 三个答案选项。"rightAnswer"为正确答案选项。local_database 数组也就是"题库",因为篇幅的关系,这里只显示了其中两个题目。test_result 为结果数组,保存历次考试成绩,其中"index"项为当前答题次数,"scoreList"是历次考试成绩,为 20 个元素的数组,即总共保存 20 次的考试成绩。如果保存的结果超过 20 次,则采用数据覆盖的方式从头开始保存。两个关键数组单独放到 data 文件夹中(图10),作为全局数据进行调用。相关代码如下:

图 10　相关数据和编程界面

```
Var local_database=[{
    "subject":"我校图书馆采用的图书分类法是：",//题目
    "answers":["A.中国图书馆图书分类法","B.中国科学院图书馆图书分类法","C.杜威十进制图书分类法"],//选项
    "rightAnswer":'A',//正确答案
},
//中间题目省略……
{
    "subject":"我馆书库图书的排架主要是按照何种方式进行排列的：",
    "answers":["A.语种","B.图书的开本大小","C.索书号"],
    "rightAnswer":'C',
}]
```

```
Var test_result={
    "index":0,//第几次考试
    "scoreList":[0,0,0,0,0,0,0,0,0,0,0,0,0,0,0,0,0,0,0,0]//每次考试的分数，共记录20次，超过20次从头开始
}
```

2.3.5 小程序自我评价

本小程序实现了图书馆知识测试的基本功能,操作简单,界面效果好(小程序二维码如图 11 所示),且在安卓和苹果系统都进行了测试,运行正常。不过本小程序功能相对简单,还存在很多需要改进和提升的地方,后期有待于实现更多的功能,如导出考试数据,与微信账号绑定,进行成绩排名等。未来拟增加学习模块,可以在学习完成后再进行测试,并根据题目对错情况进行结果分析和学习推荐,帮助读者更有效率地学习。同时界面和功能仍需完善,在界面上进行改进,增加一些趣味性,达到更吸引读者的目的,使答题不再枯燥。最后构建一个功能完整、易于使用、好玩有趣的图书馆知识学习小程序。

图 11　知识大闯关小程序二维码

3　案例的创新点

3.1　实现了小程序在图书馆的创新应用

本案例是在小程序在图书馆的应用上进行了积极的探索,在小程序研发上进行了一次有益的尝试,实现了图书馆知识学习测试的基本功能,丰富了入馆教育的形式和功能。为后期的小程序研发积累了一些经验,期望以入馆教育为入口,建成一个相对独立的图书馆知识学习系统,并逐渐扩大小程序在图书馆的应用面。然后将小程序关联到图书馆微信公众号中,丰富图书馆微信公众号的功能,增强图书馆服务能力。

3.2 高校图书馆精准服务探索

在当前"互联网+"环境下,精准服务已成为图书馆的内在要求。精准意味着准确、及时、高效,精准对接读者需求。本案例利用微信小程序将读者与服务通过入馆教育这个场景联系在一起。小程序面向特定的读者:新生和对图书馆不熟悉的同学;提供特定的服务:进行图书馆知识的学习,掌握图书馆的使用技巧。将服务需求与场景对接也是小程序的优势所在,本案例通过对小程序的学习和研发,为高校图书馆的精准化服务探索了一条可行路径。

4 案例与读者、资源和服务的相关度

4.1 与读者相关度

本小程序主要面向大一新生,他们刚踏入大学校园,对图书馆比较陌生。而微信是他们熟悉的社交工具,所以通过小程序开展入馆教育,除了能让新生掌握图书馆知识,还可以用一种轻松的方式增进他们对图书馆的认知,在一定程度上消除他们对图书馆的陌生感。建立起他们对图书馆的良好印象,为后续各种服务的开展打好基础。另外,本小程序也适用于其他对图书馆不熟悉的读者,可以帮助他们进行图书馆知识的学习,掌握图书馆的使用技巧。

4.2 与资源相关度

小程序具有很好的交互性,还可以转发分享,同样适用于资源推介的渠道和访问的入口。在小程序的后续建设中,可以建立图书馆资源学习模块,介绍各类电子资源及其使用方法,并提供访问链接,让读者学以致用。在资源推介中,还可以开发比赛形式的小程序,通过竞赛互动的方式吸引读者的关注,增强读者对资源的认知。

4.3 与服务相关度

图书馆微信小程序,可以拉近图书馆与读者的距离,使服务更加主动,更贴近读者需求,让服务触手可及,让服务更加细化。同时丰富图书馆的功能,填补一些服务上的空白。此外,通过小程序研发,一方面可以提高图书馆服务水平,另一方面还可以提升馆员创新能力,对图书馆服务能力和竞争力的提升大有帮助。

5 经验启示

目前,小程序正迅速成为重要的流量入口,在线上,各种微信平台频频出现各类小程序的身影,在线下,四处张贴的微信小程序码也不再是什么新鲜事物。然而在众多小程序中,应用于图书馆的还不多,特别是由图书馆自主研发的还很少。本案例是在小程序的应用上进行了一次积极尝试,取得了一点成果,但还有很多功能有待完善和提高,希望起到抛砖引玉的作用。

图书馆需要增强自身研发能力,才能保持核心竞争力,这方面,小程序为图书馆人提供了一次机会。虽然研发水平与商业团队存在较大差距,但图书馆人要意识到自身的优势,我们更了解读者的需求,更了解图书馆自身的情况,这些都是开发一款优秀小程序的前提。而且小程序开发相对容易,即使没有专业背景也可以参与进来。本小程序推出时间只有2年多时间,一直在更新完善中,可以说大家还在同一起跑线。只要假以时日,相信图书馆人能够开发出适合自己的高质量产品,在图书馆微信小程序技术上获得话语权。

传承弘扬新安医学,助力学校人才培养、科研、医疗工作

方向明 邓勇 漆胜兰 牛浏
(安徽中医药大学图书馆)

安徽中医药大学图书馆于1959年设立,在安徽省委省政府的高度重视和省直有关部门的大力支持下,经过多年建设与发展,现已成为我校乃至安徽省中医药对外宣传与文化交流的重要窗口。我馆于2010年6月通过国家古籍保护中心专家的检查和审核,继中国中医科学院、上海中医药大学、南京中医药大学之后,我馆成为全国中医药院校及科研机构中第四家获得国务院公布的"全国古籍重点保护单位"。同时,我馆也是目前已知收集新安医学相关文献资源最多的单位。馆藏新安医学的两部中医古籍入选国家首批及第三批《国家珍贵古籍名录》。作为学校的文献信息资源中心、为人才培养和科学研究服务的学术性机构,安徽中医药大学图书馆秉承学校的办学理念和办学特色,自20世纪80年代起就开始进行新安医学相关学术工作,尤其是对新安医学古籍的收集整理、保护及利用,旨在传承弘扬新安医学,助力学校人才培养、科研及医疗工作(图1)。

图1 安徽中医药大学少荃湖校区图书馆

1 关于新安医学

学术流派是中医学发展史上不可忽视的现象。在中医药发展数千年过程中,各家流派创造出无数载入史册的丰功伟绩,为中医学内涵的丰富和发展,奠定了坚实的理论基础。一方水土养一方人,亦培植一方文化,我国地域辽阔,不同的地域文化催生出了多个极具地域性的医学流派,新安医学就是其中杰出的代表之一。

新安医学发源于新安江流域的古徽州地区(今以安徽省黄山市为核心区域),肇始于晋、形成于宋、鼎盛于明清,流传至今而不衰,以历史悠久、医家众多、医著宏富著称于世,是祖国传统医学中文化底蕴深厚、流派色彩明显、学术成就突出、历史影响深远的重要研究领域,是徽学研究的重要组成部分。

1.1 新安医学的地位

明清之际,尤其是明中叶之后,我国科学技术发展日趋缓慢,随着西方近代科学的兴起,我国科技保持了千年之久的优势地位不复存在,反而渐渐落伍。而此时徽州新安一带的科技发展却呈现出空前繁荣的景象,其中新安医学的区域优势显得尤为突出,成为徽州文化的一个亮点,因此新安医学的成就和特色格外受人关注。

1.2 新安医学的成就

首先,儒医辈出。徽州人读朱子之书,秉朱子之教,以邹鲁之风自恃。读书讲礼,浓厚的文化氛围铸就了高素质的徽民群体。历史上,从高素质的徽民群体中,走出了"齐家治国、兼济太下"的名士群体,"贾而好儒、重义轻利"的徽商群体,当然更少不了"不为良相、即为良医"的儒医群体。据考证,自宋迄清,见于资料记载的新安医家达800余人,其中明清两代占80%以上。这是一个奇特的群体,是人才的"硅谷",在其日趋壮大的学术团队中,更有一批优秀的领军人物,如汪机、徐春甫、孙一奎、吴崑、汪昂、叶天士、程钟龄、吴谦、郑宏纲、程文囿等。在好儒、通儒基础上形成高密度、高水平的儒医群体,这是新安医家的主要特点。与此同时,许多著名的新安理学、朴学大家的研究都渗透到了医学领域,如朱熹、江永、戴震、俞正燮、江有浩、汪宗沂、许承尧等鸿儒所研究的领域和内容,成语"对症下药"就出自朱熹的《朱子语类·论语》。

其次,世医不绝。新安医学之所以源远流长、繁荣昌盛,与名医世家纷呈有密切关系。据目前研究统计,从北宋以来,新安世医家传三代以上至十五代乃至三十代的共有63家。名医世家的一代代传承繁衍出了大量医者,促进了临床专科的发展。例如,北宋歙县名医张扩首传于弟张挥,再传侄孙张杲,历经三代约 130 年,成为新安第一名医世家。再如,歙县黄孝通于南宋孝宗时被御赐"医博",传于十四孙黄鼎铉、十七世孙黄予石,历经二十五世,代不乏人,成为新安医学史上世传最久的妇科世家。

再次,文献宏富。新安地区书院林立、教育大兴、文化昌盛,当地私人刻书业也由此而兴盛。当时江南地区私人刻书无论是在数量上、质量上还是在刻印技术上,在全国都占有非常重要的位置。明清时期的医籍中,徽版名列前茅。据《新安医籍考》载,产生或成名于新安一带的医家共编撰中医药学术著作 800 余部,其中医经类 107 种,伤寒类 70 种,诊法类 40 种,本草类 54 种,针灸类 22 种,内科类 210 种,外科类 15 种,妇科类 24 种,儿科类 84 种,五官科类 30 种,医案医话类 77 种,养生类 15 种,丛书类 37 种等。新安医著不仅在数量上丰富而全面,更有许多文献创下了医学史之最,如南宋张杲于南宋淳熙十六年(1189 年)著成《医说》10 卷,成为我国现存最早的记载大量医学史料的医史传记类著作;明代江瓘所著《名医类案》是我国第一部总结和研究历代医案的专著;明代吴崑所著《医方考》是我国第一部注释方剂的专著;明代方有执著《伤寒论条辨》开创简流派之先河;清代郑梅涧所著《重楼玉钥》是我国第一部喉科专著。

最后,影响深远。由于特殊的山水地理环境和人文因素,各行各业的新安学子都有随徽商流寓而负笈他乡、增广见识的传统,新安医学也不例外,许多新安医师都有游学访师的经历,甚至学有所成后行医他乡。例如,明代徐春甫早年游学并行医于江浙地区,壮年以后寓居北京行医,闻名遐尔。再如,余午亭未及壮年,负笈万里。又如,叶天士学医"拜十七师",更为中医界业内所知晓。根据文献的记载,新安医家求学行医的活动范围广,北至辽蓟、南达粤南,遍及辽、沪、苏、皖、浙、粤、赣、湘、鄂、川等地。其中最活跃的地方是苏州、杭州、扬州、上海等地,这与徽商的足迹是相一致的。明清时期,中国学术重心在江南,以苏、杭、徽三州为学术中心的苏中、浙中、新安三大基地鼎足而立,所以在学术交往方面,徽州与江苏、浙江的关系密切。此外,明代新安医家余傅山、汪宦、吴篁池、汪烈采、黄刚诸人于嘉靖二十二年(1543 年),在徽州府城给门人余渥及汪、吴三子进行了一次讲学,其讲学记录《论医汇粹》被称为中国医学史上第一部讲学实录。徐春甫即于隆庆二年(1568 年)正月前,在北京发起组织了"一体堂宅仁医会"(简称"宅仁医会""仁医会"),开展讲学活动、交流学术,钻研医理、切磋技艺,立有"医会会款""会约条款",这是我国有史可考的最早的学会组织和科技团体。

1.3 新安医学的成就

新安医学在中医学术交流和发展史上写下了辉煌的篇章,其影响无远弗届,对国外医学的发展也产生了重大影响。在日本医家丹波元胤所著《中国医籍考》中,共收载新安医家 63 人、医籍 139 部。尤其是朝鲜、日本两国,不仅通过各种途径吸收了大量的新安医学知识,而且整本翻印刊刻新安医家的许多重要著述,有些版本流传至今,成为研究新安医学对外交流史的宝贵资料(图 2)。新安医籍外传的时代以明清两代为主,这一时期东传的新安医籍不少于 30 种,主要有:南宋医家张杲的《医说》,明代医家汪机的《石山医案》、江瓘的《名医类案》、徐春甫的《古今医统大全》、孙一奎的《赤水玄珠》《生生子医案》、吴崑的《医方考》、清代医家汪昂的《本草备要》等。明清以来,新安医学重要的历史地位和学术价值,一直受到海内外有识之士的广泛关注,影响十分深远。

图 2 新安医籍影印

2 传承新安医学——新安医学古籍收集整理、保护及利用

新安医学古籍承载着新安医学八百年来积累的丰富理论知识和临床经验,是新安医学理论的不竭源泉和实践的有力指导,因此新安古医籍的整理、保护及利用,一直被视为推动新安医学乃至我省中医药学发展的重要动力。新安医学文化馆如图3所示。

图3 新安医学文化馆

2.1 传承新安医学,优化馆藏质量

我馆馆藏现有各类古籍图书3.3万余册,其中善本古籍3500余册。近年来,我馆共陆续征集到新安医籍文献1377册、善本200余册,占现存新安古医籍的67.5%,为全国现存新安医籍最多的单位(图4)。其中,两部新安古籍入选国家首批及第三批《国家珍贵古籍名录》。

(a) (b)

图 4 新安医籍文献

2.2 传承新安医学,强化古籍保护

自 2000 年以来,我馆陆续为古籍书库配备了空调机、除湿机、空气温湿度器、火灾报警器等。经过多年的努力,现已建成符合国家标准的古籍藏书库和古籍阅览室,为保护古籍创造优良的条件。2019 年,建筑面积约 3600 平方米的新古籍部即将落成,古籍保护水平将进一步提高。

我馆于 2005 年建成了全省第一家古籍修复室,聘请专业修复人员,增配修复设备与专用材料,以进一步提高古籍修补效率。2015 年共修复破损古籍 313 页;2016 年共修复破损古籍 163 页;2017 年,完成纸张修复 142 页、订线 64 册、换封 50 册。截至目前,共计修复三级破损古籍 832 册、四级破损古籍 1021 册。

2.3 传承新安医学,提升古籍利用

借助全国及全省古籍调研的契机,我馆对古籍进行了多次的摸底清查,完成新版《安徽中医药大学图书馆馆藏线装书目录》《安徽中医药大学图书馆馆藏善本目录》《安徽中医药大学图书馆馆藏新安医籍目录》编辑工作,并录入"全国古籍普查平台"(图 5)。

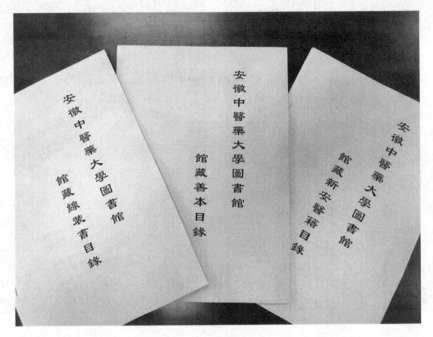

图 5　安徽中医药大学图书馆馆藏古籍目录

2008 年,我馆启动了以新安医学为重点的古籍数字化工作,自建收录种类齐全的"新安古医籍数据库",力求做到"在保护中利用,在利用中保护",以达到提供深层次服务及利用的目的。自 2015 年以来,我馆完成了多部古籍书影的加工。通过这一特色数据库,全校的师生都可以在电脑前查阅相关古籍的书影,极大地提高了馆藏古籍的利用率。

3　弘扬新安医学——助力学校人才培养、科研、医疗工作

3.1　弘扬新安医学,助力学校人才培养

图书馆积极配合学校各院系,做了大量深入细致的工作,使得我校逐步探索构建了"院校教育-师承教育-新安医学特色教育"相结合的中医学人才培养体系。

为全面提高大学生信息素质,我馆将新安医学文化全面融入大学生信息素养教育,配合学校先后建成了新安医学文化馆、新安医学古籍部、校史馆、徽州地区新安医学发源地素质教育基地,定期组织学生赴新安医学发源地实地调研考察,定期邀请新

安医学专家、文化名人举办报告、讲座,加强对学生新安医学文化的熏陶。新安医学文化馆、校史馆由学生担任讲解员,逐渐实现学生对新安医学文化的自我学习和自我宣传。此外,我馆还将新安医家医德医风作为新生入馆教育的重要内容,借助大学生新安论坛平台,在潜移默化中持续培育学生的新安医学文化素养和品质。

3.2 弘扬新安医学,助力学校学术研究

我馆古籍部先后主持省、厅、校级相关科研课题十余项,组织整理出版了《新安医籍丛刊》《新安医学精华丛书》等一大批学术著作,配合学校完成国家"973"计划、国家科技支撑计划、国家自然科学基金等与"新安医学"相关的项目200余项。

3.3 弘扬新安医学,助力学校医疗服务

图书馆配合学校临床院系组织专家,在前期理论和实验研究的基础上,从新安医学防治疑难疾病临床经验着手,深入开展中风、消渴、肺胀、痹病、喉病等病种的临床研究,充分发扬新安医家临床诊疗特色优势,形成了系统规范的临床治疗方案和综合疗效评价体系,完善和创新了具有新安医学特色的诊疗理论和技术方法。

4 项目创新点

该项目创新点主要在于:① 构建并完善"新安古医籍数据库",以数字化形式实现新安古医籍再生性保护与传承;② 结合我校办学特色,创造性地将新安医学文化全面融入大学生信息素养教育,弘扬国粹,提高大学生信息素质及传统文化修养;③ 紧密联系学校办学理念和办学特色,传承弘扬安徽省非物质文化遗产,将新安医学学术工作渗透于学校教学、科研、医疗服务,充分发挥图书馆文献信息资源中心的作用,厚重了学校的历史积淀,更增强了学校的办学软实力。

5 案例与读者、资源和服务的相关度

通过长期不懈的努力,我校为我省中医药领域输送合格中医人才10000余人。近三年来,学校中医学专业就业率平均为94.03%,新安医学教改实验班就业率达98%。在2017年、2018年中医类执业医师分阶段考试实证研究中,新安班考试通过率达74%以上。中医专业学生近三年共获得省级以上竞赛奖项17项,其中国家级7项。我校新安医学特色的人才培养战略已获得多项成果奖励。

学校在新安医学学术研究领域硕果累累。2012年,《新安医学精华丛书》荣获中华中医药学会学术著作一等奖。近十年来,获得省部级以上成果奖励近10项,其中,"基于新安医学特色理论的继承与创新研究"成果荣获2013年度中华中医药学会科学技术奖一等奖,"新安医学理论的继承与应用创新研究"获得2016年度安徽省科学技术奖一等奖。"新安医学传承与发展研究"课题是我国首次将中医地方特色学术流派研究列入国家科技支撑计划的项目,标志着我校在引领新安医学传承创新研究方面再次迈上新的台阶。

　　在治未病养生方面,我校辩证运用系列膏滋药,用于防治慢性风湿病、呼吸病、老年病、妇科病等,深受百姓喜爱。基于疗效确切的新安医家名方验方,我校开发出脑络欣通胶囊、复方丹蛭降糖胶囊、化痰降气胶囊、固本咳喘胶囊等中药新药和系列特色院内制剂,有效提高了医疗服务能力和水平。

6　总结与展望

　　弘扬国粹,责在学府。作为安徽唯一的中医药本科院校,安徽中医药大学肩负着"弘扬新安医学、培育中医人才"的重要使命;作为学校的文献信息资源中心、为人才培养和科学研究服务的学术性机构,安徽中医药大学图书馆秉承学校的办学理念和办学特色。我馆自20世纪80年代起就开始进行新安医学相关学术工作,尤其是对新安医学相关文献的收集整理、保护及利用,旨在传承弘扬新安医学,助力学校人才培养、科研及医疗工作。今后,我们将进一步提高自己的收藏范围、优化收藏格局,不断地挖掘多层次、多环节、多方位的服务手段和技能,不断地创新服务,助力学校人才培养、科研、医疗工作。

合肥工业大学科技查新站宣传
网页的设计与实现

李昊　詹婧　张仁琼
（合肥工业大学图书馆）

1　引言

　　科技查新是指具有查新资质的机构根据委托人提供的相关技术资料，严格按照相关规范要求，通过文献检索，对查新点进行仔细比对分析，就项目的新颖性进行判断，并最终出具查新报告，为科研立项、论文开题等提供客观依据。该项工作专业性强，流程较为复杂，注意事项较多。

　　通过网络调查发现，我国大部分科技查新站对查新流程仅有纯文字的介绍，信息的输出效率较低。而伴随着网络技术的发展，多媒体宣传网页能够对信息进行多维度、多元素的同步动态展示，输出信息量更大，输出信息效率更高，更符合人类的认知习惯，能够改善用户的阅读体验，提高用户兴趣。

　　合肥工业大学科技查新站是第六批教育部认定的科技查新站，可提供以理工科项目为主的查新服务。为使用户尽快熟悉查新流程，降低学习平台操作成本，提高用户使用兴趣，图书馆三位老师结合各自专业特长，自发组成创新服务团队，对合肥工业大学科技查新站多媒体宣传网页进行了设计，现对主要的研究思路及网页界面进行说明。

2　研究思路及方法

　　该项目的实施可分为以下几个步骤：

　　一、从查新工作的实际需求出发，发现用户在阅读纯文字性介绍的查新流程时，阅读兴趣较低、信息获取效率也较低。我们决定立足现有技术储备，选取制作科技查新站多媒体宣传网页和视频作为创新服务工作的切入口。

　　二、对查新工作的主要工作流程进行梳理提炼，搜集素材，编写脚本。

三、调研对比开发工具，决定采用 Focusky 软件作为该项目的主要设计工具。Focusky 是一款免费、高效的国产动画 PPT 演示制作软件，该软件操作简单、界面友好、功能强大。

四、使用 Focusky 软件对合肥工业大学科技查新站宣传网页进行初步设计。

五、对宣传网页进行全程配音解读。

六、为满足多平台上线使用的需要，对该宣传网页进行多种格式的输出（包括多媒体网页、视频、exe 可执行文件、app 应用等）。

七、对该宣传网页进行宣传介绍，倾听用户反馈，不断改进升级。

3 案例实践现状

目前，该科技查新站宣传视频已在合肥工业大学图书馆主页进行过链接推送，并获得了千余次的点击量。用户还可以在 Focusky 官网上进行该项目网页版的查看（http：//www.focusky.com.cn/bryr－nhqi.html），此外用户还可以登录优酷观看视频（https：//v.youku.com/v_show/id_XMjE5NDU3ODg4NA==.html？spm=a2h0k.11417342.soresults.dposter），部分网页截屏如图 1～图 4 所示。

图 1　合肥工业大学图书馆科技查新宣传首页

图 2 合肥工业大学图书馆科技查新站简介

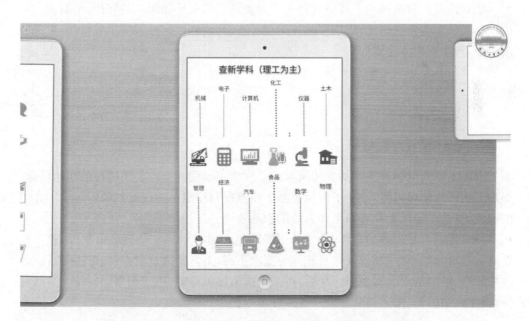

图 3 合肥工业大学图书馆科技查新站受理查新学科范围

图 4　合肥工业大学图书馆科技查新站联系方式

该宣传网页和视频一上线便获得了不少查新工作人员和用户的好评,他们表示与以往纯文字性的介绍相比,采用多媒体网页对查新流程进行介绍,演示效果好,视觉冲击力强,整体阅读体验更好。

4　总结

合肥工业大学科技查新站宣传网页的上线在一定程度上改善了用户的阅读体验,提高了用户的使用兴趣,改变了传统查新工作流程和注意事项仅有抽象的纯文字介绍的现状,提升了委托人和查新工作人员的沟通效率。

该宣传网页及视频的制作,主要基于国产免费的 Focusky 动画演示软件,整个制作流程相对简单,对计算机硬件及软件的要求不高,不需要进行复杂的软件编程,演示效果较好,输出格式丰富多样。今后,可采用类似技术方案,用于图书馆宣传网页的制作、新生入馆培训、图书馆活动推广等多种场景。

遨游书海 其乐无穷

邓方云 曹莎莎 时乔
(安徽警官职业学院图书馆)

1 活动宗旨

高校图书馆永恒不变的使命是为教科研提供资源和服务,图书馆担负着信息资源搜集、组织、保存、提供和利用的天然职责。随着读者获取信息和阅读方式的多元化,图书馆只有不断地创新服务方式,建立适应数字时代的服务模式,才能提高图书馆馆藏资源的质量,提升服务能力,延伸服务范围,丰富服务手段,促进校园文化建设。

高校图书馆是学校的文献信息中心,是学校信息文化建设的重要组成部分,是校园文化和社会文化建设的重要基地。图书馆应利用自己丰富的馆藏资源,为学校提供多学科、多领域、多层次的知识需求服务,通过各项阅读推广活动,引导大学生多读书,读好书,养成良好的阅读习惯,营造积极向上的校园文化环境。

2 活动概况

2.1 丰富的校园阅读活动,构建校园阅读文化

活动一:"读者之星"评选活动——树立校园阅读典范

为加强学风建设,倡导和鼓励师生读者到图书馆多读书、读好书,我院图书馆每年在广大读者中开展"读者之星"评选活动。通过图书馆管理系统对师生读者借阅图书册次进行排名统计,分别评出借阅量前10的读者,授予"读者之星"的称号,颁发荣誉证书和奖品(图1)。此外,还不定期举行"读者之星"交流会,听取他们对图书馆资源建设和读者服务方面的建议,充分发挥优秀读者的能动作用。

图 1　2017 年"读者之星"颁奖现场

活动二:"有奖征文"活动——营造浓厚的校园阅读氛围

我院图书馆每年开展不同主题的有奖征文活动。2017 年开展以"我与图书馆"为主题的有奖征文活动;2018 年开展以"新时代,让人生翱翔"为主题的有奖征文活动。所有参赛作品由图书馆组织专家进行评比,根据累计得分分别评出一等奖 2 篇、二等奖 4 篇、三等奖 6 篇、优秀奖若干篇,向获奖者颁发奖品及证书,获奖作品将在院报、图书馆网站和图书馆微信公众号平台上刊登。

活动三:"名家进校园"——点燃大学生阅读兴趣

读书月期间,邀请名家名师进校园,为学院师生开展专题讲座,旨在大力弘扬和践行社会主义核心价值观,引导激励广大学子坚定文化自信,提升人文修养。2017 年,我院图书馆邀请了安徽省委党校科学文化教研部主任、教授,文学博士邵明为警院300 余名师生带来了一场题为"书香浸润人生路"的精彩讲座(图 2)。

活动四:"知识服务进系部"——提高读者资源检索能力

为方便读者学习利用图书馆的数字资源,提高数字资源的利用率,培养和提升用户的信息素养和检索技能。图书馆不定期向读者开展数字资源宣传推广活动。活动邀请数据库公司培训专员现场介绍和演示数据库的使用方法,帮助广大师生进一步了解、熟悉并高效地利用图书馆数字资源,发挥其对教学、科研和学习的重要辅助功能(图 3～图 6)。

图 2　2017 年邵明教授的知识讲座

图 3　2016 年数字资源培训会

图 4　2017 年数字资源培训会

图 5　2018 年 51CTO 数据库培训会

图 6 2018 年数字资源培训会

活动五:"书海寻宝"搜书比赛——寓教于乐

以游戏的方式增进读者对图书馆整体情况的了解和把握,加深读者对图书馆馆藏分布、分类摆放规则的认识,提高读者对馆藏资源的检索和利用能力。参赛选手通过抽签的方式决定参赛的组别和书单,再充分利用图书馆藏书检索系统、图书馆微信公众号等检索工具查询到寻宝单上图书的详细信息,根据线索再奔赴各个书库寻找这本图书,再从该本图书获取第二本图书的信息,最后从第二本图书获取奖品信息。这种寓教于乐的游戏活动,让同学们不知不觉地更加了解图书馆、亲近图书馆,提高了同学们的借书效率,增强了同学们使用图书馆的能力(图 7)。

活动六:摄影比赛——发现阅读之美

我院图书馆每年举办一次摄影比赛,发展阅读之美,展现阅读的精彩瞬间,记录感人的阅读故事。由各系团总支负责收集参赛作品,经初选后,汇总至图书馆。图书馆对收集到的参评作品将采用专家评审占 60%,微信投票占 40%的方式进行评选。比赛设一等奖 2 名、二等奖 4 名、三等奖 6 名、优秀奖 10 名。对获奖者颁发奖品及证书,获奖作品将在院报、图书馆网站及图书馆微信公众号平台上刊登。

活动七:创意书签设计比赛——培育大学生创造力

创意书签设计比赛旨在丰富大学生阅读情趣,营造健康向上的生活方式。作品须附上 100 字左右的作品解说,由系各系团总支负责收集参赛作品,经初选后,汇总至图书馆。图书馆对收集到的参评作品将采取专家评审占 60%,微信投票占 40%的方式进行评选。比赛设一等奖 2 名、二等奖 4 名、三等奖 6 名、优秀奖 10 名。对获奖者颁发奖品及证书,获奖作品将在院报和图书馆网站及图书馆微信公众号平台上刊登。

图 7　2018"书海寻宝"搜书比赛

活动八:经典美文诵读比赛——沉淀智慧

为进一步丰富校园文化生活,弘扬优秀传统文化,提高当代大学生的文化素养,我院每年举办诵读经典美文比赛。通过诵读经典美文,激励我院学子励志成才、报效祖国。

参赛作品内容必须积极向上,有高尚情怀和较强的文学感染力。由各系自行组织安排,并选出优秀选手(各系2组)参加决赛。决赛由图书馆负责组织、安排。每支队伍朗诵(演讲)时间为3~7分钟(包括自我介绍和PPT展示时间,少于3分钟或多于7分钟的队伍皆为违规,做扣分处理),如图8、图9所示。根据思想内容(50%)、情感表达(30%)、仪表风度(20%)、PPT制作(10%)给出综合评分,最终评出一等奖1个、二等奖2个、三等奖3个、优秀奖若干。

活动九:读者需求问卷调查——深度挖掘读者需求

为及时了解我院师生对图书馆信息资源的需求,提高文献资源利用率,更好地发挥图书馆对学院教学科研的支撑作用,图书馆已连续三年开展读者阅读需求问卷调查。2016年共计发放纸质和网络问卷2060份,回收率为90.7%;2017年共发放问卷2100份,回收率为89.4%;2018年共发放纸质问卷1000份,回收率为96.9%。通过问卷调查,我们收集到很多与馆藏资源建设和读者服务等相关的意见和建议。图书馆根据读者意见采取了一系列改善措施,广受读者好评。我院图书馆试图通过常态化的问卷调查工作,提升信息资源建设的质量和水平、优化馆藏体系、完善服务内容,从而将图书馆打造成全院师生阅读、学习和休闲的最佳场所。

图 8　2017 年经典美文诵读比赛

图 9　2018 年经典美文诵读比赛

2.2 充分利用新媒体资源，提供与时俱进的阅读方式

除了开展以上各项活动，我们还引进了先进的技术设备，给读者一个较好的用户体验。2017年暑假，我院图书馆安装了自助借还系统，简化了图书借阅流程，缩短了读者借阅时间，降低了图书馆人力资源成本，将书库工作人员从机械的借还工作中释放出来，更多地参与读者导读、宣传、交流互动和个性化服务等深层次的服务。书库安装了门禁系统，读者借阅图书后通过门禁系统离开图书馆，增强了图书馆的安全防盗性能。图书馆工作人员定期使用RFID点检仪，在书架上扫描架位图书，及时发现错架、乱架现象，为读者提供更好的借阅环境。特别是自助还书机，满足了闭馆后读者的还书需求，实现了图书馆"泛7×24小时"的开放理念。

3 活动成效

3.1 借阅量明显提升，营造良好的校园阅读氛围

根据图书馆借还系统统计，2017年9～11月比去年同期纸本图书借阅量增加4000余册，与去年同期相比增长率达40%。2015年我院图书馆纸质图书借阅量16075册，2016年图书借阅量为26577册，2017年纸质图书借阅册次为42134册，年增长率约为58.5%。在移动阅读"受宠"的大趋势下，我院图书馆仍能保持纸质图书借阅量的增长趋势，这说明近年来的一系列改革和提高服务措施取得了一定成绩。

3.2 学生综合素质得到提高

通过近几年的努力，我院图书馆在校内外的影响力不断扩大，得到了院领导和社会业界的充分肯定。2018年，我院图书馆选送的法律一系蔡家来同学作品《走进新时代，书香中国梦》在全国首届"图书馆杯主题海报创意设计大赛"中获得入围奖。该次大赛全国共17796名读者报名参赛，通过审核作品13925件，全国入围作品1500余件。2018"e博在线杯"第二届诵读大赛，张子豪获三等奖，桑林海获优秀奖。2018年，我院图书馆获第二届文献信息获取体验大赛高职组一等奖(图10)。

图 10　第二届"EBSCO"杯文献信息获取体验大赛获奖证书

4　媒体宣传

　　我院图书馆将举办的每项活动都及时地发布在校园网和图书馆网页上,让读者尽可能多地了解图书馆、认识图书馆、参与到图书馆活动中来。2017 年,在校园网上发布新闻 41 篇,在图书馆主页发布新闻 73 篇。

书香校园·"悦"读追梦
——安徽财贸职业学院图书馆读书月系列活动

李倩　藕海云　张克
（安徽财贸职业学院图书信息中心）

安徽财贸职业学院图书信息中心于1964年建馆，至今已有50多年历史。目前我馆馆舍面积16000平方米，有三个书库、三个阅览室、两个自修室，可同时容纳2000多人就座。近年来，随着智慧图书馆建设的推进，我馆在原有全馆无线覆盖的基础上，又在全省高职类院校中，率先投入使用图书自助借还系统和自助打印系统，这让我们的工作人员从日常借还的机械劳动中解放出来，服务读者工作的质量也随之得到较大提升。

我院目前有在校生14000人，图书信息中心工作人员总共11人。在人手少、任务重的情况下，我馆工作人员齐心协力、克服困难，除了坚持每周开馆91个小时，保质保量完成日常业务工作外，还坚持开展各项阅读推广活动，如读书月活动、世界读书日系列活动、信息检索大赛、阅读游园会等。其中，读书月活动从2006年至2019年，已经成功举办了十四届。

1　读书月活动概况

读书月活动是我院图书信息中心的品牌阅读活动，并且持续开展，营造了积极向上、清新高雅的校园文化氛围；引导和鼓励了更多大学生走进图书馆、与书为友，养成多读书、读好书的良好习惯；帮助了大学生提高人文素养，提升阅读品味，培养与时代同行、奋勇追梦的校园文化气息。

我院图书信息中心已经举办了十四届读书月活动。读书月活动的内容非常丰富，包括国学讲坛、诗歌朗诵比赛、征文、读者选书、电子资源应用讲座、新书推荐、图书募捐、书山寻宝、书签设计比赛、读者座谈会、读书之星和书香班级评比等一系列项目。每年读书月我们都会选择一个主题，加大宣传力度，营造良好的活动氛围，契合时代精神。比如,2016 年第十一届读书月主题是"阅读·打开梦想之门",2017 年第十二届读书月主题是"青春喜迎十九大·阅读共筑安财梦",2018 年第十三届读书月主题是"不忘初心·信仰永恒",2019 年第十四届读书月主题是"书香礼赞新中国·阅读追梦新时代"。这些主题不仅紧扣时代的脉搏、充满正能量,而且朗朗上口、容易记忆。在活动的现场悬挂主题横幅,起到了很好的宣传作用(图1)。

(a)

(b)

(c)

图1　第十四届读书月活动照片

2　读书月活动的组织情况

2.1　活动策划

我馆读书月活动经过多年积累,已经形成了一些经典优质项目,如国学讲坛、诗歌朗诵比赛、征文活动、书山寻宝、读者选书、图书募捐等。在继承和发扬这些优质活动项目的同时,我们每年都会力争有所创新,以鼓励更多有着不同兴趣的读者参与到活动中来。例如,演讲比赛、书签设计比赛、摄影比赛、读书之星和书香班级的评选活动等(图2、图3)。

图2　关于举办第十四届读书月活动的通知　　　图3　第十四届读书月系列活动时间表

2.2　活动宣传

读书月活动的宣传工作非常重要,我馆除了在学校官网发布活动通知外,还会举办隆重的读书月活动启动仪式,邀请我院图书信息中心分管领导参加并致辞,以引起全院师生的重视。此外,在活动开展的进程中,我们还利用学校广播站、宣传栏、图书信息中心微信公众号等平台全方位立体报道活动的开展情况、比赛结果,扩大活动影响范围(图4)。

(a)

(b)

(c)

(d)

图 4 活动宣传页面

2.3 活动开展

在读书月活动中,我馆工作人员提前做好分工,每人主要负责一至两项活动,并密切配合馆内其他活动的开展。在人手有限的情况下,我们充分发挥图书信息中心管理的学生社团"读书协会"的力量,让他们协助开展各项活动。从会场布置到海报设计,从组织观众到服务选手,读书协会的会员们以读书月活动为平台,锻炼了各社团的协调能力,培养了互助合作的精神(图5)。

(a)

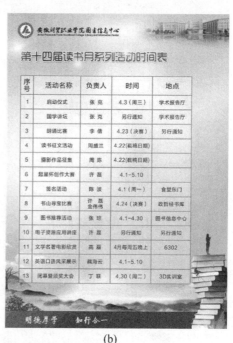
(b)

图 5　第十四届读书月活动海报

2.4 活动表彰

对于读书月活动中的比赛项目,如征文、诗歌朗诵比赛、书签设计、摄影比赛等,我们会邀请专业老师进行评审,以保证比赛的公平与公正。对于获奖的同学,我们不仅会在活动的相关报道中及时公布,报至各院部进行表扬,还会召开总结表彰大会,颁发荣誉证书和奖金(图6、图7)。对于有省级比赛的活动,则会推荐获奖选手或选送获奖作品参加省级比赛。

图 6　第十四届读书月开幕式

图 7　第十四届读书月闭幕式暨表彰大会

2.5 活动报道

读书月的每项活动结束时,我们都积极撰写新闻报道,发布到学校官网,一方面报道活动开展情况、通报活动结果,另一方面让获奖的学生获得自豪感,吸引更多的学生参与到活动中来,深化读书月活动的影响力。

2.6 活动总结

读书月活动结束后,我们召开总结表彰大会,既表彰在活动中获奖的优秀学生,也表彰积极参与活动组织的读书协会会员(图8)。我馆在总结活动经验的同时,也反思不足之处,以便更好地开展下一届读书月活动。同时,在每届读书月闭幕仪式上,图书馆全体老师都会共同演出一场节目,增强团队之间的凝聚力,同时提升图书馆的影响力。比如,在第十四届读书月闭幕式上,我馆全体教师合唱《我和我的祖国》,引起全场大合唱。

(a)

(b)

图8 第十四届读书月闭幕式现场照片

3 读书月活动内容简介——以几项经典活动为例

3.1 国学讲坛

以读书月活动为平台,我馆已经举办了六期国学讲坛,分别邀请了合肥工业大学钱斌副教授、原安徽大学文学院院长陶新民教授、安徽大学文学院院长吴怀东教授、合肥师范学院文学院副院长袁晓薇教授、安徽省委党校科学文化教研部主任邵明教授以及我校马克思主义学院徐明教授与我院学子畅谈传统文化,品味国学精华(图9)。

图9 国学讲坛

3.2 诗歌朗诵比赛

诗歌朗诵比赛是迄今为止每一届读书月活动都会举办的一项赛事。诗歌是人类审美活动的集中表现,并以其凝练性、抒情性、音乐性等特点成为得天独厚的美育资源。诗人创作一首诗,往往不是用笔写出来的,而是用口吟出来的。而读者则可通过朗读吟咏,在节奏变化和情感起伏的过程中获得对诗歌的深层次理解(图10)。

(a)

(b)

图 10 诗歌朗诵比赛

3.3 征文比赛

读书不仅有助于我们拓展视野、发展思维能力、丰富精神世界,还有助于我们提高写作能力。书读得越多,写起文章来就越得心应手。我们以读书月活动为平台,开展征文比赛,让喜爱写作的读者有机会与他人一起分享阅读的感悟,通过文字的交流,碰撞出思想的火花,最终实现共同进步的目标。

另外,各级各类的征文活动也比较多,通过校内的征文比赛进行选拔,推荐获奖的优秀作品到省里参加比赛,一是让优秀的学生有机会获得更高的褒奖,二是为学校争得荣誉。比如,我馆通过读书月活动遴选推送了几篇文章参加 2017 年安徽省第一届校园读书创作活动,在与全省众多高校的较量中,有两篇文章荣获省级三等奖。再如,在 2016 年企业文化进校园征文活动中,我校有六位学子在活动中获奖,其中有一个二等奖、二个三等奖、三个优秀奖。在 2016 年书香江淮互联网读书征文活动中,我校学子获得一个一等奖、一个二等奖和两个三等奖。

3.4 读者选书活动

读者选书活动就是要把图书馆选择图书的权利交给读者,让读者变被动读书为主动读书。过去图书馆买什么书,读者读什么书;现在是读者喜欢什么书,图书馆买什么书。举办这样的活动就是为了让阅读深入人心(图 11)。

(a)

图 11 读者选书活动

(b)

图 11　读者选书活动（续）

3.5　优秀校友讲座

在第十四届读书月活动中，我们邀请了我院优秀校友惠晓芸返校，与在校学生代表畅谈她作为"一路前行的追梦者"是如何实现个人的作家梦的（图 12）。惠晓芸 2006 考入我院会计学系审计实务专业，在校期间，她加入读书协会并创建了编辑部，编发《翡翠学苑》一刊。2007 年，她在学院征文比赛中荣获一等奖，在演讲比赛中获得一等奖。她现为中国作家协会会员、中华诗词学会会员、安徽省作家协会会员、安徽省诗词学会会员，著有散文集《君生我未生》、诗词集《在水一方》、小说集《你与岁月三两声》等多部著作。惠晓芸现为中铁四局职工、《上海女刊》专栏作家、红袖添香签约作家，发表文章 300 余篇，其中部分作品荣获全国青年文学大赛一等奖，全省散文大赛二等奖、三等奖，诗词原创大赛金奖等。

图 12　优秀校友讲座

3.6　书山寻宝比赛

　　为了让读者进一步了解我馆馆藏图书的分布,提升读者的检索能力,使他们能更加快速地找到自己想要或对自己有帮助的图书,我馆近几年在读书月活动中连续开展了四届寻书比赛。比赛中,我们给出的书名、作者、出版社等信息,让选手用馆藏检索平台查询图书详细信息,并用最短的时间从馆内找出此书。我们希望通过比赛提升读者的图书检索能力,让他们在比赛中快乐学习,在竞争中增长知识与见识(图 13)。

图 13 书山寻宝比赛

3.7 电子资源应用宣传

我馆在每年的读书月活动中都会邀请中国知网、万方数据库、维普智立方、超星数据库、国研网、中经网视频、博学易知等多家数据库公司来校进行现场宣传推广(图 14)。各数据库公司不仅宣传推广了我馆已经订购的各种电子资源,还带来了最新电子数字资源产品。电子资源应用宣传活动进一步提高了我校文献资源建设质量和信息服务水平,给更多的读者提供了与专业数据库工作者面对面交流学习的机会,加强了读者对各个数据库的了解,同时也让我们了解了读者需求及读者对各个数据库使用的满意程度,为图书信息中心在数字资源建设方面提供了更加科学、更加合理的参考依据,有效促进了我馆信息服务水平的提升。

(a)

(b)

图 14 电子资源应用宣传活动

4 读书月活动成效

4.1 读者参与度高

我馆读书月活动已连续开展 14 年,受到了师生读者的广泛关注与积极参与。在每年的读书月里,我们都要开展十多项与阅读相关的活动,每项活动少则有百余人参加,多的会有五六百人报名。国学讲坛、朗诵比赛等观众的人数更是上千。

4.2 阅读推广成效显著

通过读书月活动,我们为师生读者搭建了阅读平台,引导大学生与书为伴、与书为友,养成读书的好习惯,拓宽视野,积累知识,提高个人综合素质,营造书香浓郁的校园文化氛围。

4.3 锻炼了馆员队伍

我馆人员数量少,在读书月活动中,每位工作人员都要担任一、两项活动的主要负责人。工作人员在活动策划、组织、协调、推广过程中得到充分锻炼,在活动总结与反思中获得提升。人员队伍、活动多次获得安徽省高等学校图书情报工作委员会的认可,如图 15 所示。

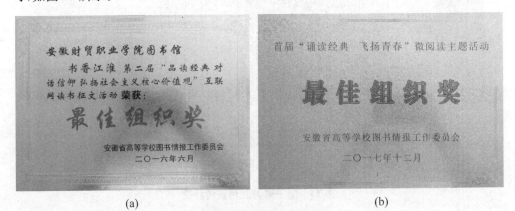

图 15 部分所获奖牌

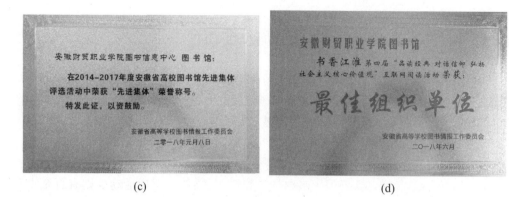

(c)   (d)

图15　部分所获奖牌(续)

5　启示与反思

5.1　开展读书月活动是推广阅读活动，建设书香校园的有效途径

通过提前策划、认真组织、大力宣传，活动吸引了更多的大学生走进图书馆，加入到阅读活动中来，让图书馆拥有活力，让校园充满书香。

5.2　应注意对学生阅读的引导

在征文活动中推荐阅读书目，通过举办报告会、讲座等方式，引导学生带着问题去读书，再通过让学生撰写读后感，参加诗歌朗诵会、读者座谈会交流读书体会，最终达到共同进步的目的。

5.3　校内、校外活动结合开展

目前，在全国上下都很重视阅读推广的背景下，安徽省教育厅、高校图工委也积极组织开展各类阅读活动，如征文、演讲比赛等，将校内外活动结合起来开展，丰富活动内容，强化活动效果。另外，值得反思的是，对于同类活动的参与，应当有所筛选，若太过于密集和重复，师生在时间和精力上会面临难以分配的问题。

5.4 注重宣传造势,扩大影响,推动读书活动持久深入开展

利用校园网、广播站、宣传栏、微信公众号、QQ 群等平台,宣传报道活动全程,展示读书活动成效,分享读书心得,树立优秀典型,扩大舆论影响,营造书香浓郁的校园文化氛围,与时代同行,不忘初心,奋勇追梦。

"三全育人"环境下图书馆服务创新

琚文文　张利娟　房敏
（安徽水利水电职业技术学院图书馆）

1　案例实施背景

习近平总书记在2017年全国高校思想政治工作会议重要讲话中强调，教育强则国家强，人才兴则民族兴。根据教育部工作部署，2018年我校被安徽省委教育工委确定为全省"三全育人"综合改革试点高校之一，也是省内唯一一所被省教育厅推荐为教育部"三全育人"综合改革试点高校的高职院校。

作为校园文化建设的重要阵地，图书馆担负着文化育人的神圣使命。为贯彻落实全国高校思想政治工作会议精神特别是习近平总书记在会议上的重要讲话精神，图书馆根据自身角色功能，坚持文化育人和服务育人有机结合，努力做到全员、全过程、全方位落实立德树人。

"三全育人"环境下，我校水利工程学院成立"大禹书院"，图书馆积极探索，充分发挥"第二课堂"育人职能，支持书院建设，创新服务模式，将"读者第一，服务至上"渗透到点滴工作细节中，打造全员、全程、全方位的"三全育人"模式，全面提升育人水平，全面形成育人合力，全力推动人才培养质量和水平再上新台阶。

2　案例实施过程

为深入学习贯彻习近平总书记在全国高校思政工作会议和全国教育大会上的重要讲话精神，我校在全省高校率先探索实践书院管理模式，大力推进全员、全过程、全方位育人。我馆积极配合学校高水平大学建设，积极做好全员、全过程、全方位的各项工作。

在"三全育人"体系下，图书馆充分利用馆藏资源优势，与大禹书院立建协同机制，为学生提供三全育人服务平台（图1）。

图 1　大禹书院

2.1　文化育人

高校的立身之本在于立德树人。坚持立德树人、文化育人，更好地服务大学生成长成才，夯实基础服务，充分发挥图书馆的资源和阵地优势，大力开展文化育人活动，引导大学生做社会主义核心价值观的坚定信仰者、积极传播者、模范践行者，是图书馆义不容辞的责任。

2.1.1　新生入馆教育

通过开展新生入馆教育培训，系统介绍图书馆资源、分布位置和使用方法，提升大学生信息意识和信息素质，帮助他们养成良好的阅读习惯，更好地利用图书馆相关资源（图2）。

2.1.2　专家讲座

我馆与书院合作，致力于推进第一课堂与第二课堂的结合，举办专家讲座，激发师生的读书兴趣。以"读者第一、服务育人"理念为指导，举办专题讲座活动，激发全校师生的读书兴趣，营造浓厚的读书氛围，提高师生的审美修养和文化底蕴，推动文明校园建设（图3）。

图 2　新生入馆教育

图 3　专家讲座

2.1.3　文化沙龙

配合书香校园读书月活动举办文化沙龙,以书为媒,读经典,品人生,探寻书中奥秘,营造浓厚的读书氛围。读经典,有如读人生。每部经典作品都蕴含了丰富的人文启示,启迪人类对人生价值意义的体悟。活动邀请热爱读书的同学,一起分享心目中的经典,激发出智慧的火花,感受他人的视角和见解(图4)。

图 4　文化沙龙

2.1.4　演讲比赛

演讲比赛旨在激发广大师生的读书兴趣，让大学生在比赛中学习知识、提高修养、感悟人生，真正做到与书为伴，以书为友，力争形成"爱读书、多读书、读好书"的书香氛围(图5)。

图 5　演讲比赛

2.2 环境育人

人与环境的影响是相互的,马克思说过:"人改造环境,同样环境也创造人。"因此,我馆在育人环境的营造方面也是不遗余力。

2.2.1 阅览室

为体现书院的特色和满足学生综合素质培养需要,根据水利工程学院专业设置情况,图书馆为书院阅览室配置了水利及水文化、中华传统文化、创新创业、党团、历史及人物传记、专业技能等方面的书籍。阅览室每周一至周五16:00～22:00,周六12:30～22:00,周日09:00～22:00开放,方便读者学习(图6)。

图6 阅览室

2.2.2 漂流书屋

漂流书屋以"知识因传播而美丽""心灵因交流而贴近"为理念,让每一本好书都能与大家共享,让"知识因不断传递而美丽"。将漂流书屋搬去大禹书院,实现点与点的连接,并以此点为基础,实现全方位覆盖;为学生提供更多的阅读机会,让书籍在流动中发挥作用,激起大家惜书、爱书的情感,分享藏书,播撒书香,传递文化,掀起读书热潮(图7)。

图 7　漂流书屋

2.2.3　Kindle 借阅角

图书馆与书院共建了 Kindle 借阅角(图 8)。所有电子书阅读器都预装了历史军事、经典名著、水利学、工程学、测量学、人文社科、文化艺术、小说传记等领域中评分较高的近千本电子书,读者凭本人一卡通,即可在书院学习中心办理借还服务,书院免费向读者提供外借和下载服务。

2.3　管理育人

近年来,图书馆学生馆员人数不断增加,影响力也不断提升。学生馆员包括两部分:一是自愿参加图书馆建设、无私奉献的读者协会学生;二是勤工助学学生馆员。

2.3.1　读者协会

图书馆下设学生社团"读者协会",秉承"多读书、读好书"的宗旨,以书会友,贴近读者,营造氛围,指引方向,开展了一系列丰富多彩且颇具影响的活动,取得了丰硕的成果(图 9)。图书馆在日常工作中,引入学生社团"读者协会"义务参与图书馆工作,既缓解了馆员的工作压力,也充分发挥了学生管理员的潜力,调动其积极性,使学生得到了多方面的锻炼,取得了良好的效果。

图 8 Kindle 借阅角

图 9 读者协会

2.3.2 勤工助学

招聘勤工助学岗位学生，负责阅览室日常管理，开展勤工助学，吸收学生参与图书馆日常工作，为学生搭建社会实践平台。

图 10　勤工助学

2.4　服务育人

2.4.1　特色馆藏体系建设

为加强水利特色馆藏建设体系，根据年度馆藏资源使用情况统计分析，我馆采购了安徽省地方志和年鉴。建设水利学科图书专架；召集专业学术带头人召开文献资源工作会议，了解资源使用情况；带领各专业教师参加馆配商的书目现采活动（图 11）；征求读者的使用反馈意见，及时调整馆藏结构体系。

2.4.2　"资源、管理、服务"三位一体

在资源整合、信息整合与应用整合的基础上，构建"资源、管理、服务"三位一体架构，以智慧核心技术为支撑，实现"面向资源"到"面向服务"转变，全方位满足学院教育、教学和科研的需求以及各专业对文献资源的需求（图 12）。

2.4.3　助力创业、实习、实训类

针对毕业生的就业信息需求，构建支撑毕业生就业信息需求的资源库，调整资源

结构。同时,利用智慧图书馆对馆藏中的数字资源进行挖掘及聚合关联,使就业、创业成为一个特色资源,便于毕业生浏览(图13)。

(a)

(b)

图11 组织各专业教师参加图书现采活动

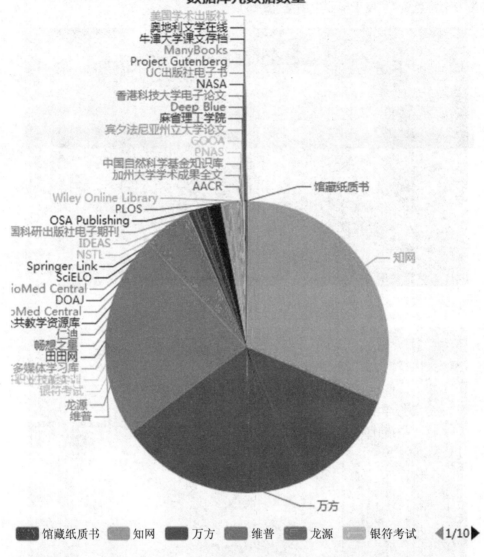

图 12 馆藏资源分布

"三全育人"环境下图书馆服务创新   321

图 13 读者服务云平台

2.4.4 倡导终身学习理念

只要是我们学校的学生,毕业后依然可以登录图书馆平台,使用馆藏资源(图 14)。这一举措让我们的毕业生读者可以随时随地感受到母校的关怀,助力校友的成才成长。

图 14　图书馆平台

3　项目的创新点

"大禹书院"将班级承载的部分功能转移到学生宿舍,建立打破专业、年级、班级界限的育人平台,将宿舍建成重要的教育阵地和学生成才园地,大禹书院提供多重保障,实现全方位育人。

以"三全育人"的新理念,完善图书馆的服务,实现职能转变,由以提供资料为主的服务转向以提供教育为主,扩大教育职能,提升图书馆的知识形象,使高校图书馆真正成为广大教师和学生求知创新的学习场所。

4　结语

"三全育人"环境下,图书馆积极主动与院部建立协同机制,积极构建以院部大禹书院服务为载体,学生自我教育、自我管理、自我服务的平台,营造温馨家园,注重人格养成,形成独具特色的书院文化和制度,有利于激发学生主动学习的兴趣,提升学习能力,促进学生全面发展。

同时,以书院建设为基点,以点带面,大力推进全员、全过程、全方位育人,奋力奏响新时代改革发展最强音。

总之,图书馆文化育人任重道远,图书馆全体馆员将不忘初心、继续努力,为全面落实立德树人的根本任务而努力奋斗!

寓教于演 流传书香
——面向"00后"大学生的经典阅读推广

毛玉兰

(安徽国际商务职业学院图书馆)

1 服务创新案例实施的背景和意义

1.1 案例实施背景

党的十九大报告指出:"中国特色社会主义文化,源自于中华民族五千多年文明历史所孕育的中华优秀传统文化,熔铸于党领导人民在革命、建设、改革中创造的革命文化和社会主义先进文化,植根于中国特色社会主义伟大实践。"教育部颁布的《完善中华优秀传统文化教育指导纲要》指出,加强中华优秀传统文化教育是培育和践行社会主义核心价值观、落实立德树人根本任务的重要基础。中国共产党高度重视中华优秀传统文化,在中国革命、建设和改革中继承、弘扬、提升中华优秀传统文化。

经典文学是传统文化的重要组成部分,是祖先留给我们的宝贵财富。许多经典,读之字字珠玑,诵之金声玉振。诵读经典可以加深对民族精神和优秀传统文化的理解,帮助年轻的学生树立正确的世界观、人生观和价值观。

培养学生的阅读兴趣,尤其是对经典文学的阅读兴趣是校园文化建设的重要方面。但由于一些经典中的文字相对生涩,必须用新的形式才能激发读者的阅读兴趣。经过摸索我们发现,将经典诵读与舞台表演结合起来就是一种很好的形式。

1.2 案例实施意义

弘扬传统文化,鼓励阅读经典,提高学生人文素养,提升校园文化品位。

1.3 案例实施目的

利用学生喜闻乐见的舞台形式,演绎同学们自己对经典的认识,营造书香氛围,提升校园文化软实力。

1.4 案例实施基本思路

2018年以后,"00后"陆续进入大学阶段。2018年5月4日,在全国学联秘书处的指导下,中国青年报与腾讯QQ联合发布了《"00后"画像报告》(图1)。根据该画像,我们总结了"00后"的特点,尝试为"00后"量身定制经典阅读推广模式,让他们用自己的方式演绎对经典的解读。

特点一:文艺素养总体较高。调查显示,文艺工作是"00后"最想从事的工作类型。与"80后"、"90后"相比,"00后"文艺素养更高,演员、作家、设计师等文艺工作者是他们向往的职业类型,而在传统观念里收入较高的"香饽饽"——法律、金融等行业对他们的吸引力有限。究其原因,一方面是与前辈相比,"00后"从小物质条件宽裕没有急于提升经济实力的想法;另一方面是受家庭的影响,"00后"的父母非常重视孩子的培养,大多会从小给孩子报各种才艺班。从小的耳濡目染和持续的锻炼培养了他们的文艺素养,所以经常看到有的中小学生玩摄影有模有样、谈读书头头是道,谈起他们感兴趣的知识时,甚至连家长从知识容量上来讲都只能做他们的学生。但"00后"接受到的文艺、演艺等信息多来自于网络、电视,还是相对零散的,所以需要通过四年大学的综合性培养和教育让他们形成完整的职业认知和技能。

特点二:知识面广,崇尚个性。《"00后"画像报告》显示,在"00后"眼里,学习不仅是为了将来的"饭碗",也是为了提升自己,所以他们的学习涉猎范围比较大、知识面广。青少年的世界观、人生观、价值观与其所处的社会环境、经济环境、文化环境关系密切。与"90后"相比,"00后"享受了更多的经济红利,由于家庭的塑造和社会环境的影响,他们获取知识、信息的渠道更多。除了从老师处学到知识外,很多课都有视频、网盘、网上教学资源,因此老师的权威性也在降低。同时在二孩政策放开之前,"00后"多是"421"家庭模式,四个老人、一对夫妇,养育一个孩子,他们从小被呵护、备受宠爱。这样的生活环境导致"00后"大多自我意识比较强,容易一切以自我为中心。他们不喜欢随波逐流,比较崇尚个性。

特点三:兴趣爱好更加广泛。大多数"00后"孩子的父母是"70后"或"80后",是中国最早接触到互联网的一代人,见证了中国互联网的发展进程。而"00后"作为移动互联网的原住民,从小就能熟练使用手机、电脑等互联网工具,见闻和视野早就超越了父辈。爱玩是她们的天性,据调查显示,明星、游戏、交友、自拍、动漫是她们兴趣排行榜的前五名。兴趣加培养,使不少"00后"爱好广泛,乐器、舞蹈、设计、绘画、编程等都是他们的兴趣兼特长。除了动漫、读书、玩游戏,"00后"还在互联网上玩出了新花样,"幽默"被不少"00后"当作兴趣,很多"00后"喜欢刷段子、看搞笑视频,努力让自己说话更风趣,所以抖音视频、内涵漫画、内涵段子等app都有不少"00后"用户。

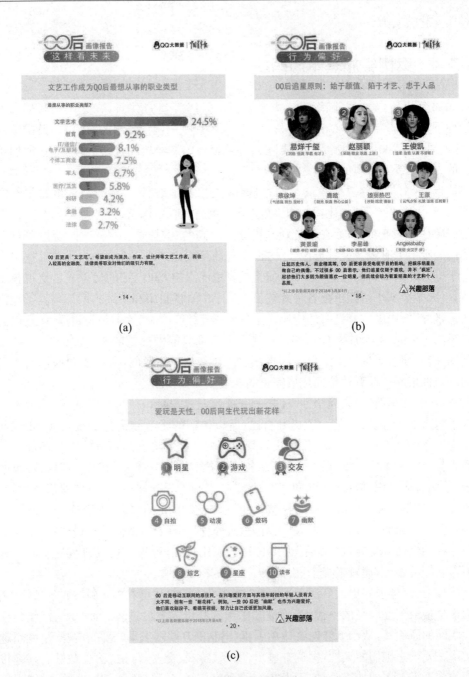

图 1 "00 后"画像报告

2 服务创新案例简介

考虑到新一代"00后"大学生的特点,我们从2017年开始用舞台表演的方式举办经典诵读活动。

2.1 案例实施现状

在活动时间上,以每年的读书月活动为契机,把经典诵读比赛作为一个常规活动,嵌入到读书月系列活动中。

在活动形式上,考虑到新一代大学生的特点,我们用舞台表演的形式举办经典诵读活动。先由系部进行初步筛选,选出一个最好的节目代表系部来参加学校的经典诵读总决赛。

在节目内容上,学生以团体为单位,表演经典名著章节或经典片段,可以用唱、吟、诵、读、舞等多种表现形式。

2.2 案例创新点

2.2.1 将用户画像理念运用于阅读推广

用户画像指收集用户的专业背景、文化程度、知识获取习惯、兴趣偏好、特长任务等与用户需求趋向相关的信息,以此为基础进行模块化标志,为用户制订特定标签。作为精准服务的工具之一,已被广泛应用于商业领域,帮助商家了解和预测用户行为。阅读推广是一项复杂的系统性工作,其效果受到诸多内外部因素的影响,如对读者阅读产生重大影响的因素有哪些、如何找到有效的阅读推广方式等问题不明确,不仅会对阅读推广效果产生影响,还有可能成为阅读推广过程中的"盲点"。经验告诉我们,没有精细地进行用户划分,批量化进行阅读推广的效果是极差的。我们根据"00后"用户画像,对用户进行细分,选择用他们更加喜欢、更加擅长的舞台表演进行经典阅读推广。实践证明,相较于传统的说教形式,能够取得更好的宣传效果(图2、图3)。

图 2 图工委网站截图

图 3 教育厅网站截图

2.2.2 用舞台的形式演绎对经典的解读

"00后"的用户画像显示,他们更热爱文艺,同时由于家长的重视,"00后"从小参加各类才艺培训班,舞蹈、绘画、音乐、表演等都有所涉猎,这也便于他们用舞台的方式演绎经典(图4～图7)。而且"00后"大多爱追星,也很喜欢在聚光灯下当明星的感觉,所以舞台表演的方式更加能够激发他们的创作热情。

图 4 节目《山居秋暝》剧照

图 5 节目《我爱你祖国》剧照

图 6　节目《三字经》剧照

图 7　节目《革命烈士诗抄》剧照

2.2.3　线上线下相结合开展活动

传统的阅读推广活动主要集中于线下,随着"互联网+"技术的发展,社会化阅读成为新宠,读者与图书馆线上线下的互动越来越密切。在经典诵读活动中,我们线下线上同步造势宣传,吸引读者的注意力。在线下开展活动时,线上进行同步直播,包括照片直播和视频直播,并且在评审环节引入了微信投票(图8~图10)。在活动期间,我们的投票链接被转发 2000 余次,扩大了活动影响。

寓教于演　流传书香——面向00后大学生的经典阅读推广

图8　2017年经典诵读现场观众

图9　2018年经典诵读现场观众

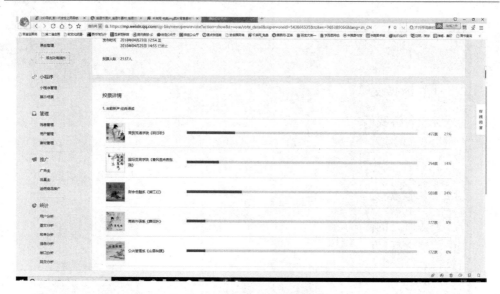

图 10　微信投票链接截图

2.2.4　做成照片书和视频，留存资料

每期经典诵读活动我们都会进行现场摄录，将现场照片制作成照片书，赠予参演学生。将现场视频制作成宣传片，并且刻录成光盘，作为图书馆参与校园文化建设的重要影音资料留存档案室（图11、图12）。

图 11　2017 年照片书

图 12　2018 年照片书

2.3 案例与读者、资源、服务的相关度

2.3.1 根据受众特点进行阅读推广

实践经验告诉我们,没有精细地进行用户划分,批量化进行阅读推广的效果是极差的。所以我们根据"00后"的用户画像,选择他们易于接受的方式,推广经典,倡导阅读。

2.3.2 根据现实条件进行阅读推广

作为资源匮乏的高职院校,我们必须高效利用有限的资源。可喜的是,在我们找到恰当的方法之后,发现经过舞台表演的推广,有些书籍从冷门变为热门,借阅量较之以往有了明显的上升,如图13所示。

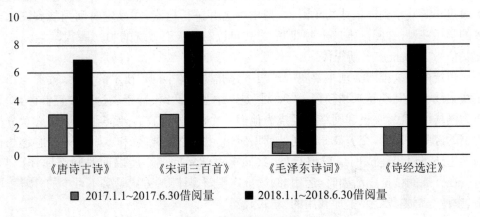

图 13　借阅情况分析图

2.4 案例经验启示

2.4.1 用户画像

利用大数据构建用户画像,提供精准服务,是Lib3.0环境下图书馆发展的新思路。作为阅读推广人,必须通过数据分析实时掌握读者特征,及时感知用户需求的变化,并基于用户画像开展精准化的阅读推广活动,才能真正创新服务模式,提升阅读推广效果。

2.4.2 "阅读推广+"

在阅读推广领域,我们可以借鉴"互联网+"模式(互联网+各传统行业),探讨"阅

读推广+"的可行性。

（1）"阅读推广+表演"

传统的阅读推广活动模式大多分为以下三种：好书推荐、征文比赛、撰写书评等与"书籍"相关的活动；画展、艺术展、名家讲坛、真人图书馆等与"人物"相关的活动；微信、微博、手机阅读等与"媒体"相关的活动。"00后"比较喜欢艺术行为，文艺素养也比较高，所以在开展经典阅读推广时，我们尝试用"阅读推广+表演"的活动形式，把经典搬上舞台。同学们用唱、吟、诵等多种方式呈现古诗词，结合舞台、灯光、背景、道具、服装，展现古诗词别样的美。

（2）"阅读推广+游戏"

作为互联网原住民，网络游戏对"00后"的吸引力不容忽视。用游戏的方式开展阅读推广活动已有成功的先例。相关的网络游戏取得了良好的效果，如武汉大学图书馆的"拯救小布之消失的经典"；实景游戏，如中国科技大学图书馆的真人密室逃脱游戏"图书馆奇妙夜"。我校图书馆从2014年开始每年读书月举行"书海夺宝"活动，学生通过小游戏拿到谜语或简单线索，猜出书名并进行检索，在规定时间内找到图书最多的学生获胜。"阅读推广+游戏"的方式可以有效吸引爱玩的"00后"大学生。

（3）"阅读推广+新媒体"

传统的阅读推广活动主要集中于线下，随着"互联网+"技术的发展，读者与图书馆线上线下的互动越来越频繁。"00后"是一个思维活跃、善于表达的年轻群体，而且作为网络原住民，手机和网络已经成为他们一个"体外器官"，他们在阅读时喜欢分享读书的经验和体会，交流彼此认同的读书感悟，找到"归属感"和"认同感"。志趣相投的学生还可以组建成网络虚拟社群，共同探讨学术问题。所以面对网络原住民"00后"，在开展阅读推广活动时，运用"阅读推广+新媒体"的方式是必不可少的，微信、网络、微博等都是我们要多加利用的"新式武器"。

我们不"医"样
——以创新思路发展医学专科院校馆藏资源推广工作

杨敏 高兴 李静

(安徽医学高等专科学校图书馆)

1 案例实施背景

随着网络化、信息化的快速发展,高校图书馆已经由传统的注重资源保存,发展到如今的更加注重资源的推广利用。然而,受传统图书馆管理模式的影响,实际工作中在馆藏资源推广方面仍然存在"重藏轻用"的问题。因此,如何针对安徽医学高等专科学校医学专业背景特点,创新性地开展馆藏资源推广服务,帮助读者快速、准确获取所需文献资源,已经成为安徽医学高等专科学校图书馆(以下简称"安徽医专图书馆")的一项重要任务。

2 案例实施概况

传统的图书馆服务模式已经无法应对大数据时代的快速变革,各高校图书馆面临的不再是馆藏资源匮乏的危机,而是如何将丰富的馆藏资源有效地推送给读者的难题。

在中国知网主题条件下检索"医学图书馆 资源推广",检索结果显示的文献资源量仅有几篇,由此可见,关于医学院校图书馆的资源推广研究尚少。所以如何结合我们医学专业背景和专科院校的特点,开展合理有效的馆藏资源推广服务工作具有非常重要的现实意义。同时该主题也是全国高职高专院校图书馆服务变革的一个重要方向。

在案例实施过程中,将服务对象分为学生群体和教职工群体,有针对性地开展资源推广服务。

2.1　面向学生群体开展的资源推广工作

2.1.1　围绕新生入学季，开展图书馆迎新活动和入馆教育

图书馆根据大一新生的医学专业知识基本为空白的实际情况，通过积极向学校各专业带头人征询《专业图书推荐书目》(图 1)，在图书馆迎新活动和新生入馆教育过程中，向新生发放《专业图书推荐书目》，引导大一新生对各专业的医学图书进行有针对性的选择和阅读(图 2)。

专业推荐图书——临床医学

序号	索书号	题名	作者	出版社
1	R-091/009	医学史(第2版)	(美)洛伊斯·N.玛格纳，译者：刘学礼	上海人民出版社
2	R192.3/055	好医生是怎样炼成的--一位医学院教师的调查笔记	李飞	湖北教育出版社
3	R-05/107	医学人文面对面--最新医疗热点案例评析	徐志杰，赵瑞南	第二军医大学出版社
4	R197.322/022	医之魂(医疗服务中的人文关爱和沟通艺术)	陈文叔	人民军医出版社
5	R197/011	移动医疗--医疗实践的变革和机遇(中文翻译版)	(美)科林，译者：时占祥，马长生	科学出版社
6	R319/016	颠覆医疗(大数据时代的个人健康革命)	(美)埃里克·托普，译者：张南	电子工业出版社
7	R-49/108	一分钟医学速记——协和医学博士的漫画笔记	舒畅	人民卫生出版社
8	R5-62/030	协和内科住院医生实习医生门诊手册	曾学军,黄晓明	中国协和医科大学出版社
9	R4-09/001	临床医学的诞生/人文与社会译丛	法国)米歇尔·福柯|译者:刘北成	译林出版社

专业推荐图书——康复治疗技术

序号	索书号	题名	作者	出版社
1	R49/069	康复技术专业实训教程	宋玉兰	军事医学科学出版社
2	R687.409/002	人工髋关节置换术后康复	周谋望	人民军医出版社
3	R873/008	健身运动损伤的预防与康复	宋振华	人民卫生出版社
4	R541.09/001	心脏康复实践操作手册（W)	尼鲍尔	北京大学医学出版社
5	R680.9/004	骨科术后康复指南	赛奥帕莫斯卡	天津科技翻译出版公司
6	R493/018	现代康复治疗学(第2版）	燕铁斌，梁维松，冉春风	广东科技出版社
7	R742.309-64/003	实用偏瘫康复训练技术图解（第二版）	纪树荣	人民军医出版社
8	R748.09-64/002	儿童运动发育迟缓康复训练图谱（第3版）	刘震寰，戴淑凤	北京大学医学出版社
9	R744.09/001	实用脊髓损伤康复学	励建安，许光旭	人民军医出版社
10	R873/010	运动伤：预防、诊断、治疗与康复(翻译版)	张文涛	人民卫生出版社

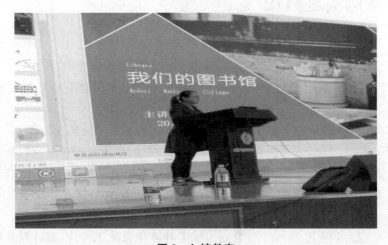

图 1　专业图书推荐书目

图 2　入馆教育

2.1.2 积极开展医学纸本资源推广活动

根据医学专科院校的学生在校时间短、医学课程多、学业任务重的特点,利用学生在校两年的时间,我们有序地开展了形式多样的资源推广活动,如举办"医学图书推荐会"(图3)、"趣味寻书比赛"(图4)、定期更新"好书推荐"的板报,直观生动地将医学及相关专业的图书资源推荐给学生读者,吸引他们积极关注图书馆,主动利用图书馆的资源(图5)。

图3 医学图书推荐会

图4 趣味寻书比赛

图 5 好书推荐板报

2.1.3 成立"医学文献检索"教研室

为培养医学院校学生继续学习、终身学习的能力,图书馆在学校的支持下,成立了《医学文献检索》教研室,大胆进行教学改革探索,积极开展教研活动,加强实训能力的培养,较好地完成了全校"医学文献检索"的教学任务,极大提高了学生的信息检索能力(图6)。

图6 "医学文献检索"日常教学会议

2.1.4 培养医学生人文素养

医学专科院校学生因其专业和未来职业的特殊性，比起其他专业的大学生，更需要加强人文素养的教育。图书馆通过组织学生参观安徽名人馆、博物馆等社会实践活动和"医患与责任"等交流讨论活动的开展，加强对学生人文素养的渗透与教育（图7）。

图7 "医患与责任"交流讨论会

2.2 面向教职工群体开展的资源推广工作

2.2.1 建立学科服务制度

图书馆建立"学科馆员制度"和"图书馆教师顾问制度",加强图书馆学科馆员与对口服务系部教师的固定联系,在图书馆与系部间架起沟通信息的桥梁,极大地提高了图书馆馆藏资源服务的针对性。

2.2.2 鼓励教师参与馆藏资源建设

为了更好地为教科研工作服务,图书馆主动征求教师对馆藏医学资源建设的意见,有计划地组织教师参加书展采购图书,定期向他们发送人卫、科学等出版社的出版目录(图8);图书馆充分考虑教师群体对医学数字资源的建议,不仅较早采购了中国知网、万方医学网等中文数字资源,而且成为全省最早参加SLCC集团采购的安徽省专科院校图书馆。近年来,图书馆又购买了本地PubMed和EBSCO外文数据库,满足教师群体对于医学类专业发展的资源需求。

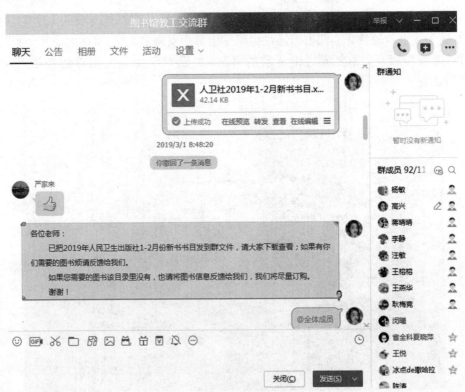

图8 定期发送的新书书目

2.2.3 积极举办馆藏资源巡回培训

面对教师培训时间难以统一的困境,图书馆主动与各系部联系,利用系部会议时间,给各系部的教师开展馆藏资源培训(图9、图10)。同时,图书馆积极利用资源培训的机会,通过调查问卷的形式,就系部教师对图书馆馆藏资源的使用情况进行调研,以充分了解教师对资源的需求与建议(图11)。

图 9　医学技术系馆藏资源培训

图 10　公卫系馆藏资源培训

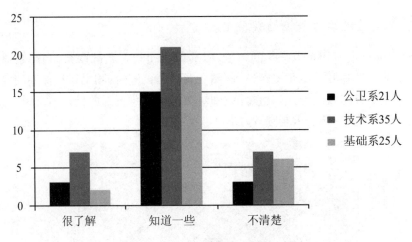

图 11　部门系部问卷调查结果分析

2.2.4　稳步开展医学科技查新工作

我馆于 2015 年成为教育部安医大科技查新站代理机构（图 12），2016 年开始正式为我校师生在教科研立项、专利申请等方面的查新提供一站式服务，为我校教职工申请生物医学等教科研课题提供强有力的支持。

图 12　我馆成为安医大查新站查新代理机构签约仪式

2.3 利用新技术助力资源推广工作

2.3.1 注重新技术在读者服务中的应用

开通移动图书馆,突破传统图书馆所受的时间和空间的限制,让读者能够随时随地获得馆藏资源服务;通过 RFID 技术实现图书的精准定位、自助借还、智能盘点,给读者带来新的体验,提高了纸本图书资源的利用率。

2.3.2 充分挖掘微信公众号等新媒体技术

我馆先后创建安徽医专图书馆的微信公众号、读者交流 QQ 群,利用新媒体技术加强医学馆藏资源推广,将医学生关注的卫生资格考试类资源直接链接到图书馆微信公众号中。图书馆微信公众号的关注人数不断上涨,从建立公众号首年关注人数仅有 200 余人,到如今的 2000 余人,图书馆微信公众号已成为一个重要资源推广渠道。

2.3.3 构建用户视角的图书馆网站门户系统

改变传统图书馆网站的设计,基于用户视角出发,从表现形式、网站内容、用户体验等方面对安徽医专图书馆网站进行全面创新性改造(图 13)。

图 13　安徽医专图书馆新官网

3 活动成效

3.1 资源推广活动在学生群体中取得的成效

近年来,安徽医专图书馆积极鼓励学生参加各类型的比赛。例如,图书馆指导学生在"安徽省高职院校企业文化进校园"主题征文大赛中获得一等奖;在安徽省高校首届"诵读经典·飞扬青春"微阅读主题活动中荣获原创类三等奖;在"万方开学季之一呼百应"有奖竞答活动中荣获全国三等奖;在全国首届"超星杯·微小说"创作大赛中荣获二等奖。另外,学生们也积极参与到"好书推荐"活动中,他们效仿图书馆老师的好书推荐板报,把自己读过的好书推荐、分享给更多的读者。

3.2 资源推广活动在教职工群体中取得的成效

3.2.1 外部成效

过去都是图书馆联系系部做讲座,但是在图书馆开展馆藏资源进系部培训后,其他系部便主动邀请图书馆到系部开展馆藏资源培训。过去都是图书馆将新书目录发布到QQ群里让大家荐购,现在是教职工主动联系图书馆荐购。图书馆学科馆员与系部的教师顾问之间形成了稳定的联系纽带,极大地提高资源推广工作的针对性和有效性。

3.2.2 内部成效

"送人玫瑰,手有余香。"图书馆在加强馆藏资源推广的过程中,督促馆员更深入地了解馆藏资源,使得馆员素质不断提升,馆员们参与图书馆学术活动的积极性大大提高,且收获颇丰。其中,汪敏同志荣获安徽省高校图书馆员业务基础知识竞赛一等奖,蒋晴晴同志获得中国图书馆学会高职院校图书馆分会辩论赛"优秀辩手"称号,李静同志和高兴同志均荣获"中国高职图书馆发展论坛(2018)征文比赛"二等奖等。

图书馆积极参加安徽省高校图工委组织的学术活动,连续获得安徽省高校图书馆服务创新大赛三等奖、优秀奖,安徽省高校图书馆员业务基础知识竞赛优秀组织奖,全国首届"超星杯·微小说"创作大赛优秀指导奖和第二届EBSCO杯文献信息获取体验大赛一等奖,且被安徽省高校图工委评为2014~2017年度先进集体。

4 结语

随着大数据时代的快速发展和智慧图书馆建设的不断完善，医学专科院校应顺应时代背景，紧跟"双一流"大学建设步伐，不断开拓进取，创新服务模式，合理构建资源推广服务体系，使高校图书馆真正成为信息资源的整合者、教科研工作的协作者、校园文化建设的先行者。

新零售模式助力图书馆打造沉浸式体验

郭新武　袁西鹏　胡跃宗
(安徽商贸职业技术学院图书馆)

1　案例实施背景

美国未来学家阿尔文·托夫勒在其著作《未来的冲击》中指出:"服务经济的下一步是体验经济,商家将靠提供这种体验服务取胜。"

马云在2016年10月的阿里云栖大会上第一次提出了新零售概念。以图书销售行业为例,"新零售"概念被提出以后,以当当为代表的传统线上图书零售巨头纷纷开始进行线下创新布局,"当当书吧""当当阅界""当当车站"精准定位消费群体的特征,各有侧重的实体书店相继推出,同时天猫、京东等图书零售巨头也纷纷结合自身优势进行革新。

在阅读习惯发生巨大变革的背景下,高校图书馆也要积极适应时代变化,转变传统工作理念,通过对读者的潜在需求进行深度挖掘,为以95后、"00后"为主的新生代消费群体提供"更佳的阅读体验"。

2　案例实施目的和意义

第十五次全国国民阅读调查报告数据显示,2017年中国图书零售市场总规模为803.2亿元,与2016年的701.2亿元相比增长了14.55%,这充分说明了人们对纸质图书的阅读仍然保持着旺盛的需求。

同普通消费模式一样,互联网也改变了人们的信息获取模式。当代大学生是互联网的原生代,他们热爱小资生活,追求品质品牌,获取信息与掌握新技术的能力相对较强,强调个性化,更加注重个人感受,拥有更强的信息需求、更高的获取效率。

基于以上分析,我们在阅读推广活动中引入新零售理念。根据这一理念,我们对图书馆的要素进行重塑,包括建立读者画像,将单纯的借阅变为全流程参与,通过阅读行为分析精选图书,优化业务流程,提高服务效率,通过独特的场地设计给读者带来全新的感受与认知,打造沉浸式的用户体验。以服务创造的价值来匹配读者的需求,最终实现为书找人、为人找书,节省读者时间的目标,将图书馆打造成一个不断生长、充满活力的有机体。

图书馆"新零售"模式是指"线上电子资源和线下图书馆资源空间实体的融合+业务流程的整合+读者大数据"。线上的优势是图书馆能够通过数据分析出读者行为,从而判断影响读者利用资源决策的因素,发现他们的需求并将知识产品传播的效果最大化。线下图书馆资源空间实体深度融合的好处则在于真实的体验和反馈。图书馆站在读者的角度,从读者的感受、行动、情感等方面出发,充分体会读者接受服务的过程及心理。以为读者营造难忘且有正面意义的体验为目标的服务方式是开展图书馆用户沉浸式体验服务的一个重要方向。因此,只有将线上和线下的优势融合起来才能实现价值最大化,才能实现真正意义上的图书馆新零售,才能完成内容消费向价值消费时代的升级。

"体验"能赢得读者对于图书馆的选择和喜爱,使图书馆与读者间产生情感上的交流,大幅提升读者的忠诚度和满意度。同时,"体验"也是高校图书馆进行品牌建设的重要途径,它能够为读者带来功能和情感方面的价值,即品牌的无形资产。读者对图书馆服务的期望以及在接受服务后的感受,决定了图书馆服务质量的高低。当图书馆服务实现定制化且更加注重读者体验以后,它们的价值就得到了新的提升。因此在图书馆提供服务的过程中,注重读者的切身体验这一点显得尤为关键。

在现代技术条件下,用户体验服务属于现代图书馆服务的一部分,可以与图书馆诸多业务领域相结合,为读者提供各种基于体验的图书馆服务。将用户体验服务模式与数字图书馆相结合,为用户提供包括个性化服务、参与式服务、情感式服务、自助式服务和人性化环境在内的各类体验服务。通过体验、互动等多种服务手段提升读者用户的参与热情和情感认同的服务形式,包括讲解服务、自助服务、多媒体展示、多媒体互动和主题活动等。

技术手段是营造沉浸式感官体验和认知体验环境的必要条件。在现有的技术条件下,图书馆常用的技术手段包括多媒体互动技术、数字媒体技术、视觉传达技术和网络技术等。

3 案例实施过程

2018年12月5日~12月7日,学校举办了大型图书馆开放日活动。此次活动以体验式参观为主,整个展区采取"纸电融合"的方式,多维度展示了图书馆的馆藏资源与工作流程。环绕图书馆大厅的海报墙名为"书海",背景中的海浪由馆藏的近3000

册书目组成,海报中心展示的书卷形象则是由在"教授为您列书单"活动中征集的近百本推荐书目组成。主题海报将整个空间划分成多个特色展区,迎面放置的24米海报利用时间轴的形式,展示了图书馆的日常工作流程与一年来的工作成绩。电子资源方面在十多万册馆藏中精选了54本电子书籍和27本有声书籍进行展示,读者可以通过扫描二维码用手机下载阅读。此外,我们还设置了图书馆特藏展区、畅销书展区和图书馆业务开放展区等。本次开放日的亮点之一就是,读者在现场找到的任何一本新书都可以在图书馆业务开放展区进行开放式的现场加工与借阅,活动集中展示了图书馆从采编到流通的幕后业务流程。为活跃现场气氛,增强活动的趣味性、意义性,开放日现场还采用问卷调查与扫码抽奖相结合的方式,手机"读者满意度调查问卷"收集了许多建设性意见。

3.1 活动剪影

1. 如图1所示,这个图案是一个抽象的书架,侧面的图案则是由教授们推荐的70多份书单书所组成的书简形象。

图1 活动海报

2. 如图2所示,背景中海浪的纹理是由3000册2018年入库的新书组成。

3. 屏幕中展示的图书来自于超星、QQ阅读、云图听书和博看,我们精选了160本电子和有声图书,读者可以通过微信扫描封面左侧的二维码访问阅读(图3),它们共同形成了总长约30米、环绕图书馆大厅的主题海报墙"书海"。

4. 如图4所示,这是我们的特藏书展架,展示了我馆的部分精品馆藏。

图 2　工作展示区海报

图 3　经典有声读物推荐页面

图 4 特藏书展架

5. 如图 5 所示,这是畅销书展区,我们通过分析流通数据,征集读者荐购和搜集畅销排行榜书目等方式,精选了 1500 种新书,并在活动现场设置了阅读区,供师生翻看品读图书。

图 5 畅销书展区

6. 本次活动的亮点之一就是现场找到的任何一本新书都可以在图书馆业务开放展区进行开放式的现场加工与借阅，该项目集中展示了图书馆从采编到流通的幕后业务流程(图6)。

图 6　业务开放展区

7. 本次活动的另一亮点是在开放展区背后设置了一幅长达 24 米的海报墙，用时间轴的形式展示了图书馆业务流程和一年来的工作成果(图7)。

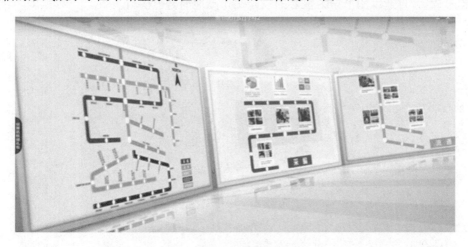

图 7　海报墙

3.2 案例创新点

此次案例尝试对读者阅读习惯变化的背景和各种驱动因素进行了分析,以新零售模式服务理念颠覆图书馆传统业务流程,对线上电子资源和线下图书馆资源空间实体的融合进行业务流程再造,提升了用户体验,为更好地应对新发展提供了参考。通过开展沉浸式体验活动,充分发挥了图书馆技术和人才优势,将优美的学习环境、丰富的馆藏资源、良好的服务水平和全校师生有机结合起来,通过环境、资源、服务、管理等"第二课堂"达到了管理育人、活动育人、文化育人的目的。

3.3 案例成效与启示

本次图书馆开放日活动首次尝试运用新零售模式服务理念,通过线上线下相结合的方式给读者提供了沉浸式的用户体验,延长了读者在馆内的停留时间。同时,高效地将荐购到借阅的服务周期从 3 个月缩减为 20 分钟,解决了部分读者的痛点问题;形成了一定的聚焦效应,改变了全校师生对图书馆服务一贯以来的印象。短短的三天内,我们共接待师生读者 3000 余人次,收到读者满意度调查问卷 750 份。经统计,读者对图书馆 2018 年服务的满意度高达 92%。活动中,共外借图书 946 册,占所展新书的 42%,电子图书和有声图书下载 800 余册次。开放式借阅体验让读者近距离接触了图书馆的幕后工作流程,有效提升了读者对图书馆业务流程的认知度,达到了远超预期的推广效果。今后我们将继续努力探索创新型服务模式,集团队合力共创开放型图书馆,为打造以图书馆为核心的校园文化高地而努力前行。

合作与共赢
——高职院校图书馆阅读推广中的跨界合作

程训敏 周云 彭怡
（安徽审计职业学院图书馆）

一个不爱阅读的民族是没有希望的民族。为推动全民阅读，我国各级政府出台了一系列扶持政策，掀起了全民阅读的热潮。图书馆作为高职院校的文献信息资源中心，是校园文化创建的重要阵地。通过管理服务的创新和一系列阅读推广活动的开展，在全民阅读工作中发挥了重要作用。

进行阅读推广，单单依靠图书馆的力量多少有些力不从心。图书馆与以读书协会（读者协会）为代表的学生社团开展跨界合作，既能够提高活动质量、改善效果，也能增进社团之间、图书馆与社团之间的交流与协作，实现互惠共赢。以读书沙龙这样侧重沟通与交流的阅读推广活动为契机开展跨界合作，架起了图书馆与其他社团合作的桥梁，为各类阅读推广活动的举办提供了创意和活动筹划、人员组织、活动宣传等方面的支撑，推动了图书馆阅读推广活动的改善。学生社团则从中得到了场地、资金、指导等方面的支援，有了一个自我展现、交流阅读、收获成长的舞台，各类双方在合作中各取所需，实现了共赢。

1 高职院校阅读推广中的学生社团参与

1.1 学生社团的性质和作用

学生社团是由学生自发组成的，围绕着某一具体的兴趣、爱好或是致力于解决学术、社会、政治等方面问题而形成的一个自治性的群众组织。学生社团的存在有其合理性，学生社团主要有以下几个方面的作用：① 满足了大学生在社交、文艺、体育等方面的需求。大学生们是富有活力和朝气的一个群体，在摆脱了高中枯燥乏味的应试教育后，社交、文艺等方面的需求被最大限度地激发。学生社团的存在很好地满足了学生多样化的需求,热心于公益活动的可以参加青年志愿者协会,醉心阅读的可以参加读书协会(读者协会)。通过参加学生社团举办的各项活动,大学生们的精神诉求得以满足,信心得以提升,能力得以培育,积极意义值得肯定。② 图书馆是人才培养的重要阵地。每个高职院校在人才培养工作中都始终面临着如何培养人、培养什么样的人、怎样培养人这三个问题。要想解决上述三个问题,需要高职院校有着清晰的发展思路、扎实的软硬件条件、良好的校园文化等要素作为支撑。高职院校大力推进学生社团建设,既有助于培育良好的校园文化,也有助于培养出更加符合社会和国家需要的专业人才,是高职院校人才培养模式的重要领域和亮点。③ 大学生是高素质人才队伍的象征,是社会主义事业建设的重要生力军。一直以来,眼高手低是贴在大学生身上的标签之一,这与大学生不注重社会实践有着很大的关系。积极参与学生社团以及各类社会实践活动,可以让大学生从中得到锻炼和成长,将极大地提高大学生服务社会的能力。

1.2　读书协会与高职院校图书馆

在高职院校众多学生社团中,读书协会是一个相对特殊的社团。该社团主要是以培育和弘扬阅读文化、建设书香校园为己任,是高职院校图书馆进行阅读推广活动的得力助手。① 在众多高职院校读书协会的成立过程中,图书馆是一支重要的力量。读书协会(读者协会)大多是由图书馆牵头成立的(图1),是图书馆积极推动的结果。读书协会大多隶属于学院团委,接受图书馆的业务指导。当然,一些高职院校图书馆在了解到读书协会的功能与作用后,也会主动与其开展合作,双方合作开展工作。② 读书协会虽接受图书馆的指导,但自身也保持了相对的独立性。作为一个学生社团,读书协会的成员们对各类读书活动保持着饱满的热情和高昂的信心,他们在配合高职院校图书馆举办各项活动之余,也在社团内部管理、各项活动开展等方面积极践行着办社宗旨,推出属于协会的特色节目。以安徽审计职业学院读书协会为例,该协会每年都会举办一次面向全校师生的活动,内部也经常举行联谊活动,大家其乐融融、氛围良好。③ 高职院校图书馆与读书协会之间是一种合作共赢的关系。图书馆可充分地利用读书协会,借助读书协会的力量开展阅读推广活动、推动自身管理服务水平提高。读书协会也可从图书馆这里得到了资源上的支持,协会发展的基础得到了巩固和完善,形成互惠共赢的局面。

图 1 安徽审计职业学院读书协会

1.3 学生社团参与高职院校图书馆阅读推广活动实践

　　学生社团与高校图书馆原本属于两种不同类型的组织,但二者同处一个高校的地缘关系以及二者在校园文化建设目标上的高度重合决定了两者具备合作基础。现阶段学生社团参与高校图书馆阅读推广活动实践,"主动"与"被动"兼具。① 二者的性质、校内地位存在差异。学生社团是学生自发形成的自治性组织,图书馆则是高校的教辅部门,二者在性质、地位上还是存在着比较明显的差异,这种差异性决定了在高校阅读推广活动中,大多是由图书馆牵头,读书协会配合的方式来进行的。在这个过程中,读书协会是被动式的参与。② 读书协会参与高校图书馆所组织的一系列的阅读推广活动,涉及活动的策划、宣传、组织实施等。读书协会对当代大学生们的阅读需求有着更为精准的了解,他们更容易在活动的形式、内容等方面进行创新,并且这种创新更具主动性、积极性。③ 读书协会自身举办的一系列活动也与高校图书馆的阅读推广实践形成了良好的互动与映衬。读书协会在被动参与有所收获之后,也会积极参与图书馆组织的各项阅读推广活动,主动、积极地举办形式多样的读书活动。这些活动紧密贴合当代大学生的阅读潮流,精准把握大学生的阅读特点,有效激发了大家的阅读热情,对建设良好的校园阅读文化起到了很好的推动作用,这与高校图书馆举办各类阅读推广活动的初衷是相一致的。因此,二者通过一系列阅读推广活动的开展,为繁荣校园文化,培育优秀人才作出了突出贡献。

2 当前高职院校图书馆阅读推广面临的新挑战

2.1 自主招生规模的不断扩大

2009年,安徽省开始进行高职院校自主招生改革试点,芜湖职业技术学院成为省内高职院校中的第一个吃螃蟹的人。进入2011年后,越来越多的高职院校开始实施自主招生。自主招生降低了入学门槛,保障了生源。不过,自主招生制度也给图书馆的阅读推广实践带来了诸多挑战。① 高职院校学生规模的不断扩张给图书馆的运营增加了压力,现阶段安徽高职院校实施生均拨款措施,多招学生成为了众多高职院校发展中的一致选择。高职院校在扩张过程中,大多把重心放在了专业课教师的招聘以及硬件设施的改善上。作为教辅机构的图书馆,软硬件两个层面的条件并没有得到根本性的改善,面对日渐增长的学生数量,服务压力与日俱增。② 自招学生规模的扩大给高职院校图书馆的阅读推广工作带来了新的挑战。自主招生学生的入学成绩普遍不高,在阅读需求以及对图书馆的期许上存在着与统招生较为明显的差异性。他们的阅读行为也呈现出浅显化、扁平化和互动性日渐增强的特点。部分学生对图书馆的期许不是很高,自然对图书馆举办的阅读推广活动也不是很感兴趣,这无疑给高职院校图书馆举办阅读推广增加了难度。

2.2 数字阅读日渐盛行使得读者对图书馆依赖度降低

高职院校图书馆在发展中还面临着数字阅读盛行以及用户基础不断瓦解的冲击。① 互联网技术的迅猛发展以及智能移动设备的迅速普及,使得数字阅读逐步取代传统阅读成为当代大学生流行的阅读方式。数字阅读符合当代人快节奏的生活方式,用户只需要有一台智能终端,就可以享受随时随地地阅读,省去了携带纸质书籍的麻烦。大量的免费网络资源降低了用户阅读的门槛,提高了阅读便利度。近些年,众多高职院校图书馆纷纷采购了丰富多样的数字资源,不过相较而言,高职院校图书馆数字资源一般以带有学术性的各类数据库为主,数字资源供需两端的不平衡还比较明显,高职学生对图书馆数字资源的知晓度和利用积极性普遍不高。② 近些年,高职院校图书馆纸质图书的借阅量纷纷呈现出迅速下滑的态势,各个图书馆虽然采取了一系列措施,但收效甚微,这背后与高职院校图书馆管理服务模式的陈旧有着很大关系。图书馆的组织架构日趋僵化、服务种类比较单一、管理制度比较陈旧,已经愈发难以抵御应高职院校招生制度、发展重心等变化带来的冲击,学生对图书馆的依赖度呈现出进一步降低的趋势。

2.3　高职院校图书馆地位的弱化

2019年政府工作报告提出高职要扩招100万人,这对高职院校的发展来说是一个不小的刺激和推动。不过这种利好对高职院校图书馆起到的推动作用却着实有限,现阶段,高职院校图书馆正面临着前所未有的生存危机。① 图书馆现有的管理及服务对高职院校发展的支撑和保障作用着实有限。现阶段众多高职院校已经从以往的规模扩张向内涵式发展上转变,建设地方技能型高水平大学成为安徽众多高职院校的一致选择。要实现上述目标,需要高职院校在学科及专业建设、就业、人才培养模式等方面形成特色。现阶段高职院校图书馆的馆藏结构、服务能力、人才结构等均难以满足高职院校内涵式发展的客观需求。② 高职院校图书馆自身对师生的吸引力正在逐步减弱,许久不进图书馆已经成为众多师生的常态。师生对图书馆依赖度的降低使得其在整个高校中的地位进一步弱化。图书馆虽采取了一些措施,但收效甚微。③ 高职院校图书馆的创新发展意识还比较单薄,提供的服务内容比较单一、服务水平不高。众多高职院校图书馆发展至今还停留在常见的借阅服务水平,在高层次、专业化的服务上做得远远不够,这些都使得图书馆在高校中很难占据话语权,形成影响力。

2.4　阅读推广活动难以形成常态化

阅读推广活动的开展需要形成常态化的局面,方能形成最大合力。在这方面,高职院校图书馆现有的资源要素难以支撑阅读推广常态化的实际诉求。① 高职院校图书馆的人力资源比较紧张,而开展阅读推广活动需要图书馆投入大量人力物力。高职院校图书馆普遍没有设立专门的阅读推广部门,各项阅读推广活动的开展只能从现有的人员中进行抽调,这自然会占用工作人员大量的时间和精力。若是让某位工作人员具体负责阅读推广活动,易因遭到其抗拒而无法落到实处,因此形成常态化的阅读推广机制自然比较困难。②高职院校图书馆的管理及考核机制相对落后,对成员缺乏考核自主权,这使得工作人员的积极性不是很高,要让他们长时间负责阅读推广活动是比较困难的。③高职院校图书馆的阅读推广活动缺乏规划和创意,很多高职院校图书馆举办阅读推广活动大多是跟风进行,对阅读推广活动的目的及发展缺乏有效规划。各个高职院校图书馆举办的读书节以及其他活动的具体内容大同小异,缺乏自己的思考和特色。

3 高职院校图书馆阅读推广活动中的合作与共赢
——基于心悦读书沙龙的个案分析

3.1 高职院校图书馆阅读推广实践中如何实现与学生社团的合作与共赢

高职院校的图书馆与学生社团之间的关系相对微妙。前者属于高校的教辅部门,后者属于学生自发组织和运行的社团组织,两者在机构性质上存在着不小的差异性。不过,两者依然有着合作的基础,可以尝试通过一系列有效机制的建立和完善,实现双方的互惠和共赢。① 基于平等的姿态在阅读推广领域内展开合作。高职图书馆放下身段与学生社团合作,看重的是学生社团成员无穷尽的灵感、强大的活动组织能力以及对读者需求的精准把握。在合作中,高职图书馆应当摒弃高高在上的姿态,多与学生社团的负责人、具体经办人员沟通交流,以朋友、家人、良师益友的角色与其展开合作。② 注重共赢机制的建立,要摆脱功利化的利用理念,在合作过程中探讨互惠共赢的长效机制的建立。对此,需明确各方在阅读推广活动中的定位和作用,找出各自的优势,基于各自优势的发挥带来合作方各自的成长。例如,图书馆通过与学生社团合作,在阅读推广活动的策划、宣传、组织等环节得到学生社团的帮助,以此实现阅读推广活动效果的保证和改善。学生社团则从中获得了宝贵的活动举办经验,解决了困扰社团运行的资金问题,双方实现了互惠共赢。具体的共赢机制主要以立足经验、经费、人员等的合理匹配来实现。③ 精心选择合作伙伴。图书馆与学生之间在阅读推广领域进行合作是一个互选的过程,图书馆在拿出满满的诚意的同时,也应当根据阅读推广活动的实际需要,根据活动内容、主题等选择恰当的合作伙伴。学生社团也会在与图书馆的合作中考量双方继续合作的基础。这是一个动态的、相互选择的过程,势必需要与时俱进。

3.2 图书馆与社团联谊助力阅读推广的具体案例
——心悦读书沙龙

3.2.1 心悦读书沙龙介绍

心悦读书沙龙是一个愉悦的沟通平台,"心悦"取用心悦读之意,倡导一种轻松的、袒露心扉的交流,是一个平等、温馨、开放的交流空间。心悦读书沙龙举办地设在图书馆期刊阅览室,由院读书协会承办。读书节期间定期举行一次,其他时间不定期举行(图2)。

图 2　心悦读书沙龙

每一期心悦读书沙龙都有着特定的主题,从策划到实施一般历时一个多月。首先由读书协会提出沙龙构思与创意,然后协会成员与指导老师共同讨论活动可行性;其次再确定主题和大致内容后进行方案的撰写工作,待方案初稿完成后再次斟酌,直至最后定稿;然后进行活动的动员和宣传,招募参与人员,并进行现场主持人的培训,力求将沙龙的每一个细节做到极致;最后则是沙龙活动的组织实施以及宣传报道工作。每一期心悦读书沙龙都力求不同的人员参与,有着特定的主题和活动方案,大家分工协作,各自负责具体环节,事后认真总结经验与教训,以此实现活动的不断优化和改进。

虽然心悦读书沙龙筹办的时间不长,但现已成为安徽审计职业学院各届读书节的保留环节,在广大师生中产生了良好的示范和引领作用,参与人数不断增多,影响力不断扩大。这背后得益于读书协会全体成员的共同努力,大家群策群力、分工协作。通过与其他协会联合举办的方式,让每一次心悦读书沙龙都有亮点。大家在这里共同分享阅读心得、交流人生经历,共同参与形式多样的互动游戏,让沙龙真正变成了温馨、开放的交流空间。可以说,这得益于图书馆与学生社团的跨界合作,使心悦读书沙龙变得更加精彩、富有活力。

3.2.2　心悦读书沙龙举办的成功经验

1. 形成立体化的宣传体系

目前高职院校图书馆开展阅读推广活动普遍面临着学生参与度不高的问题,这背后与宣传不到位有着很大的关系。在心悦读书沙龙的举办过程中,通过不断地摸索与总结,逐步形成了立体化的宣传体系。即以读书协会为主体,以线下宣传为主要形式,配合以图书馆和读书协会的微信平台、学校学工群、学工例会、制作宣传海报、协会成员对室友、朋友的积极宣传等方式,形成立体、全面的宣传格局,由此扩大了宣传活动的覆盖面和提高了精准性。读书沙龙活动一般安排在中午,但普遍能够吸引来自全院各个专业的至少40多名学生参加,参与对象覆盖面有所保证。借助活动的宣传和开展,图书馆、社团的知名度得到提升,形象得以树立。

(2) 为活动组织注入灵魂

主题、场所、经费、人员、宣传等都是影响读书沙龙效果的重要因素,其中主题是沙龙的灵魂。一个好的主题不仅能够引起现场参与人员思想和灵魂层面的共鸣,也会让整个活动更具话题性。① 读书协会在图书馆和院团委的指导下,紧密关注学生的思想动态和舆论导向,在主题上广泛征求协会成员和其他社团的意见,不断推出与当代高职学生贴合度较高的主题。例如,2016~2018年心悦读书沙龙的主题就分别围绕创业就业、如何看待互联网、当代网络文学等热门主题进行了多维度的探讨(表1),这些主题大多与学生的学习生活现状联系紧密。② 在活动举办中,用阅读来为这些主题增色。无论读书沙龙的主题如何,始终都应当与"读书"结合起来。这种结合不应当是生搬硬套,而应当通过潜移默化的渗透来达到分享读书快乐与经验的目的。在心悦读书沙龙的举办过程中,以读后感或是其他形式让每个参与人员各抒己见,通过人生经历、阅读经历的分享,引导学生脚踏实地,多阅读、多实践。参与沙龙的同学们在分享自身阅读经验和体会的同时,也会推荐值得一读的优秀图书,由此引发大家的共鸣。③ 在互动环节中也主要围绕着中国传统文化元素进行,包括"你画我猜"、成语接龙等,既活跃了现场氛围,也激发了参与观众对传统文化的兴趣。读书沙龙不应当是沉闷的,当分享中出现冷场或是需要控制活动节奏,适时举办一些互动游戏就很有必要。从中国传统文化中汲取灵感与营养,以当代大学生喜闻乐见的方式进行表达,无疑能够实现活跃现场氛围以及寓教于乐的统一。

表1 2016~2018年心悦读书沙龙举办情况

年份	2016年	2017年	2018年
沙龙主题	我的创业梦想	走出虚拟世界 阅读照亮人生	我和文学有个约会
参与人数	45人	47人	38人
协作社团	创业就业协会广播台	心理协会	绿屋文学社

(3) 不断推动阅读推广活动的改进和优化

心悦读书沙龙是一个侧重交流分享的平台,希望通过以文会友的方式,交流所思所想,这与图书馆举办一系列阅读推广活动的初衷是相一致的。当然,心悦读书沙龙活动的举办,建构起了不同类型阅读推广活动之间的有机联系,激发了读者阅读热情,提高了馆藏资源的利用率,以此实现图书馆阅读推广活动效果的不断改善。① 读书沙龙整个活动自然都离不开"书",谈书荐书是整个读书沙龙活动的必备环节。在高职图书馆阅读推广活动的开展中,经常会走入"我以为"或"我认为"的误区中,图书馆费心费力地向读者推荐其自认为很好的一些图书或是资源,效果却并不理想,这主要是因为图书馆对读者需求的把握不够精准。在读书沙龙上同学们推荐的一些优秀图书是图书馆现有馆藏和馆员们的知识结构所覆盖不到的,他们的推荐让图书馆受益匪浅。活动结束后,图书馆将吸纳他们的意见,用于好书推荐或是其他阅读推广活动(图3)。② 心悦读书沙龙全程由学院读书协会举办,这对协会而言是承上启下的一个环节。协会在每年11月份、12月份左右都会举行一次面向全校的活动,该次活动主要是由大二学生承办的,大一新生起协助的作用。在心悦读书沙龙的举办中,经历一个多学期的锻炼,大一的会员们各方面的能力都有了显著提高,因此将心悦读书沙龙活动交给他们小试牛刀,可以让其在下半年的各项活动中积累经验。读书协会也以心悦读书沙龙所倡导的"悦读"理念为支撑,用心做好招新和各类读书活动,先后举办了"书本中的趣味"知识竞赛、"安审诗词大会"等活动(图4),扩大了协会影响力,营造了良好的校园文化氛围,也借此与其他社团建立了稳定的合作关系。合作社团也在参与各类读书活动中积累了活动举办经验,成员获得了物质和精神两个层面的奖励,形成了良性发展的局面。③ 活动结束后,图书馆与读书协会和其他学生社团联合对具体活动进行总结和系统调研,讨论活动举办中存在的不足,在此基础上对活动进行改进,并做好活动的报道以及档案资料的整理工作。当然,最为重要的是通过类似活动的举办,让阅读的乐趣在学生心中得以扎根,扩大图书馆各类阅读推广活动的影响力和参与度。

图3 分享阅读体会

图 4　安审诗词大会

3.2.3　案例创新点及启示

(1) 项目创新点

读书协会是高职院校阅读推广活动中的一支重要生力军,是图书馆管理服务活动创新的重要推动者。图书馆与以读书协会为代表的学生社团开展跨界合作,形成了 1(图书馆)+1(读书协会)+X(其他协会,多项阅读推广活动)的多主体、多渠道组织模式,不仅为阅读推广活动的开展带来了更多的创意元素,也为其可持续发展打下了扎实基础。在心悦读书沙龙中,汇聚热心读者推荐的优秀图书,通过读书体会和人生经历、故事分享,实现心灵与心灵的沟通。通过主题的与时俱进以及与其他阅读推广活动的有机衔接,共同构建浓厚的校园阅读氛围,助推全民阅读。

(2) 案例效果

通过不同协会之间的合作,提高了心悦读书沙龙的知名度和学生参与的覆盖面,带动了学生利用图书馆各类资源,形成了共同发展的联动机制,为建设书香校园打下了坚实的基础。与此同时,以心悦读书沙龙为契机,强化在其他阅读推广领域的合作,逐步形成了立体化的阅读推广体系,使得图书馆的阅览量下降趋势得到有效控制,激发了学生参与各类阅读推广活动的积极性。读书协会以及其他社团在其中也得到了锻炼与成长,很多成员在参与图书馆、高校图工委、教育厅组织的读书活动中获奖,读书协会在 2018 年还被评选为省直大中专院校优秀学生社团(图 5)。而借助合作,我院在教育厅举办的第一届、第二届校园读书创作活动中均取得了不俗的成绩(图 6)。

图5　读书协会获省直大中专院校优秀学生社团

图6　第一届校园读书创作活动获奖情况

（3）案例启示

读书沙龙活动应密切关注高职院校学生学习、就业、心理健康等方面的问题，以图书馆馆藏资源和服务为支撑，特别是要充分利用各类数字资源，并融入到图书馆举办的各类阅读推广活动中，方能取得不错的效果。

阅读推广活动的举行不能闭门造车，学生的参与至关重要。图书馆在认真履行指导职责的前提下,充分发挥读书协会的主体性地位,鼓励其发挥主观能动性,借助协会、团委与其他学生社团开展跨界合作。

阅读推广中合作各方的共赢同样重要,各方在合作中碰撞出灵感的火花,实现优势互补。图书馆要充分发挥引导功能,把握好方向,在提供人员、资金、场地等多方面支持的同时,探索共赢机制的建立,避免对学生社团的功利化利用。

4　深化合作实现高职图书馆与学生社团的共赢

4.1　进一步扩大合作的领域和深度

图书馆与学生社团在阅读推广领域有着良好的合作基础,一些高职图书馆在与学生社团的合作中取得了收获。不过,在合作的领域和深度上还有不小的改进和提升空间。① 充分发挥学生社团的主体性地位,高职图书馆在与学生社团的合作中应当立足实现优势互补,对此需要充分发挥其主体性地位。要吸纳学生社团参与到图书馆学生管理委员会中,就读者服务、馆藏资源建设等吸纳学生社团的意见。可考虑对学生社团提出的一些合理建议予以奖励。② 将两者的合作从阅读推广向图书馆内部管理、文化建设、馆舍空间改造等领域进行延伸,图书馆应重点激发学生社团的创造性,鼓励他们对图书馆的各项事务提出宝贵意见。③ 吸纳学生社团参与图书馆决策过程,学生社团不应当只是图书馆活动的被动执行者,他们还可以在图书馆的决策中有所作为。可考虑成立图书馆学生管理委员会,以他们独立的视角对图书馆的各项事务进行观察和监督。在进行重要决策时可吸纳他们参与其中,具体决策结果应通过合适途径向其进行公示。

4.2　探索构建更为有效的共赢机制

高职图书馆与学生社团展开合作,要保证效果,最为关键的在于如何建立起有效的互惠共赢机制。① 变被动参与成主动参与,现阶段图书馆与学生社团展开合作大多以图书馆主动的姿态展开,学生社团大多为被动参与。在具体的参与过程中大多只能起到辅助性的作用。未来图书馆应当尝试构建更为科学完善的参与机制,激发学生社团参与的积极性和主动性。② 图书馆与学生社团在阅读推广、管理服务等方面进行合作,看重的是学生社团的创意、宣传力和组织力。在具体合作中,应当让学生社团能够在合作中得到实实在在的利益。这种利益可以通过经费、荣誉等方面来进行弥补。图书馆可尝试为合作的学生社团打分,为考核优秀的学生社团颁发证书并给予一定的奖励。在财务制度允许的范围内可以赞助学生社团的某一项具体活动,为学生社团举办活动提供经费、场地、设备、人员等方面的支持,弥补现阶段高职学生社团经费普遍短缺的问题。③ 实行双方互相打分与考核。图书馆工作人员因为工作内容相对固定,容易形成思维定式,可考虑在考核评价环节加入学生社团因素,以此促进彼此的共同进步。

4.3 加强对学生社团的指导

现阶段高职图书馆与学生社团的合作主要以读书协会为主,由于读书协会的性质,图书馆对读书协会的指导落实得比较到位。在未来图书馆与学生社团的合作中,进一步加强对学生社团的指导是很有必要的。① 加强平时的沟通与联系,图书馆平时应当主动与拟合作的学生社团联系,了解社团的运行状态、发展历史、成员构成等,然后在此基础上进行有针对性的指导。学生社团在发展中面临着换届选举、组织结构设计、规章制度修订等方面的困扰及问题,而图书馆在这些方面有着十分丰富的经验,图书馆可通过正式、非正式的沟通,密切与学生社团的联系。② 做好对学生社团的指导,图书馆的指导老师要认真履行职责,不断提高指导能力。在做好平时沟通与联系的同时,也应当积极地针对学生社团的运行提供专业意见,解决他们运行中的困惑与困难,确保社团正常有序运行。③ 不断总结经验,提高指导水平。学生社团建设与图书馆内部管理既有联系又有区别,图书馆在做好对学生社团指导实践的过程中,也需要不断摸索经验,总结教训,在摸索中实现指导水平的不断提高。

4.4 开展形式多样的阅读推广活动

深化图书馆与学生社团的合作,构建起有效的互惠共赢机制,主要依赖于一系列阅读推广活动的开展,通过一整套长效机制的建立,让学生社团从中得到锻炼,图书馆的人手得到解放。① 以读书节为突破口,打造品牌阅读推广栏目,安徽审计职业学院、安徽警官职业学院、安徽水利水电职业技术学院等高职图书馆已经连续举办了多届读书节,在各自学校范围内已经形成了影响力。推动承包制,让学生社团承包若干个节目,将有助于读书节的影响力逐步扩大,形成品牌影响力。② 实现线上线下两个渠道阅读推广活动的同步推进。大学生们对各种新媒体更为敏感,使用更为积极,而高职图书馆在这一块则相对滞后。吸纳学生社团参与,将微信以及其他新媒体的营销推广交由学生社团负责,能够显著提升线上阅读推广水平。③ 推进阅读推广活动常态化。高职图书馆的人员普遍紧张,很难有精力和时间实现阅读推广活动的常态化。充分发挥学生社团的积极性、创造性,让他们在各项活动的举办中有所作为,无疑能够最大限度地保持阅读推广活动的常态化。

5 结论

当前高职图书馆正面临着前所未有的发展困境,原有的管理服务模式已经愈发难以适应图书馆服务策略创新的客观需求。高职图书馆发力阅读推广,是扭转现有发展困境的一个重要举措。在具体的阅读推广活动中,与学生社团进行跨界合作,实现优势互补。本章以安徽审计职业学院心悦读书沙龙为例,系统探究了高职图书馆阅读推广中图书馆与学生社团跨界合作的有益经验,并结合高职图书馆阅读推广面临的新挑战,提出了高职图书馆阅读推广活动未来的发展方向。

附录1　第三届安徽省服务创新大赛本科组获奖名单

奖项	单位名称	案例名称	领队/团队成员
一等奖	中国科学技术大学	线上线下融合，语言文化贯通——图书馆语言学习与国际交流中心服务简析	王青青/郭磊、李琛
	合肥工业大学	面向学科分析报告的多原数据融合以及分析系统的研发与实践——基于跨平台论文及期刊评价指标数据	王磊/廖宁、刘荣清
	安徽医科大学	悦读越轻松——阅读疗法用于大一新生适应性焦虑症的实践探索	陈志武/张学敏、刘娜
	安徽医科大学	基于双一流背景的ESI/InCites数据挖掘，助力高校学科建设决策	周国正/金新建、王艳
	安徽建筑大学	未来已来　智图服务进行时——安徽建筑大学图书馆智慧服务践行	梁婧/陈颖、马洁
	安徽农业大学	"青禾悦读"：安徽农业大学"书香校园"的第三张名片	金梅/王郁葱、顾浩
二等奖	中国科学技术大学	助推科研，共创一流——未来学习中心创新服务初探	刘艳民/常晓群、陈鸣
	安徽师范大学	"经典流传　书香致远"阅读推广案例	刘和文/王丽珍、王文娟
	铜陵学院	高校图书馆创新服务队伍综合素质建设——妙用"馆运会"	瞿胜章/王伟赟、王家玲、储杨
	安徽农业大学	基于条码技术的文献架位导航系统	方浩军/朱建军、杨春节、龚健、章恒、王郁葱、顾浩
	安庆师范大学	基于"无手机阅读"图书馆传统服务的自我救赎与读者敬畏意识的培养	华应康/胡瑞、孙梦潋
	滁州学院	滁州学院图书馆微信推送服务品牌——原创力量	辛庆志/舒梦翔
	安徽大学	数据海洋探明珠　江淮人文绽光芒——2013~2017安徽省哲学社会科学学术成果分析	邹启峰/黄丹、卢春辉

续表

奖项	单位名称	案例名称	领队/团队成员
三等奖	淮南师范学院	实现资源有序开放、服务国家重大战略、推动全民终身学习——淮南师范学院图书馆服务创新案例	陶立明/王玲、程志刚、王天骧
	安徽工业大学	基于第二课堂的阅读推广工作——记安徽工业大学图书馆阅读推广工作	唐忠/陈益、李蒋
	皖南医学院	入馆教育系列微视频	储俊杰/叶小娇、贺俊英
	皖西学院	书林——温书品言，静坐听诗	郭培
	亳州学院	基于大数据环境下的读者个性化服务	江毅/邹晓峰、张文禄
	蚌埠医学院	"闭环式"图书馆服务模式养成记——以蚌埠医学院图书馆为例	姜思羽/廖丹
	合肥师范学院	探索图书馆的小微世界——"图书馆知识大闯关"微信小程序开发实践	吴秋芬/杨焕昌、夏红
	安徽中医药大学	传承弘扬新安医学，助力学校人才培养、科研、医疗工作	方向明/漆胜兰、牛浏
	合肥工业大学	合肥工业大学科技查新站宣传网页的设计与实现	李昊/詹婧、张仁琼
优秀奖	蚌埠学院	数据挖掘技术在文献管理系统中的应用探索	赵丁力/邹青青、绳会敏
	安徽医科大学	运维创新助力图书馆技术转型	李桂芳/何征强、尹才荣
	安徽文达信息工程学院	校园读书月系列活动的探索与实践	黄礼华/张莉、刘露梅
	安徽三联学院	走进后MOOC时代——安徽三联学院图书馆MOOC推广与成效	陈景
	黄山学院	基于人文理念下的图书馆毕业季纪念活动及读者服务实践	刘铁红/罗伟、吴宇婷
	滁州学院	弘扬地域文化，提升人文素养——滁文化主题立体式阅读案例分享	杨沉/张家武
	安徽科技学院	服务铸根基，书籍铸梦想——安徽科技学院图书馆阅读推广的实践与探索	裴毅/秦纪强、林春联

续表

奖项	单位名称	案例名称	领队/团队成员
优秀奖	安徽工程大学	从传统到智慧——新环境下的图书馆服务功能拓展	李琛/郭红转、刘艳玲
	合肥工业大学	合肥工业大学图书馆读者服务创新案例	卢欣/吴亚青、程克敏
	淮南师范学院	两借力　三共赢:淮南师范学院图书馆采编深化服务创新实践	余侠/高平、邱源
	淮北师范大学	立足现有资源　服务本科教学与人才培养——图书馆迎2018年本科教学工作审核评估	马利华/刘丹、肖敏
	黄山学院	"代借代还"——以人为本的延伸借阅服务	刘铁红/王虹、李迎迎
	安徽新华学院	悦读成长、共品书香——民办高校"阅读小组"建设	汤千君/王青叶、彭丹
	阜阳师范学院	RFID自助借还——开启图书馆智慧服务的新模式	王申红/印伟、郑雪林
	合肥工业大学（宣城校区）	夯实基础服务,营造优质环境	成建/凌艳艳、杜倩
最佳服务奖	蚌埠医学院	"闭环式"图书馆服务模式养成记——以蚌埠医学院图书馆为例	姜思羽/廖丹
最佳推广奖	滁州学院	滁州学院图书馆微信推送服务品牌——原创力量	辜庆志/舒梦翔
最佳组织奖	安徽医科大学	悦读越轻松——大学生发展阅读辅导小组	陈志武/张学敏、刘娜
最佳团队奖	安徽文达信息工程学院	校园读书月系列活动的探索与实践	黄礼华/张莉、刘露梅
最佳创意奖	黄山学院	基于人文理念下的图书馆毕业季纪念活动及读者服务实践	刘铁红/罗伟、吴宇婷

附录2　第三届安徽省高校图书馆服务创新大赛高职高专组获奖名单

奖项	单位名称	案例名称	领队/团队成员
一等奖	安徽警官职业学院	遨游书海　其乐无穷	邓方云/曹莎莎、时乔
	安徽财贸职业学院	书香学苑·"悦"读追梦——安徽财贸职业学院图书馆读书月系列活动	李倩/藕海云、张克
二等奖	安徽水利水电职业技术学院	"三全育人"环境下图书馆服务创新	琚文文/张利娟、房敏
	安徽国际商务职业学院	寓教于演　流传书香——面向"00后"的经典阅读推广	毛玉兰/王小玲、胡鹏程
三等奖	安徽医学高等专科学校	我们不"医"样——以创新思路发展医学专科院校馆藏资源推广工作	罗晓南/高兴、李静
	安徽商贸职业技术学院	新零售模式助力图书馆打造沉浸式用户体验	郭新武/胡跃宗/袁西鹏
	安徽审计职业学院	合作与共赢——高职院校图书馆阅读推广中的跨界合作	程训敏/周云、彭怡
优秀奖	合肥幼儿师范高等专科学校	送书下园,校园融合——合肥幼儿师范高等专科学校利用特色馆藏开展精准阅读推广活动实践	陈云光/方雅琴
	安徽工业经济职业技术学院	"互联网+"背景下的智慧图书馆创新服务建设案例	陶潜毅/刘红祥、姚羽
	安徽工商职业学院	搭建新时代高职院校思政课教学资源库	林莉/朱丽、赵海蕾
	淮南联合大学	走近图书——记淮南联合大学采编馆员"每月好书推荐"品牌服务	吴颜芳/袁锦敏、马骁雄
最佳服务奖	合肥幼儿师范高等专科学校	送书下园,校园融合——合肥幼儿师范高等专科学校利用特色馆藏开展精准阅读推广活动实践	陈云光/方雅琴

续表

奖项	单位名称	案例名称	领队/团队成员
最佳推广奖	安徽财贸职业学院	读书月活动	张克/李倩、藕海云
最佳组织奖	安徽工业经济职业技术学院	"互联网+"背景下的智慧图书馆创新服务建设案例	陶潜毅/刘红祥、姚羽
最佳团队奖	淮南联合大学	走近图书——记淮南联合大学采编馆员"每月好书推荐"品牌服务	吴颜芳/袁锦敏、马骁雄
最佳创意奖	安徽商贸职业技术学院	新零售模式助力图书馆打造"沉浸式用户体验"	郭新武/胡跃宗、袁西鹏